1988 서울, 극장도시의 탄생

1988 서울, 극장도시의 탄생

서울올림픽이 만든 88년 체제의 등장과 커튼콜

박해남 지음

Humanist

머리말

'정상적인 삶'이라는 유령이 나타난 순간을 찾아서

1990년대 대학가에는 '포스트(post; 탈[脫])'라는 유령이 배회했다. 지식인들은 탈독재, 탈냉전, 탈사회주의라는 변화를 배경으로 민주주의 너머를 말했다. 정치/제도의 민주화를 넘어 문화/일상의 민주화를 말하는 이들도, 페미니즘과 생태주의·탈민족주의를 말하는 이들도 있었다. 이처럼 포스트가 배회한 데는 한국사회도 '근대'와 '정상'을 논할 수 있다는 상황판단이 자리했다. 한국도 여느 정상적 근대국가와 마찬가지로 민주주의를 누리고 풍요를 구가한다고. 그러기에 더는 '반봉건사회'라든가 '주변부사회'라 말하기 어렵다고. 이제 민중이 아닌 중산층이 우리 사회의 일반을 보여준다고 말하는 이들이 늘어갔다.

2000년대에 이르자 '정상적인 삶'은 마치 유령처럼 변했다. 한국사회 구성원들은 정상적인 삶을 위해 가족 단위로 고군분투했다. 여기서 정상적인 삶은 사교육을 받은 자녀가 이름 있는 대학에 입학하고, 계속되는 가족의 투자로 스펙을 쌓으며, '괜찮은 일자리'를 얻고 나면 주식 투자를 시작하고, 집 한 채 가지면 부동산 투자를 통해 노후를 대비하는 삶을 가리킨다. 그럼으로써 한편으로는 정상적인 삶의 궤도를 자녀 세대에서 재생산하고자 하고, 다른 한편으로는 사적 안전망을 통해 궤도 이탈을 방지하고자 한다. 그렇기에 정상적인 삶은 도시적인 삶을 통해 재생산되며, 도시를 향한 젊은이들의 이동도 끊임없을 수밖에 없다.

나의 문제의식은 여기서 출발했다. 정상적인 삶을 낯설게 바라보는 것으로 사회학 공부를 시작했기에, 이러한 삶이 창출되는 방식에 의문을 갖게 됐다. 서구에서는 계급 갈등을 방지하고 빈곤을 예방하는 담론과 실천 속에서 '사회적인 것(the social)'이 형성됐고, 이를 바탕으로 '사회(society)' 또는 정상적인 삶이 창출됐다. 사회주의를 말한 피에르 르루, 사회학을 말한 오귀스트 콩트, 사회물리학을 말한 아돌프 케틀레, 사회역학을 말한 루이 빌레르메부터 연대와 증여가 사회의 본령이라 말한 에밀 뒤르켐과 마르셀 모스를 거쳐, 관찰과 조사로 사회를 발견하고 개선할 수 있다고 본 제인 애덤스와 윌리엄 듀보이스에 이르기까지, 많은 지식인이 사회적인 것을 이야기했다. 그 노력의 결과, 도시는 빈곤의 공간에서 점차로 안정된 일자리와 적절한 여가가 함께하는 정상성의 공간이자 사회의 무대가 됐다.

반면 한국사회는 사회적 안전망을 제대로 갖추지 못한 사회로 보였다. 그럼에도 불구하고 한국사회에서 '정상적인' 생애경로가 형성된 것은 무엇 때문일까? 다시 말해 1950~2020년대 한반도

남부라는 시공간에서 사회가 만들어질 수 있었던 이유는 무엇일까? 혹시 서구와는 다르지만 한국사회 특유의 사회적인 것이 발생했던 것은 아닐까? 여기서 내가 주목한 것은 1988년 서울올림픽이었다. 그때가 정상적인 삶의 외양을 만든 순간이라 생각했기 때문이다. 올림픽은 아파트뿐만 아니라 백화점·공원·미술관·공연장 등 정상적인 삶의 외양에 필요한 여러 요소를 서울, 그중에서도 강남에 집중적으로 배치시켰다. 무엇보다도 서울올림픽은 세계인의 시선을 앞세워 정상적인 습속에 관한 담론을 무한정 창출했다. 그렇기에 한국에서 사회적인 것과 사회를 말하고자 한다면 서울올림픽을 간과할 수 없다는 것이 나의 판단이었다.

이 책은 나의 박사학위논문을 수정·보완한 것이다. 나는 학위논문에서 1988년 서울올림픽이 '사회정치(social politics)'의 수단임을 강조했다. 사회정치란 정상적인 삶으로서의 사회를 창출하는 통치를, 습속에 관한 담론과 지식으로서의 사회적인 것을 둘러싼 정치를 가리킨다. 논문을 쓰고 나니 습속을 만들어가는 과정, 즉, 정상적인 삶을 만들어가는 메커니즘에 대한 분석이 빈약해 보였다. 그래서 이 책에서는 서울올림픽이라는 공연과 주 무대인 서울의 연출, 그리고 이를 계기로 한 습속의 연출을 중점적으로 분석했다. 그럼으로써 서울올림픽이 사회를 창출하는 과정을 무대로서의 도시를 만들어낸 효과로 설명하고자 했다.

이 책은 시간과 장소의 산물이다. 나는 1995년 대전의 어느 아파트에서 마주했던 낯선 습속과 갑자기 비정상이 돼버린 것 같은 당혹감 때문에 사회학에 이끌렸다. 1998년 대학에서 마주했던 사회학이론은 사회학자를 꿈꾸게 했으며, 2004년부터 시작된 서울 생활은 사회적인 것과 올림픽으로 글을 쓰는 계기가 됐다. 그리고 2018년부터 시작된, 익산·서울·대구로 이어지는 이동은 도시와 도시적인 삶에 천착하게 해줬다.

그보다 더 중요한 것은 시간과 장소를 함께한 이들일 것이다. 연구자의 길을 걷는 아들을 한결같이 지지하신 어머니. 연구자의 길을 함께하는 동생. 박명규 선생님을 포함한 서울대학교 사회학과의 은사님들과 동료 선후배들. 충남대학교 사회학과의 은사님들과 동기들. 원광대학교 동북아시아인문사회연구소와 서울대학교 아시아연구소에서 만난 동료들. 계명대학교 사회학과의 동료 선생님들과 동기 선생님들. 부족한 선생을 믿고 함께해주는 고마운 제자들. 한국사회사학회와 한국문화사회학회에서 만난 선학들과 동학들. 이들의 가르침과 지적 자극이 없었다면, 그리고 이동하는 삶에 바쁜 나머지 책 쓰기를 주저하던 내게 기회와 용기를 준 휴머니스트 출판사와 김주원 선생님이 아니었다면 이 책은 존재할 수 없었을 것이다. 이 모든 분께 일일이 다 언급하지 못한 죄송함과 더할 수 없는 감사함을 전해드린다.

2025년 6월
박해남

| 차례 |

머리말　　'정상적인 삶'이라는 유령이 나타난 순간을 찾아서　　4

서론　　**도시가 극장이 될 때**
　　　　: 1988년 서울올림픽과 공연의 정치　　13
　　　　메가이벤트 서울올림픽
　　　　기억 속의 서울올림픽
　　　　서울올림픽을 들여다보는 렌즈: 스펙터클, 극장, 시선
　　　　공연이라는 관점으로 서울올림픽 보기
　　　　극장도시 서울이 탄생하기까지

1부　　**군인들의 드라마투르기**
　　　　: 1960~1970년대 군인들의 극작법

　　　　1장. 군인들, 연출자가 되다　　41
　　　　중단된 공연
　　　　연출자들의 등장
　　　　오디션과 탈락자들
　　　　감시와 규율 속의 배우들
　　　　가설무대

2장. 발전국가, 스펙터클을 꿈꾸다　　　71
배우라는 꿈
'국제 무대'를 향한 꿈
무대 만들기
공연 계획
사라진 연출자들

2부　막간 이후
: 재등장한 군인들의 극작법

3장. 신군부, 메가폰을 손에 넣다　　　103
재등장한 연출자들
차이와 반복
달라진 드라마투르기

4장. 공연은 계속돼야 한다　　　129
우연히 손에 넣은 대본
흥행작 따라 하기: 1964년 도쿄올림픽
총동원되는 스태프로서의 사회

3부	**스펙터클을 연출하기**
	: 1988년 서울올림픽을 향해

5장. 대본을 새로 쓰다 169
'문명'의 서사극
'외국인'이라는 리바이어던

6장. 배우를 만들다 185
배역 없는 사람들
배우가 돼버린 사람들

7장. 무대를 만들다 215
사라지는 무대 소품들
새로 들어서는 무대장치들

4부	**동시 상연**
	: 서울올림픽의 안과 밖

8장. 목소리들이 울려 퍼지다 245
극장 바깥에서 들려오는 목소리들

극장 안을 내파하는 목소리들

9장. 또 다른 올림픽들이 개최되다 267
빈민올림픽
남북공동올림픽

10장. 서울올림픽이라는 마당놀이 279
초대받은 자들의 '열린' 무대
앵콜요청금지: 평양 세계청년학생축전
커튼콜: 올림픽의 여운과 임대주택

결론 연극이 끝나고 난 뒤
: 서울올림픽과 88년 체제 299
스스로를 연출하는 배우들
순회공연: 대전엑스포와 월드컵, 계속되는 극장도시
88년 체제의 탄생

미주 330
찾아보기 379

서론

도시가 극장이 될 때
: 1988년 서울올림픽과
공연의 정치

메가이벤트 서울올림픽

2023년은 한국의 역사에서 하나의 분기점이었다. 월드컵, 올림픽, 박람회 같은 큰 행사부터 아시안게임, 유니버시아드 등 상대적으로 작은 규모의 행사에 이르기까지, 일단 한국에서 개최된 행사가 실패하는 일은 없다던 자신감은 새만금잼버리의 중도 폐막과 더불어 종료됐다. 유치 실패로 돌아간 부산엑스포 역시 마찬가지였다. 1988년 서울올림픽부터 노하우를 쌓아왔던 한국의 재벌 기업들이 전면에 나서면 어떻게든 성공시킨다는 신화는 사우디아라비아의 리야드에 압도적인 표 차이로 패하면서 끝났다.

한국은 그 이전까지 거대 국제 행사를 성공적으로 유치했음을 자부해왔다. 2018년 평창올림픽을 보자. 2002년 월드컵 개최지에서 제외됐던 강원도는 야심차게 동계올림픽 개최의 깃발을 올렸지만, 국제올림픽위원회(International Olympic Committee, IOC)는 두 번이나 평창이 아닌 다른 도시를 선택했다. 그럼에도 평창은 다시 IOC에 문을 두드렸다. 2009년 말 당시 대통령 이명박은 평창올림픽 개최를 이유로 삼성그룹 회장 이건희를 특별사면했고, 삼성그룹 미래전략실은 1년에 가까운 기간 동안 올림픽 유치에 매달렸다. 2011년 여름 평창은 2018년 올림픽의 개최지가 됐다. 스키장 건설을 둘러싼 잡음, 올림픽을 둘러싼 정권 언저리의 비리, 그로 인한 책임자들의 사퇴와 예산 부족 등 7년간 많은 우여곡절이 있었다. 그럼에도 불구하고 올림픽은 무사히 개최됐다. 2개의 고속도로와 1개의 철도노선이 만들어지면서 강릉을 포함한 동해안 지역은 그 효과를 톡톡히 누렸다.

이와 같이 재벌이 나서면 실패하지 않는다는 신화의 원점에는 1988년 서울올림픽이 있다. 한국은 낮은 국제적 위상, 냉전과 외교적 고립, 뒤늦은 유치 참여 등의 악조건을 이기고 올림픽 개최라는 결과를 만들어냈다. 특히 자본주의 국가들과 사회주의 국가들이 집단적으로 참여를 거부하던 이전의 두 올림픽으로 인해 국제사회가 우려의 시선으로 서울을 바라봤지만, 막상 개최되자 양 진영 선수들이 잠실올림픽주경기장에 등장해 가장 성공적인 무대를 만들었다는 평가를 받았다. 무엇보다 올림픽을 준비하는 7년간 사회 전체를 총동원해 온 국토를, 그리고 그 위에 사는 사람들을 개조했다 할 정도로, 올림픽은 한국사회 전체, 특히 주 무대였던 서울에 큰 족적을 남겼다.

모리스 로슈(Maurice Roche)를 포함해 많은 논자가 올림픽을 '메가이벤트(Mega-event)'라 부른다. 단기간 개최되는 스포츠 행사이지만 매우 다양한 행위자들이 관여하고 최소 수년부터 십여 년을 넘어가는 준비 기간을 거치며, 장기적이고 광범위한 정치적·경제적·사회적·문화적 효과를 지니는 행사를 보통 메가이벤트라 정의한다.[1]

서울올림픽은 메가이벤트의 전형적인 사례다. 서울올림픽은 1988년 9월 17일부터 10월 2일까지 2주간 진행됐을 뿐이지만, 그 2주간의 무대는 1980년대 내내 진행되던 수많은 준비의 결과였다. 올림픽이라는 한 편의 공연을 준비하는 쪽은 기본적으로 경기에 참가하는 선수들이지만, 개회식과 폐회식 등 문화 행사에 출연하고 이를 기획하는 이들 역시 빼놓을 수 없는 행위자 중 하나다. 또 올림픽이라는 공연의 무대를 만드는 이들 역시 올림픽의 일원이다. 경기장과 선수들의 숙소를 만드는 이들부터 많은 국가의 선수들이 무사히 체류할 수 있도록 하는 국가 행위자들, 올림픽이 치러지는 도시의 경관을 만드는 시민들, 올림픽을 전 세계의 관객들에게 보여주는 방송사, 이를 상업적으로 뒷받침하는 기업에 이르기까지 올림픽의 연출에 관계된 행위자는 매우 다양하다. 무대를 바라보는 관객 역시 빼놓을 수 없다. 올림픽을 직접 관람하는 관객, 올림픽 경기와 개최 도시를 보러 찾아온 외국인 관광객, 나아가 텔레비전을 통해 경기는 물론 올림픽이 열리는 도시의 경관을 바라보는 관중 모두 올림픽과 관계돼 있다고 할 수 있다.

올림픽의 효과는 매우 광범위하다. 우선 올림픽은 개최되는 2주간의 일상을 바꾼다. 노동시간은 물론 노동의 효율 역시 줄어들 수밖에 없다. 올림픽 개최는 수조에서 수십조 원의 비용을 필요로 하고, 수십억 명의 시청자들에게 영향을 미치며, 개최국의 정치를 공고화하기도 하고 불안정하게 만들기도 한다. 1980년대 미국과 소련의 대결이 보여주듯 국제 질서에도 커다란 영향을 미침은 물론이다. 인류학자 존 매컬룬(John MacAloon)은 헤겔과 마르크스의 표현을 빌려 올림픽이 20세기 이후 '세계사적 과정'의 중요한 양상을 이룬다고 말하기까지 한다.[2]

그중에서도 결코 빼놓을 수 없는 것은 공연이 열릴 무대를 준비하는 일이다. 무대 준비는 경기장을 만드는 일에 그치지 않았다. 경기장 같은 스포츠 시설부터 선수촌과 미디어 센터 같은 부대시설, 관광객을 위한 공항·도로·호텔·공원·상하수도·통신망에 이르기까지 도시의 거의 모든 것이 무대시설로서 준비돼야 했다. 앞으로 살펴보겠지만, 김포공항, 광화문과 을지로 같은 도심, 이른바 '달동네'에 이르기까지 선수와 관광객 그리고 카메라가 지나가는 곳이라면 어디든 올림픽이 시작하기 전에 바뀌어 있어야 했다. 개조의 범위는 건물, 도로, 빌딩 등에 국한되지 않았다. 서울올림픽은 무대가 될 도시에서 살아가는 이들의 삶, 경기장이나 공공장소의 질서뿐만 아니라 식습관과 언어에 이르기까지 광범위하게 일상을 개조하는 계기였다.

그렇기 때문에 1980년대를 이야기함에 있어 서울올림픽은 결코 빼놓을 수 없는 연구 대상이다. 1980년 5월 광주에서 1987년 6월로 이어지는 정치적 민주화의 여정, 1980년대 초반의 외채위기와 1980년대 후반부터 시작된 '3저 호황(저달러·저유가·저금리)',

그리고 1987년 노동자대투쟁과 그 이후 이어진 실질임금의 대폭 상승 등의 변화도 물론 중요하다. 하지만 우리가 일상의 변화를, 한국사회에서 삶을 영위하는 이들의 사고와 습속의 변화를 이야기하려면 서울올림픽을 결코 간과할 수 없다. 올림픽 개최가 결정된 1981년 9월 30일부터 서울올림픽이 막을 내린 1988년 10월 2일까지, 서울을 비롯한 도시에서 살아가는 이들이 경험한 변화는 오늘날의 도시적 삶과 그 기원을 이해함에 있어서 필수적이다.

기억 속의 서울올림픽

그렇다면 서울올림픽은 그동안 어떻게 기억되고 또 연구돼 왔는가? 1980년대 중반부터 현재에 이르기까지 올림픽을 포함한 1980년대의 스포츠 이벤트를 해석하는 일반적인 견해는 '탈정치화론' 또는 '우민화론'이다. 이를 논하는 연구자들은 올림픽이라는 무대의 연출이 1980년에 부당하게 정권을 잡은 신군부가 수행한 것이었으며, 여기에는 국민이 올림픽이라는 스펙터클에 눈길을 빼앗기거나 최소 조용한 관람객이 되게끔 하려는 의도가 있었다고 본다. 그래서 스포츠정책은 영화 및 성산업과 한 묶음이 돼 이른바 '3S(Sport, Screen, Sex)'정책으로 불렸다. 이러한 견해는 진보적 언론과 지식인들 그리고 이들의 논의를 활용한 영어권 저작들에서 주로 발견된다.[3]

서울올림픽이 억압한 것에 초점을 둔 위 연구들과 달리, 서울올림픽이 만들어낸 것 또는 효과에 초점을 둔 연구들도 있다. 서울 올림픽이 민주화를 억압하는 장치가 아니라 오히려 민주화에 기여했다고 본 논자들, 서울올림픽이 사회주의권과의 수교 및 탈냉전에 기여한 바를 논하는 이들, 올림픽을 통한 경제성장과 올림픽이 한국 건축에 미친 영향, 올림픽이라는 무대를 둘러싼 시민들의 반응이나 기억 등을 논한 이들의 글이 대표적이다.[4]

그런가 하면 서울올림픽이 서울이라는 도시를 어떻게 바꿨는지에 대한 논의 또한 존재한다. 기록영화 〈상계동 올림픽〉(1988)은 서울올림픽이 도시민에게 미친 영향과 관련해 가장 대표적인 영상물로 알려져 있다. 이 영화가 보여주는 것과 마찬가지로, 1980년대 서울을 다룬 도시사회학 저작들은 주거지의 철거와 재개발, 강제이주에 초점을 맞췄다. 이들 연구의 특징은 1970년대 이후 도시사회학 내에서 큰 영향력을 얻은 '신도시사회학(new urban sociology)', 즉, 마르크스주의적 입장에서 자본의 이윤 축적을 위한 도시공간의 활용과 재편에 초점을 맞추는 이론을 활용한다는 점이다. 그랬기에 이들 연구는 1980년대 서울의 재개발을 올림픽과의 관련성보다 자본의 이윤축적을 위한 독재권력의 도시공간 재편으로 해석하는 경향을 보인다.[5] 이에 비해 서울올림픽을 준비하고 개최한 결과로 형성된 도시와 건축·도시계획·디자인 영역 등의 변화에 대한 연구는 상대적으로 최근에 이뤄졌다.[6]

마지막으로, 1980년대 한국 사회의 변화를 설명하는 문헌들이 서울올림픽을 어떻게 자리매김하고 있는지 살펴본다. 연구자들은 주로 민주화로 대표되는 정치적 변동과 그 결과 탄생한 한국 민주주의의 기본 틀로서의 '87년 체제'에, 특히 새로이 형성된 중산층의 진보적 성격과 시민사회의 성장에 주목해왔다. 또한 이들은 1988년 이후 자본의 권력 증대와 중산층 및 시민사회의 보수화도 함께 논했는데, 이 모든 논의에서 올림픽은 극히 부차적인 위치만을 점하고 있다.[7]

요컨대, 1980년대를 말하는 논자들은 정치적 민주화, 자본의 권력 증대, 중산층의 성장과 시민사회의 성장 등으로 당대의 사회변동을 설명해왔다. 하지만 이러한 논의 가운데 1980년대를 관통하는 메가이벤트였던 서울올림픽이 유의미하게 다뤄진 것은 극히 최근의 일이다. 이전까지 연구들은 서울올림픽을 독재정권이 시민들을 '우민화'시키는 수단으로 여기면서 그 효과에 대해 논의하지 않는 경우가 다수였다. 한편 서울올림픽이 서울을 어떻게 바꿨는지에 대한 논의들은 올림픽의 효과로서 도시 구조와 경관의 변화를 일부 논하고 있지만, 도시에서 삶을 영위하는 이들의 삶과 사회 전반이 어떻게 변화했는지에 대해서는 보다 본격적인 논의가 필요한 상황이다.

그래서 나는 메가이벤트로서의 광범위한 영향력을 고려했을 때 서울올림픽이 1980년대를 설명하는 중요한 변수여야 한다고 판단한다. 그리고 이러한 판단에 기초해 서울이라는 공간에서 삶을 영위하는 사람들에게 올림픽이 미친 영향을 분석하고자 한다. 그럼으로써 1980년대와 당대의 서울, 한국사회 그리고 1990년대 이후 한국의 도시와 사회에 대한 새로운 시야를 마련하고자 한다.

서울올림픽을 들여다보는 렌즈: 스펙터클, 극장, 시선

서울올림픽이 서울과 한국사회에 미친 영향을 동시에 분석하는 방법에는 여러 가지가 있을 것이다. 그중 대표적인 사회학적 방법론으로 세 가지를 들 수 있다. 첫째, 현대 도시공간과 사회변화에서 가장 두드러진 현상을 아노미(anomie), 즉 '규범 없는 상태'로 규정한 시카고학파를 따라, 올림픽으로 인해 급격한 변동을 경험한 사람들을 민속지(ethnography) 등으로 분석하는 방법이다.[8] 둘째, 베버주의적 관점에서 자원을 분배하는 도시관리자(uraban manager)의 역할에 주목하고, 이들의 결정에 의해 도시공간이 변화되는 양상을 분석하는 방법이다.[9] 이러한 접근법에 기초한다면 올림픽은 도시의 자원 분배를 둘러싼 도시정치(urban politics)의 일환으로 해석할 수 있다.[10] 셋째, 앞서 언급했듯이 1970년대 이후 도시사회학의 주류가 된, 산업자본주의의 위기와 더불어 발생한 이윤축적의 위기를 타개하려고 새로운 형태의 자본주의가 도입되는 과정과 이를 위해 도시가 활용되는 양상을 분석하는 신도시사회학적 관점이 있다.[11] 마르크스주의에 기초한 신도시사회학적 관점에서 본다면, 올림픽은 새로운 형태의 자본주의를 도입하기 위한 도시 변화의 촉매(catalyst)로 여겨진다.[12]

하지만 나는 위의 세 접근법이 아닌 다른 접근법에 기초해 서울올림픽을 분석할 것이다. 여러 사회세력 간 각축이 아닌 국가권력의 기획과 실행, 도시공간을 둘러싼 자원의 배분만이 아닌 일상생활에 대한 개입과 동원, 축적위기와 자본주의의 재편이 아닌 자본주의의 발전과 연계돼 있다는 점에서 세 접근법은 서울올림픽을 설명하는 데 어느 정도 한계를 보인다고 판단하기 때문이다. 대신 여기서 채택하는 것은 공연론적 접근법, 그리고 게오르크 짐멜(Georg Simmel)로부터 시작되는 문화사회학적 도시론이다. 서울올림픽을 하나의 공연으로 본다면 권력의 기획 및 전방위적인 국가의 동원과 개입을 모두 시야에 넣을 수 있다. 무엇보다도 공연은 한때 제국주의적 시선하에서 응시·감시·전시의 대상이던 주체들이 탈식민주의적 맥락에서 수행하는 행위라는 점에서, 탈식민 이후 자본주의 발전 과정에서 올림픽을 개최한 서울의 변화를 설명하기에 적절하다.[13]

그런 점에서 이 책은 서울올림픽을 하나의 '공연'으로 본다. 올림픽은 거대하고 화려한 무대를 만들어 전 세계 수많은 시청자의 이목을 집중시키는 스펙터클(spectacle)[14]이기에, 그 속성상 '극장(theatre)'으로 볼 수 있다. 나는 이러한 판단 위에서 서울올림픽의 기획부터 마무리까지 일련의 단계를 연극의 준비 과정으로 재해석하고자 한다.

공연론은 공연의 목적 혹은 동기를 시야에 넣게 해준다. 이와 관련해 존 매컬룬의 논의를 우선 참고할 수 있다. 그는 콘서트나 연극만이 아니라 일상생활에서 일어나는 다양한 문화적 의례(ritual)로 공연 개념을 확장했던 밀튼 싱어(Milton Singer)의 '문화적 공연(cultural performance)' 개념을 빌린다. 그리고 그 위에서 올림픽을 "한 문화 또는 사회가 스스로를 거울에 비추고 스스로를 정의한 후, 집합적 역사와 신화를 극화해 있는 그대로 보여주거나 대안적으로 보여주는" 공연으로 정의한다. 올림픽은 경기장에 찾아 오는 관객뿐만 아니라 텔레비전을 통해 지켜보는 전 세계의 관객을 상대로 개최 도시 혹은 국가가 지닌 긍정적인 이미지를 보여주거나, 부정적인 이미지를 벗고 대안적인 이미지를 창출하려는 한 편의 공연이라는 것이다.[15]

IOC는 올림픽을 누군가는 보여주고 누군가는 바라보는 형태, 주체와 객체, 주인공과 구경꾼의 경계가 명확한 공연이 아닌, 모든 이가 참여하고 어울리는 '축제(festival)'로 만들고자 했다. 하지만 20세기 중반 이후 올림픽은 국제사회를 관객으로 하는 화려한 볼거리, 즉 스펙터클로서 공연적 성격을 유지했으며, 이를 통해 개최 국가나 개최 도시의 이미지를 바꾸려는 노력도 지속되고 있다. 그 출발은 1936년 베를린올림픽이었다. 독일의 나치 정권은 1934년 월드컵을 통해 이탈리아의 새로운 모습을 세계에 알리고자 했던 이탈리아 파시스트 정권으로부터 아이디어를 얻었다. 그들은 베를린올림픽을 나치즘과 독일 민족의 우수성을 전 세계에 알리는 무대로 활용했다.[16] 올림픽을 활용한 이미지 창출은 냉전기에도 이어졌다. 제2차세계대전을 일으킨 이탈리아, 일본, 독일(서독)은 자유진영의 일원으로 국제사회에 복귀하면서 자신들의 이미지를 바꾸는 무대로 1960년 로마올림픽, 1964년 도쿄올림픽, 1972년 뮌헨올림픽을 활용했다.[17]

국제사회의 일원이 되고 근대성을 증명해 지위를 높이려는 동기를 지닌 한국과 중국 등 동아시아 국가들 또한 올림픽을 통해 국제사회 내에서 새로운 이미지를 창출하려 매우 광범위하고 적극적인 노력을 수행했다. 그 선봉은 역시 일본이었다.[18] 1964년 도쿄올림픽은 '1조 엔의 올림픽(1兆円五輪)'으로 불릴 정도로 엄청난 예산을 동원해 도시의 면모를 대대적으로 바꿨다. 요시미 순야(吉見俊哉)는 도쿄올림픽을 일본이 전쟁에서 벗어나 '전후(戰後)'라는 새로운 시대를 맞이했음을 보여주는 공연으로 분석했다.[19] 1988년 서울올림픽은 물론, 2008년 베이징 올림픽이라고 해서 다르지 않았다.[20] 조지프 나이(Joseph Nye) 등에 의해 '소프트파워(soft power)'라는 개념이 대중화되기 이전부터, 올림픽은 국제사회 내 개별 국가의 이미지를 바꾸거나 강화하는 도구로 활용되고 있었던 것이다.[21]

1990년대 이후에도 이러한 흐름은 계속돼, 세계화와 탈산업화에 맞춰 도시의 산업구조를 바꾸고자 한 국가들은 새로워진 도시의 이미지를 전 세계에 보여줄 광고 무대로 올림픽을 활용했다. 올림픽은 화려한 경기장을 만들 뿐 아니라 도시 전체가 화려하고 장대한 경관을 보여주는 스펙터클이 되도록 대대적인 도시개조를 수반했다. 해변을 중심으로 한 도시개조와 더불어 유럽의 대표적 관광도시로서의 위상을 확고히 했던 에스파냐의 1992년 바르셀로나 올림픽, 대단위 임대주택의 철거를 포함한 도심개조를 핵심으로 했던 미국의 1996년 애틀랜타 올림픽, 쇠퇴한 동런던지역의 개조와 연계된 영국의 2012년 런던올림픽 등이 대표적이다. 개회식을 센강에서 열고 에펠탑과 앵발리드 등 파리와 프랑스를 대표하는 경관에 가설무대를 지어 경기를 개최한 2024년 파리올림픽은 경기장 내·외부의 구분이 무의미해졌음을, 도시 전체가 올림픽이라는 스펙터클의 핵심 요소임을 우리에게 말해주고 있다.[22]

우리는 이러한 이론에 기초해 서울올림픽을 한국의 이미지를 재창출하려는, 특히 식민과 전쟁을 경험한 과거에서 벗어나 경제발전을 통해 국제사회 내 이미지를 재창출하려는 공연/연극으로 가정해볼 수 있다. 서울올림픽을 앞두고 이뤄진 대대적인 도시경관의 변화, 그리고 도시에서 삶을 영위하는 사람들에 대한 개입 또한 한국의 새로운 이미지를 보여주려는 무대를 준비하는 과정이라 가정할 수 있다. 여기서 공연론은 공연이 만들어지는 방식과 그 과정에서 발생하는 정치 혹은 권력의 작용을 시야에 넣게 해준다. 연출자들의 '드라마투르기(dramaturgy)', 다시 말해 공연을 기획하고 무대를 만들며 배우를 훈련시키고 무대를 연출하는 일련의 과정을 면밀히 분석함은 물론, 이 과정에서 어떠한 형태의 정치 또는 권력 작용이 발생하는지를 분석할 수 있게 해주는 것이다.

예를 들어, 빅터 터너(Victor Turner)의 사회적 드라마론(social drama)은 공연이 만들어지고 효과를 발휘하는 일련의 과정을 폭넓은 시각에서 파악하도록 해준다. 그는 밀튼 싱어의 문화적 공연 개념이 드라마가 만들어지는 과정의 일부에 해당한다고 본다. 한 사회 집단이 위기를 맞았을 때 이를 교정하는 과정을 위반-위기-교정-재통합/분리라는 4단계 서사로 설명할 수 있으며, 문화적 공연은 그중 세 번째 단계에 자리한다고 말한다. 전통이나 이상에 비춰 현재 사회를 반성하는 과정, 즉 이상의 기준으로 현재를 비춰보고 이를 교정하는 과정이 문화적 공연이라는 것이다.[23] 이렇게 본다면 문화적 공연으로서의 올림픽은 위기나 갈등에 대처하는 수단으로 볼 수 있다. 실제로 올림픽은 그 출발부터 사회의 위기 또는 갈등을 배경으로 이상적인 사회의 모습을 확인하는 공연이었다. 근대 올림픽을 창시한 피에르 드 쿠베르탱(Pierre de Coubertin)은 유토피아사회주의자 생시몽(Claude Henri de Rouvroy, Comte de Saint-Simon)의 제자들 같이 당대의 사회문제를 해결하고자 한 개혁가들이 만든 만국박람회의 영향을 받았다. 생시몽의 후예들이 박람회장을 산업과 기술의 진보를 선보여 이상적 사회상을 구현하는 무대로 여겼던 것처럼, 쿠베르탱에게 올림픽 경기장은 단련된 신체를 선보여 이상적 사회상을 구현하는 무대였다.[24]

나는 이에 기초해 다음과 같은 관점으로 서울올림픽을 살펴볼 것을 제안한다. 서울올림픽은 권력을 독점한 군인들이 경제발전을 최우선하며 시행한 정책으로 인해 발생한 여러 문제와 위기를 해소하는 정치적 수단으로 활용된 메가이벤트다. 우리는 공연을 준비하는 과정에서 발생하는 정치를 보다 정교하게 분석할 수 있는 이론적 자원을 클리퍼드 기어츠(Clifford Geertz)의 '극장국가(theatre state)'에서도 찾아볼 수 있다. 기어츠는 발리에서 볼 수 있는 스펙터클한 공연적 의례에 대해, 그것은 지배자가 피지배집단의 환심을 사려고 고안한 장치가 아니라고 말한다. 그에 따르면 발리 국가의 핵심 과업은 지배집단과 피지배집단이 하나가 돼 의례를 수행하는 데 있다. 공연을 위해 지배집단과 피지배집단 모두가 각자 배역을 맡아 역할을 수행하는 가운데, 권력이 작동하고 사회 질서가 유지된다는 것이다. 그래서 기어츠는 발리를 "왕과 군주들이 흥행주, 사제들이 감독, 농민들이 조연 배우이자 무대 담당이자 관객이었던 극장국가"[25]로 정의한다. 공간 역시 예외가 아니다. 발리의 도시공간은 사회의 질서와 우주의 질서를 축소해놓은 공간이 된다. 지배자들이 사회의 질서와 우주의 질서가 얼마나 탁월한지 보여주는 모델로서 도시를 만들기 때문이다. 그렇기에 도시의 삶은 사회적 질서의 모범이 된다.

이어서 기어츠는 그동안 간과됐던 권력의 한 양상을 보여준다. 막스 베버 같은 사회학자들은 폭력의 독점과 합리적 지배를 권력의 핵심으로 간주했고,[26] 의례나 공연은 갈등을 은폐하거나 권위를 부풀리는 수단으로 치부해왔다. 하지만 기어츠는 발리의 사례가 의례나 공연이 부차적인 도구가 아니라 권력의 핵심 요소라는 점을 강조한다. 그에 따르면 발리의 공연적 의례를 만드는 여러 요소, 즉 극화하기, 공연의 전시, 관객의 응시 등은 질서를 창출하는 권력으로 작동한다.[27] 공연을 통한 권력의 작동이라는 기어츠의 명제는 북한, 일본, 대한제국, 제1공화국 등 매우 다양한 사례에 적용될 수 있음을 여러 필자가 논증하고 있다.[28]

권력이 쓴 각본에 기초해 사회의 모든 구성원이 역할을 나눠 갖는 공연, 배역을 나눠 연기하고 또 이를 훈련하는 과정에서 형성되는 질서라는 기어츠의 아이디어는 동아시아 올림픽을 분석함에 있어 특히 유효하다. 올림픽이라는 스펙터클을 만들어가는 과정에서 개최 도시의 구성원뿐만 아니라 사회의 모든 구성원에게 배역을 나눠주고, 그에 맞춰 습속을 규율하려는 시도가 동아시아 올림픽에서 광범위하게 발견되기 때문이다. 1964년 도쿄올림픽의 신생활운동(新生活運動)과 올림픽국민운동(オリンピック国民運動), 1988년 서울올림픽의 새마을운동과 사회정화운동, 2008년 베이

징올림픽의 5대문명행동(五大文明行動) 등 습속개조 캠페인은 스펙터클를 위해 온 사회에 배역을 나눠주고 연기를 훈련시키는 장치였다고 볼 수 있다.

이를 바탕으로 나는 서울올림픽이라는 공연을 준비하는 과정이 사회의 모든 구성원을 동원해 이들에게 배역을 맡기고 능숙한 연기를 수행하도록 훈련시키는 과정이었다고 본다. 다시 말해 올림픽 개·폐회식과 같은 실제 상연 과정에 참여한 사람들뿐만 아니라 올림픽과 더불어 살아가는 모든 사람의 일상이 하나의 공연이 되도록 훈련시키는 과정이었다는 것이다. 그럼으로써 올림픽은 연출자들이 사회에 '질서'를 도입하려는 시도였다고 볼 수 있다. 그 연장선에서 올림픽의 연출자들은 수도 서울을 자신들이 연출하고자 하는 질서를 체현하는 공간이자, 자신들의 탁월성을 보여주는 모델로 만들고자 했다. 달리 말하자면 서울을 스펙터클한 공연을 위한 극장으로 변화시켰다는 것이다.

극장국가 개념에 덧붙여, 시각적 상호작용을 도시적 삶의 중요한 양상으로 보면서 도시성(urbanity)을 분석한 문화사회학적 도시론은 우리로 하여금 올림픽이라는 공연을 준비하는 과정에 대한, 그리고 이 공연이 사회적 삶에 미치는 영향에 대한 시야를 마련해준다. 도시적 삶의 특징과 그 변천을 파악하는 데 있어 시각 행위는 매우 유용한 분석 도구다. 노르베르트 엘리아스(Norbert Elias)는 절대주의 시기 궁정에서 타인의 시선을 고려해 자신의 행동을 통제하는 행위 양식이 만들어졌고, 이것이 19세기 이후 도시의 주요한 시각 행위가 됐다고 본다.[29] 한편 게오르크 짐멜은 대도시가 시각을 포함한 자극이 폭발적으로 증식하는 공간이라고 설명하면서, 개인들은 자극으로부터 자신을 보호하려고 외부의 자극에 둔감해질 수밖에 없고 개체성이 강해지며 자신의 개체성을 타인에게 보여주려고 외양을 치장한다고 말한다.[30] 같은 관점에서 어빙 고프먼(Erving Goffman)은 도시 행위자들이 타인의 호의적 반응을 불러일으키려고 인상을 관리한다는 점에서 일종의 공연을 수행한다고 말한다.[31] 발터 벤야민(Walter Benjamin) 역시 산보객(flâneur)이라는 개념을 통해 상품을 포함한 도시의 시각적 자극에 매혹당하고 도취되는 것이 도시적 시각 행위라고 말한다.[32]

위 이론가들이 모두 도시인의 시각 행위에서 권력을 집중적으로 탐색하지 않았던 것과 달리, 미셸 푸코(Michel Foucault)는 시각/시선에서 권력을 읽을 수 있도록 안내한다. 그는 18세기 박물학적 시선의 확산을, 즉 이성의 시선으로 자연을 관찰하고 도표로 분류하는 데서 주체성이 확산되는 것을 관찰했다. 이어서는 19세기 들어 이성을 지닌 주체가 감시라는 시각 행위를 통해 형성됐음과, 이것이 감옥뿐만 아니라 병원·학교·공장 등을 통해 근대 도시에 확산됐음을 통찰했다. 이를 통해 감시 행위, 관찰 행위, 관찰된 사물을 분류하고 배치하는 행위 등의 시각 행위 속에 권력의 메커니즘이 내재해 있음을 우리에게 보여준다.[33]

문화사회학적 도시론을 바탕으로 할 때 올림픽은 무대 자체를 일컫는 동시에, 스펙터클을 위한 무대를 만들고 그 위에서 연기를 펼칠 배우를 만드는 과정에서 발생하는 시각 행위 전반이라고 볼 수 있다. 서울올림픽은 관광객뿐만 아니라 전 세계의 시청자들에게 보여주기 위한 한 편의 공연이었다. 그렇기에 연출자들은 이들 관객을 염두에 두고 무대와 배우를 만들었다. 그들은 도시의 외양을 치장하고 올림픽과 함께하는 도시민의 일상을 공연으로 만들려 했으며, 이를 위해 세계의 눈앞에 보여줄 무대와 보여줘서는 안 될 이면을 분리했다. 다시 말해 연출자들은 미장센(mise-en-scène)을 위해 시민들을 분리했다. 시민들은 이 과정에서 일상의 습속 변화를 타율적으로 강요받았지만, 타인의 시선을 고려하는 가운데 자율적으로 습속을 변화시켜 나갔다.

끝으로, 나는 서울올림픽의 연출자들을 설명하기 위해 '리바이어던(Leviathan)'이라는 개념을 활용하고자 한다. 사회계약론으로 유명한 토머스 홉스(Thomas Hobbes)의 저서 제목이기도 한 리바이어던은 거대한 권력을 지닌 통치 주체를 의미한다. 리바이어던은 무질서를 종식시킨다는 명분으로 절대권력을 손에 넣고 질서를 창출하고자 하는 자다.[34] 서울올림픽의 연출자들이 지니는 독특성을 설명하는 데, 다시 말해 무질서를 끝내고 질서를 만들겠다는 명분으로 절대권력을 휘둘렀던 군인들을 설명하는 데 리바이어던이라는 개념이 적절해 보인다. 다만 리바이어던의 절대권력이 시민과 통치자 사이의 사회계약에 기초해 성립한다는 홉스의 주장과 달리, 한국의 군인들은 사회계약을 건너뛰고 절대권력을 장악했다는 점에서 차이가 있다. 나는 리바이어던 개념을 바탕으로 군인들이 올림픽이라는 공연에 사회 구성원을 총 동원한 방식을 탐색하고자 한다. 군인들은 사회 구성원과의 관계에서 권력의 이양과 질서(보호)의 제공을 교환하는 사회계약이 아니라, 권력의 이양과 공연의 성공을 교환하는 '공연계약'에 기초해 권력을 행사했다고 볼 수 있다.

공연이라는 관점으로 서울올림픽 보기

나는 지금까지 살펴본 이론을 통해 서울올림픽을 분석하는 데 필요한 몇 가지 가설을 제안한다.

첫째, 군인들은 리바이어던이다. 1961년과 1980년, 두 번에 걸쳐 권력을 잡은 군인들은 경제성장을 통해 도시에 풍요의 경관을 연출하고 규율과 감시를 통해 도시적 삶에 질서를 부여하겠다고 선언했다. 한국인의 도시적 삶과 사회적 삶을 그럴듯한 공연으로 만들어줄 것을 약속한 것이다. 그런 점에서 군인들은 일종의 공연계약에 기초해 권력을 행사하는 리바이어던이었다. 이들이 남다른 열정으로 공연을 기획하고 준비한 것은 당연한 수순이었다. 그런데 이들 군인의 드라마투르기, 즉 극작법은 규율과 감시, 무대로부터의 추방 등 권력을 십분 활용하는 방식으로 구성됐다.

둘째, 서울올림픽은 위기를 배경으로 기획된 공연이었다. 1970년대 말 군인들은 국내적으로 민심 이반을, 국제적으로 고립을 경험하고 있었다. 이와 더불어 한국전쟁 이후 서울을 포함한 대도시들은 각종 도시문제와 사회문제의 한복판에 놓여있었다. 군인들은 도시문제의 핵심을 '무질서'로 규정하고 이를 바로잡을 것을 약속하며 리바이어던이 되겠다고 선언했다. 서울올림픽은 리바이어던이 여러 위기를 맞고 있던 1970년대 말부터 1980년대 초 사이에 기획된 이벤트였다. 그런 만큼 위기는 군인들이 올림픽이라는 공연을 준비하고 이를 통해 무엇을 보여줄지 결정함에 있어서 매우 중요한 고려사항이었다.

셋째, 서울올림픽은 대안적 정체성의 형성을 목적으로 연출된 스펙터클이자 문화적 공연이었다. 서울올림픽은 비서구세계의 일원으로 한때 식민지 상태에 있던 한국이 서구를 따라 추진했던 발전의 결과물을 보여주려는 동기에서 출발했다. 그로 인해 서울올림픽은 관객이 될 전 세계의 시선을, 특히 서구 관객의 시선을 강하게 의식하는 가운데 기획됐다. 이 과정에서 연출자들은 서울올림픽을 관람하고 평가할 외국인을 가상의 리바이어던으로 만들고, 이들을 앞세워 권력의 행사를 정당화했다. 이에 따라 서구의 시선은 사회 구성원의 일상을 동원하고 규율하는 권력의 발원지로 기능했다.

넷째, 연출자들은 서울올림픽을 준비하는 과정에서 극장국가를 만들었다. 군인들은 전 세계에 보여줄 공연을 위해 흥행주인 동시에 연출자가 됐다. 적게는 서울에서 삶을 영위하는 이들에게, 크게는 한국사회 구성원 모두에게 배역을 나눠주고 각자 역할을 수행케 했다. 군인들은 올림픽의 무대인 도시 서울을 새로운 질서의 모델로 만듦으로써 사회질서를 창출하고자 했다.

다섯째, 서울올림픽을 위한 준비 과정은 다양한 시각 행위 속에서 이뤄졌다. 서울올림픽이라는 공연은 기본적으로 관객을 매혹하고 도취시키는 스펙터클의 연출을 목표로 삼았다. 그와 동시에 배우로서 동원될 사회 구성원에 대해서는 감시를 수행하고 이들의 연기를 규율했다. 또한 연출자들은 전 세계의 수많은 시선 앞에서 도시의 외양을 치장하고 인상을 관리하려고 무대를 전면과 후면으로 나눴다. 그들은 미장센을 연출하려고 무대 위에 전시될 무대장치와 배우들을 조직하는 한편, 무대 아래로 감춰야 할 소품과 사람을 분류하고 분리했다.

여섯째, 이러한 과정에 동원되는 사람들의 반응은 여러 가지였다. 누군가는 외국인이라는 가상의 리바이어던을 내세워 끊임없이 일상에 개입하려는 군인들에게 반사판을 들이대며, 그 뒤에 숨을 것이 아니라 권력 행사의 외양을 분명하게 드러내라고 요구했다. 어떤 이들은 연출자들의 드라마투르기에 비판을 제기하고 자신들만의 새로운 연극을 기획했다. 또 다른 이들은 군인들이 중계하는 외국인의 시선을 내면화하고 이들의 반응을 유심히 살피며 자신의 행동을 통제했다. 이들은 연출자들로부터 배운 드라마투르기에 기초해 자신들이 점유한 도시에서 미장센을 연출하고 일상생활의 공연을 수행했다. 이처럼 서울올림픽은 서울을 일종의 '극장도시'로 만들어 사회 구성원들이 다양한 시각의 상호작용 속에서 사회적 삶의 공연을 수행하는 계기가 됐다.

이러한 가설을 검증하고자 나는 다음과 같은 질문에 답하려 한다. 1961년 이후 군인들은 한국의 도시와 도시적 삶을 어떻게 바라봤는가? 이곳의 삶을 그럴듯한 공연으로 만들려 했던 군인들은 어떤 극작법을 활용했는가? 위기는 그들에게 어떤 형태로 나타났는가? 올림픽이라는 공연의 기획은 이러한 위기의 타개와 어떻게 결부돼 있는가? 군인-연출자들은 올림픽을 통해 전 세계에 무엇을 보여주고자 했는가? 그들은 사회 구성원들에게 어떤 배역을 맡기고 연기를 훈련시키며 질서를 창출하고자 했는가? 다시 말해, 연출자들은 어떻게 사회 구성원들의 일상을 감시하고 규율하고자 했는가? 한편 무대를 만드는 과정에서 공연이 이뤄질 무대의 전면과 그곳에서 연기할 사람들은 어떻게 준비됐는가? 또한 무대 아래에 감춰져야 할 소품과 배우는 어떤 방식으로 분류되고 비가시화됐는가? 사회 구성원들은 이러한 군인들의 드라마투르기와 미장센에 어떻게 반응했는가? 결국 서울올림픽은 올림픽 이후의 사회적 삶의 공연에 어떠한 영향을 미쳤는가?

극장도시 서울이 탄생하기까지

위와 같은 질문들에 답하고자 하는 이 책은 총 6개의 파트로 나뉜다. 서론과 결론, 그리고 총 4부로 이뤄진 본론이 그것이다. 서론을 논외로 하고, 앞으로 이 책이 어떻게 전개될지를 간단히 설명하면 다음과 같다.

1부에서는 서울올림픽이라는 아이디어를 만들어낸 군인들에 대해 이야기한다. 나는 1961년 5월 16일에 권력을 손에 넣은 군인들을, 도시를 그럴듯한 무대로 바꾸고 그 위에서 살아가는 이들의 삶을 그럴듯한 공연이 되도록 만들겠다고 약속한 연출자들로 재해석하고자 한다. 그리고 이들이 배우를 만들려고 활용한 드라마투르기, 즉 군인들의 극작법을 살펴본다. 다시 말해 군인들이 도시라는 무대에 누가 서거나 서지 못하도록 만들었는지, 무대에 선 사람들은 배우가 되려고 어떤 방식으로 훈련받았는지를 검토해보고자 한다. 나아가 군인-연출자들이 스포츠 이벤트를 어떻게 바라봤는지를 검토한다. 그리고 그 끝에서 1988년 하계올림픽이라는 거대한 공연을 발표하기에 이르는 과정을 설명한다.

2부에서는 1980년에 새로이 등장한 군인들의 극작법에서 출발해, 이들이 서울올림픽이라는 스펙터클을 기획하는 단계까지 설명한다. 우선 1980년에 등장한 신군부의 극작법이 앞선 시기 군인들과 비교해 무엇이 같고 또 다른가를 검토한다. 이어서 이들 군인이 왜 1988년 하계올림픽을 서울에서 개최하려고 했는지, 올림픽 개최가 결정된 이후에는 어떤 '흥행작'을 교본 삼아 서울올림픽을 기획했는지 살펴본다. 또한 공연을 기획해 나갈 스태프를 어떤 방식으로 준비했는지도 검토한다.

이어지는 3부에서는 군인-연출자들이 본격적으로 서울올림픽을 연출하는 과정을 들여다본다. 먼저 군인들이 어떤 서사에 기초해 스펙터클을 기획해 나갔는지, 스펙터클을 관람할 관객을 누구로 상상했는지, 관객과 배우 사이의 관계를 어떻게 상정했는지를 차례로 살펴본다. 이어서 군인-연출자들이 배우를 선별하고 조련하는 과정의 변화를 검토한다. 마지막으로 관객들에게 보여서는 안 될 소품을 무대에서 제거하고 자랑스레 선보일 무대장치를 만들어 나가는 과정까지 톺아본다.

이러한 준비 끝에 올림픽이라는 공연이 상연되는 과정을 4부에서 검토한다. 한국사회의 구성원들은 올림픽을 준비하는 군인들의 드라마투르기에 어떻게 반응했는지, 올림픽을 비판하는 목소리는 없었는지, 비판하는 목소리가 있었다면 그 주된 논지는 무엇이었는지, 또 이 목소리들이 주장하는 올림픽의 모습은 어떠했는지 등을 차례로 들여다본다. 그리고 연출자들이 이러한 목소리들에 완전히 귀를 닫았는지, 또는 부분적으로 목소리를 반영하되 이들의 소리가 공연을 방해하지 않도록 관리하고자 했는지 등을 따져 물으면서 전개 과정을 자세히 살펴본다.

결론에서는 서울올림픽이 한국의 도시와 한국사회에 남긴 것이 무엇이었는지를 성찰한다. 이를 위해 서울올림픽 이후 도시들이 어떻게 바뀌었는지, 도시에서 살아가는 이들의 삶은 어떻게 변화됐는지, 그 변화에 서울올림픽이 남긴 흔적은 무엇인지를 따져 묻는다. 이와 더불어, 올림픽뿐만 아니라 엑스포와 월드컵 같은 스펙터클 속에서 1980년대의 드라마투르기가 어떤 방식으로 지속되고 변용됐는지 살핀다. 그리고 이러한 과정을 통해 서울올림픽이 한국사회에 남긴 유산을 '88년 체제'로 규정하고, 우리의 현재를 새로운 관점에서 돌아본다.

1부

군인들의 드라마투르기
: 1960~1970년대 군인들의 극작법

1961년 권력을 손에 넣은 군인들은 어떤 공연을 사회 구성원들에게 약속했는 가? 그들이 이를 위해 가장 먼저 수행한 작업은 무엇인가? 그리고 무대에서 탈락한 이들을 제외한 나머지 구성원은 어떠한 방식으로 배우로 훈련됐는가? 한편 군인-연출자들은 스포츠와 스포츠 이벤트를 어떻게 해석했는가? 이들은 어떻게 1988년 하계올림픽의 개최를 생각하기에 이르렀는가?

1장

군인들, 연출자가 되다

중단된 공연

 사회 속에서 살아가는 개인들은 자신의 본심이 무엇이든 간에 타인들의 시선을 의식하고, 그 의식에 기초해 어떻게 행위할지를 결정하며, 이를 통해 사회 질서를 공유한다. 그렇기에 사회 질서 속에서 행위하는 인간이란 대본이 존재하는 공연 속에서 연기하는 배우와도 같다. 하지만 인간이 언제나 질서 속에 사는 것은 아니며, 사회 질서가 작동을 잠시 멈출 때도 있다. 이전의 질서가 더는 유지될 수 없을 때, 새로운 질서의 창출을 기다려야 할 때가 그렇다. 공연으로 치자면 공연이 잠시 중단된 막간(intermission)의 시기가 존재하는 것이다. 에밀 뒤르켐(Émile Durkheim)은 19세기 말 서구사회에서 관찰된 도덕 없는 상태 혹은 규범 없는 상태를 가리켜 '아노미'라 불렀다. 그렇다면 아노미는 '공연 중단' 또는 막간의 다른 표현이라 할 수 있다.

19세기와 20세기 서구의 도시들을 비판적으로 바라본 지식인 상당수는 산업화와 도시화가 초래하는 거대한 변화가 공연의 중단을 불러일으키고 있음을 감지했다. 일례로 프랑스의 사회학자 외젠 뷔레(Eugène Buret)는 19세기 중반 런던과 파리 노동자들의 삶이 '야만'에 다름없다고 고발했다.[1] 프리드리히 엥겔스(Friedrich Engels)도 마찬가지였다. 그는 맨체스터를 포함해, 산업혁명이 여러 도시에서 촉발한 참상을 면밀하게 관찰했다. 엥겔스는 도시로 나와 자신의 노동력을 상품으로 팔며 살아가는 사람들의 일상이 가난과 비참으로 점철돼 있으며, 심지어 도덕성마저 상실한 상태라고 거듭 설명했다.[2] 이들이 도시에서 발견한 것은 자본주의적 산업화와 도시화가 초래한 인간성과 사회 질서의 부재, 바로 공연의 중단이었다.

한국 역시 비슷한 경로를 밟았다. 한국의 도시화는 산업화 이전부터 발생했다. 일제가 1941년부터 1945년까지 수행한 태평양전쟁은 한반도를 비롯한 제국의 여러 도시를 바꿨다. 많은 이가 만주로, 또 일본으로 이동했다. 이민 인구는 총 400만 명, 제국 총인구의 약 14퍼센트에 달했다.[3] 적지 않은 이들에게 이민이란 단순히 한반도에서 만주로, 일본 열도로 이동하는 것만을 의미하지 않았다. 이것은 농촌에서 도시로의 이민이기도 했다. 예를 들어 1940년 기준 일본으로 이주한 이들의 약 82퍼센트가 노동자였다.[4] 탄광 같은 곳에서 강제로 일하는 이들이 적지 않았지만, 그 또한 농촌적 삶으로부터 분리라는 점에서는 다를 바 없었다.

전쟁은 끝났고 제국이 해체되면서 많은 이가 한반도로 귀환했다. 돌아온 사람들 중 다수가 고향을 찾았지만, 고향 대신 도시에 자리 잡은 이들도 적지 않았다. 해방 공간에서 벌어진 좌우 대립 역시 도시 인구를 늘렸다. 1944년 99만 명이던 서울의 인구는 1949년 145만 명으로 50퍼센트가량 증가했다. 여기에 한국전쟁은 도시 인구를 늘린 결정적 계기였다. 38선 이북에서 온 피난민을 포함해 다양한 이유로 도시에 정착하는 이들이 상당했다. 1953년 휴전 무렵 피난민과 전재민은 985만 명으로, 남한 인구의 절반에 육박했다. 이들 중 상당수가 도시에 정착했다.[5] 이민은 특히 부산의 인구에 영향을 미쳐서, 1944년 33만 명, 1949년 47만 명이던 부산의 인구는 1955년 105만 명으로 약 10년 사이에 300퍼센트나 증가했다. 서울의 인구 역시 1959년 200만 명이 됐다. 다른 대도시도 마찬가지였다. 대구의 인구는 1946년 27만 명에서 1955년 45.7만 명이 됐고, 광주의 인구는 같은 기간 10만 명에서 23.3만 명으로 증가했다. 대전의 인구 역시 같은 기간 9.6만 명에서 17.3만 명이 돼 있었다.

전쟁으로 인해 도시로 쏟아져 나온 이들에게 새로운 배역과 무대가 주어지기는 어려웠다. 많은 이가 제대로 된 거처를, 더 많은 이가 제대로 된 일자리를 구하지 못했다. 이로 인해 거리에는 구걸하는 이들과 거처 없이 부랑하는 이들이 넘쳐났다. 특히 서울과 부산처럼 큰 도시가 그랬다. 또 급한 대로 주거를 마련해야 했던 이들은 국유지나 시유지에 자리 잡았다. 이곳에 자리 잡는 것이 '남의 땅'에 들어가 사는 것보다 상대적으로 오랫동안 머물 수 있게 해주리라 판단했기 때문이다. 하천변과 산기슭이 '무허가주택'이라는 이름으로 빈곤의 무대가 된 것은 이 때문이다. 그렇다고 이곳에서 삶을 영위하는 이들이 어떠한 질서도 없이, 다시 말해 어떠한 대본도 없이 살아갔다고 볼 수는 없다. 대본도 무대도 없었지만, 전쟁이 만들어 낸 비극을 새로운 공연을 위한 출발점으로 만들고자 한 이들도 적지 않았다. 하지만 누군가는 전쟁이 만들어낸 비극은 공연이 될 수 없다고 생각했다. 그들의 시각에 따르면 도시는 제대로 된 배역을 갖지 못한 채 무대 위를 배회하고 있는 사람들로 가득했다. 이들은 제대로 된 공연을 위해 우선 이 배역 없는 사람들이 무대에서 사라져야 한다고 판단했다.

국가는 그와 같은 판단의 맨 앞에 있었다. 사회부, 서울시, 부산시 등 행정기관들은 집도 일도 갖지 못한 이들을 일종의 수용소에 격리해 도시라는 무대에서 사라지도록 만들고자 했다.[6] 하지만 최소 수십만이 넘는 이들을 도시로부터 몰아내기란 쉬운 일이 아니었다. 일찍이 사회부는 1949년부터 수용시설을 계획했지만 실행하지 못했다. 그러다 1950년 한국전쟁이 발발했다. 국가는 전쟁이 만들어낸 비극을 바꾸는 일보다 이승만을 주인공으로 한 영웅극의 연출에 힘을 쏟았다.[7] 남산에 자리한 25미터 대형 동상을 포함해 서울에만 10여 개의 이승만 동상이 만들어졌고, 번듯한 건물마다 '우남'이라는 이승만의 호를 붙여 영웅을 칭송하는 무대로 도시를 만들어갔다. 그러는 사이 배역 없는 이들은 외국의 원조에 의지해 생을 이어갔다. 1950년대 후반은 외국에서 받은 원조가 보건사회부(보사부) 예산의 1.4배에서 2.5배에 달할 정도였고, 외원기관들은 주로 식량·의료·의약품 원조에 집중했다.[8] 급한 대로 민간에서라도 돈을 모아 배역을 갖지 못한 이들을 도시라는 무대에서 일단 사라지게 해보자는 일부 관중의 목소리가 존재했지만,[9] 이는 현실이 되지 못했다.

연출자들의 등장

1961년 5월 16일 새벽, 군인들은 강을 건넜다. 그리고 권력을 손에 넣었다. 정치권력을 손에 넣은 군인들은 곧이어 폭력을 통제하기 시작했다. 당시 군인들은 독특한 자의식을 지녔다. 많은 이가 거리에서 집과 일자리를, 심지어 당장의 배고픔을 면할 식량을 구하던 1950년대, 군인들은 짧게는 수개월에서 길게는 수년까지 미국 유학을 경험했다. 미국 유학을 경험한 이들이 채 1만 명도 되지 않던 시기에, 집단적으로 유학을 경험했다는 점에서 특수한 집단이었던 것이다. 이로 인해 이들은 남들이 보지 못한 무언가를 관찰했다는 자의식을 지녔다. 5·16 군사정변의 주역인 박정희는 1971년 세 번째로 대통령에 출마하면서 그 이유를 다음과 같이 말한다.

나와 나의 동지들은 우리들이야말로 목숨을 걸고 나라를 침략자의 마수로부터 구해냈다는 비길 데 없는 자부와, 대부분이 해외 유학을 통하여 간직하게 된 근대화에 대한 절실한 자각과 군에서 습득한 최신의 과학적인 행정관리의 기술을 구사할 수 있다는 강력한 자신과, 그리고 어떤 어려운 일이라도 우리들의 견고한 단결력을 가지고 해낼 수 있다는 우리 조직력에 대한 무한한 긍지를 안고 있었다.[10]

여기서 군인들이 내비치는 자신감은 복합적이다. 공연의 언어로 말하자면, 미국이라는 공간에서 잘 만들어진 무대와 공연을 봤다는 자부심에 더해, 한국의 도시들을 무대로 해서 새로운 대본을 만들고 이에 바탕을 둔 공연을 연출할 능력을 갖췄다는 자부심을 함께 드러내기 때문이다. 그런데 군인들은 이전의 권력자들이 수행하지 못했던 공연을 연출할 것이라 말하는 데 그치지 않았다. 이들은 이전 시기 권력자들이 손에 쥐고 있던 대본을 파기했고, 자신들이 손에 든 대본으로 새로운 공연을 시작하겠노라 공언했다. 이들이 손에 쥔 공연의 대본은 '발전(development)'을 키워드로 하는 새로운 서사극이었다. 그렇다면 발전이라는 서사극은 이전의 공연과 어떻게 달랐을까?

19세기 이전, 조선의 지식인들은 천하(天下)라 불리는 세계, 중심에 중화(中華)가 있고 주변에 이(夷) 또는 '오랑캐'가 있는 세계에서 살았다. 조선인은 이 세계에서 자신들의 역할을 소중화(小中華) 내지 소중심으로 규정했다. 조공과 책봉을 주고받는 중심과 주변 사이에 위계가 없지는 않았다. 그렇다고 해서 중심과 주변 사이에 메울 수 없는 간극이 있다거나, 주변에서 중심을 향한 지속적인 도약이 불가결하다고 여기지도 않았다.[11] 하지만 19세기 말이 되자 조선의 지식인들은 서구를 만나 천하라 불리던 세계에서 살아가던 자신들과 다른 대본을 가진 이들이 있음을 인식했다. '국제' 또는 '국제사회'라는 단어로 표현되는 새로운 세계에서 살아가는 이들이 있음을, 그 새로운 세계의 질서를 주도하는 이들 앞에 천하의 한가운데 있던 중국마저 무릎 꿇었음을 목격했기 때문이다. 중국이 급기야 1895년 청일전쟁에서 패배하며 일본에 무릎 꿇자, 지식인들은 새로운 대본이, 천하에서 국제사회로 변화한 정세를 반영한 대본이 필요함을 직감했다.

조선의 지식인들이 1895년 갑오개혁 이후 일본을 통해 얻은 대본은 서구 국가들을 무대의 중심에 두고 아시아와 아프리카를 주변으로 밀어낸 것이었다. 그뿐만 아니라 이 대본은 서구가 맡던 '문명' 또는 '개화'라는 역할과 아시아와 아프리카에 주어진 '야만' 또는 '미개'라는 역할 사이에 건널 수 없는 간극이 존재한다고 간주했다. 이 간극은 작게는 사회 구성원들의 위생과 종교 생활 같은 일상적 영역부터, 크게는 국가의 행정과 경제에 이르기까지 매우 광범위한 영역에 걸쳐 있었다.

그러나 이 시기 조선의 지식인들이 야만과 미개라는 역할을 기꺼이 수용한 것은 아니었다. 문명과 개화를 떠안아야 한다고 생각지도 않았지만, 그렇다고 해서 야만과 미개가 자신의 역할이라 생각하지도 않았던 것이다. 그보다 반(半)개화가 당시 조선이 맡아야 할 역할임을 자인하면서도 개화를 향해 노력하면 언젠가는 문명과 개화를 담당할 수 있을 것이라 믿었다.[12]

1920년대를 넘어서면서는 그러한 인식도 바뀌었다. 제1차세계

대전의 혼란을 목도한 식민지 조선의 지식인들은 힘을 앞세우고 기술의 발전에 치중한 서구가 화를 자초했다며, 그 난맥상을 《조선일보》와 《동아일보》 등의 신문 지면에서 지적했다. 그리고 '동양문명'이라는 개념을 통해 서구에 주인공 자리를 내줬던 기존의 역할 분류법을 폐기했다. 이전보다 대등한 역할을 맡아야 한다고 주장하기 시작한 것이다.[13] 이러한 역할 분류법은 1950년대에도 사용됐다. 이승만 대통령을 포함해 많은 지식인이 문명과 야만의 역할 분류를 그대로 활용하거나, '기술의 서양문명 대(對) 도덕의 동양문명' 같은 방식으로 세계를 나누는 상대주의적 역할 분류법을 활용했다.

그런데 제2차세계대전이 끝나면서 새로운 대본이 등장했다. 전후 세계질서를 구축하려고 만들어진 국제연합(United Nations, UN)과 국제부흥개발은행(International Bank for Reconstruction and Development, IBRD), 국제통화기금(International Monetary Fund, IMF) 등 여러 국제기구와, 냉전을 주도한 국가의 지식인들이 만든 대본이었다. 새로운 대본은 다층적 요소를 기초로 국가들을 문명과 야만으로 나눴던 기존의 역할 분류법을 대신해, 경제적 요소를 중심으로 '선진국'과 '후진국'이라는 새로운 역할 분류법을 제안했다.[14] 또한 이 대본은 '원조'와 '개발'을 통한 역할의 변화를 상정한다는 점에서, 문명과 야만 사이의 역할 변화를 상정하지 않았던 이전과 다른 서사를 보였다. 그럼에도 전후 초기에는 문명/야만의 분류법을 활용한 대본과 선진/후진의 분류법을 활용한 대본이 혼용됐다.[15]

하지만 1961년 5월에 권력을 손에 넣은 군인들이 손에 쥔 대본은 하나였다. 이들은 제2차세계대전 이후 미국의 지식인들이 생산하고 확산시킨 발전이론을 학습했다. 그들은 1950년대까지 주로 민간에서 사용되던 '후진'이라는 개념을 국가의 언어로 바꿔 사용했다. 또한 후진으로 표현되는 상태를 벗어나는 일련의 과정을 발전 또는 '근대화'로 표현하는 방식도 배웠다. 그런데 군인들의 시나리오는 경제를 중심으로 선진과 후진 사이의 간극을 차츰 좁혀 나간다는 월트 휘트먼 로스토(Walt Whitman Rostow)의 5단계 경제성장론과 미묘하게 달랐다. 군인들의 대본은 문명과 야만 사이에 경제적 차이만이 아니라 매우 광범위한 영역에 걸쳐 많은 간극이 존재한다고 봤던 19세기 문명론과 유사했다. 군인들이 보기에 한국사회의 당시 상태는 명확하게 규정할 수 있었다. 한국은 후진국이라는 것이다. 일례로 박정희는 쿠데타를 정당화하고자 1962년에 발간한 책 《혁명 과업 완수를 위한 국민의 길》에서 한국의 상황을 다음과 같이 정의했다.

> 가난은 가난을 낳고 헤어날 길 없는 고생과 쪼들림만이 계속 되풀이될 뿐, 경제의 자립을 이루지 못하고, 국민의 생활하는 정도는 부끄럽게도 세계 여러 나라 민족과 비교해서 그중 밑바닥을 차지하고 있다.[16]

"밑바닥"이라는 표현은 낯선 것이었다. 19세기 말의 풍전등화 속에서도, 식민지배를 목전에 둔 상황에서도 조선을 '밑바닥'이라 말하는 이는 없었다. 조선이 문명과 야만의 갈림길에 있다고, 서양문명과 다른 동양문명에 속해 있다고 봤기 때문이다. 하지만 군인들의 시각은 이와 달랐다. 군인들은 1960년 언저리의 한국사회가 공연 중단 상태나 다름없었다고, 다시 말해 제대로 된 공연이 이뤄지지 못하고 무질서 속에서 중단된 상황이었다고 규정했다. 그들에 따르면 "국민의 도덕과 정의감은 땅에 떨어지고, 무지와 어리석음과 법률을 어기려는 기풍이 세상을 뒤덮고 있"었다.[17] 마찬가지로 박정희는 1962년에 낸 책《우리 민족의 나아갈 길》에서 "후진 민족들은 '게으르다'는 것이 일반적인 견해"라고 말하고, 이어서 "사대주의, 불로소득, 개척정신 부족, 기업심 부족, 악성적 이기주의, 명예관념 결여, 건전한 비판정신 결여에 이르기까지 다양한 습속들이 빈곤과 무질서를 만들어내고 한국 사회를 밑바닥으로 추락시켰"[18]다고 거듭 주장한다.

이러한 상황정의는 새로운 연출의 출발점이었다. 현대인의 자아 연출을 연구한 어빙 고프먼은 윌리엄 토머스의 개념인 '상황정의'를 활용해 연출의 출발점을 설명한다. 개인은 자신이 수행해 나가야 할 연기를 정하기에 앞서 상황부터 정의한다는 것이다. 군인들의 상황정의 역시 마찬가지다. 군인들은 무엇을 연출할 것인가를 말하기에 앞서 연출자가 바로 자신들이라고 정의했고,[19] 자신들만의 상황정의에 기초해 무엇을 연출할지 이야기해 나갔다. 군인들은《우리 민족의 나아갈 길》에서 밑바닥에 자리한 한국사회를 발전시켜 보이겠다고 말했다. 군인들이 서사극의 대본에 붙인 제목은 근대화였고, 서사의 핵심은 무엇보다도 빈곤에서 벗어

나는 것이었다. 이를 위해 군인들은 문제적인 전통과 단절하고 근대화를 도맡을 주인공을 찾아서 길러내는 것이 연출자로서 자신들이 수행해야 할 일이라고 선언했다. 달리 표현하자면, "생산적인 인간"이자 "근로적인 인간"에게 자신들이 연출할 새로운 공연의 주인공 자리를 주고 근대화라는 대본에 기초한 공연을 상연하겠다는 것이 군인들의 약속이었다.[20]

이처럼 군인들은 미국에서 잘 만들어진 공연을 봤다는 자부심과 더불어, 한국사회가 빈곤과 무질서 때문에 국제사회의 밑바닥에 자리 잡고 있다는 관점을 동시에 갖고 있었다. 고프먼은 현대인의 상황정의가 '잠정적 합의'에 기초한다고 말했지만,[21] 군인들의 상황정의는 일방적이었다. 군인들의 상황정의에 대화와 타협의 여지는 전혀 없었던 것이다. 이를 통해 군인들은 자신들의 눈이 리바이어던의 눈에 다름없음을 드러냈다. 이들의 눈은 '만인에 의한 만인의 투쟁'이라는 무질서의 위험 속에서 질서를 내세워 절대권력을 확보한 자, 질서를 위해서라면 무질서하게 권력을 휘두를 수 있는 자로서 리바이어던의 눈이었다.[22]

홉스는 질서를 위한 사회 구성원들의 계약과 권력 이양이 절대권력을 정당화한다고 봤지만, 군인들은 계약을 통해 권력을 이양받은 것이 아니었다. 이들은 우선 권력을 손에 넣었고, 사회가 무질서로 가득하다는 냉혹한 시선, 자신들은 질서를 목도한 눈을 가졌다는 자의식, 그리고 스펙터클한 공연을 눈앞에 펼쳐 보이겠다는 약속을 차례로 선보였다. 그런 점에서 이들은 사회계약이 아니라 공연계약에 기초한 리바이어던이었고, 이들의 정당성은 계약이 아니라 공연에 있었다. 이 공연에서 개별 사회 구성원이 자신의 공연을 연출할 자유를 가질 수 없음은 당연했다. 공연의 리바이어던은 사회 구성원들에게, 언젠가 있을 스펙터클을 기다리며 자신들에게 복종하라고 요구했을 뿐이다.

오디션과 탈락자들

시각의 리바이어던이자 공연의 리바이어던이었던 군인들에게 중요한 일은 모든 사회 구성원을 공연에 참여시키는 것이 아니었다. 시각적으로 그럴듯한 공연을 연출하는 데 필요한 배우들과 그렇지 않은 이들을 구분하는 것이 이들에게는 더 빠르고 편한 길이었다. 그래서 이들은 연출에 바로 들어가는 대신, 무대 위에 설 사람들의 자격을 따져 묻기 시작했다. 군인들은 근대화라는 서사극에서 사라져야 할 이들, 달리 말하자면 근대화를 공연할 무대인 도시에 오르지 못하게 해야 할 이들을 지정했던 것이다.

군인들이 왜 리바이어던이 될 수밖에 없는지를 주장하려고 박정희가 쓴《우리 민족의 나아갈 길》의 제1장 제목은〈인간 개조의 민족적 과제〉다. 그는 한국인을 '개조'해야 한다고 말함으로써 지금 상태로는 이들을 무대에 올릴 수 없다고 이야기한 것이다. 그렇다면 군인들은 무대에 오르지 못하게 할 이들을 어떤 방식으로 규정했을까? 우선 군인들은 이런 이들을 '사회악'이라고 불렀다. 대표적으로, 군인들은 이른바 '혁명공약'의 제3조에서 "사회의 모든 부패와 구악을 일소"하겠다고 선언했다. 이들은 특정 사회 구성원을 도시에 발 붙이지 못하게 하려고, 다시 말해 자신들이 연출해갈 공연에 부적절한 이들이 무대에 설 자격을 박탈시키려고 다소 종교적이기까지 한 표현을 활용했던 것이다. 하지만 이 같은 개념을 사용했다고 해서 군인들이 '악'의 기준을 구성원들의 내면에서 찾은 것은 아니었다. 군인들은 악을 구별하려고 문제적인 정신이나 영혼을 따로 구별하지는 않았다는 것이다.

군인들은 행위로도, 연기로도 번역할 수 있는 '퍼포먼스(performance)'를 통해 사회악을 규정했다. 도시라는 무대에 선 배우들이 대본에 따라 능숙하게 연기를 소화해 공연이 매끄럽게 이뤄지는 상황을 '정상적인 사회질서'라고 할 때, 사회악은 대본을 따르지 않음으로써 공연을 방해하는 이들, 그와 같은 퍼포먼스를 보여주는 이들을 가리켰다. 20세기 중반 한국사회에서 발생했던 공연 중단 사태는, 개인들의 입장에서 보면 식민지배부터 전쟁 동원, 식민지배의 종언과 좌우 대립, 한국전쟁으로 이어지는 지속적인 외부 충격의 효과로 해석할 여지가 충분하다. 하지만 군인들은 이러한 정황을 전혀 염두에 두지 않았다. 그들에게는 발전의 서사극이 상연돼야 할 무대에 사회악이 있다는 것이, 그들의 행위가 공연을 방해하고 있다는 것이 중요할 뿐이었다.

그래서 군인들은 무대에 오르지 못하게 해야 할 이들을 구별함에 있어 행위를 중심에 뒀다. 1961년 군인들이 처음으로 사회악이라 칭한 이들은 깡패, 불량배, 부랑인, 윤락여성 등이었다.[23] 1975년 마련된 내무부 훈령 제410호는 군인들이 악을 가늠하는 척도가 행위였음을 더욱 명확히 보여준다. 수많은 이가 도시에서 배회하지 못하도록 형제복지원을 포함한 수용시설에 가두는 근거가 됐던 이 행정규칙의 제1장 2절과 3절은, 부랑인을 가둬야 할 이유로 건전한 사회 및 도시질서의 저해와 사회에 주는 나쁜 영향을 제시한다. 당시 국가가 정한 부랑인의 범주에는 걸인, 껌팔이, 앵벌이, 노변행상, 빈 지게꾼, 구두닦이, 신문팔이, 행상, 넝마주이에 이르기까지 다양한 사람들이 포함됐다. 이들은 단지 거리에서 일을 했을 뿐이었다. 또 타인의 생명과 재산을 해치는 범죄자라고 보기에도 무리가 있었다. 그럼에도 불구하고 이들이 문제시된 이유는 이들의 행위가 군인들이 연출하려 했던 공연과 시각적으로 어울리지 않았기 때문이었다.

이와 같은 시각 중심의 사회악 규정은 공연을 중단시키는 이들을 교화나 교정의 대상으로 여기지 않게 만들었다. 내면이 아니라 행위 자체가, 사회질서를 교란한다고 여겨지는 행위의 시각적 효과가 문제라면 해결책은 무대 바깥으로 이들을 내보내는 것이다. 군인들은 이를 '사회정화'라고 불렀고 '일소'와 '근절' 같은 개념을 함께 사용했다. 그들은 사회악을 무대에서 제거함으로써 문제를 해결할 수 있다고 과시했다. 군인들이 권력을 잡고 나서 1년 후 《동아일보》에 실린 군인들의 말에서 이를 확인할 수 있다.

과감한 사회정화 시책에 따라 무법천지를 이루었던 폭력배가 자취를 감추고 난마와 같았던 교통질서가 바로 잡혔다. 또 부랑아와 걸인이 없어졌고, 판자집도 철거되었다. 사치와 허영과 퇴폐

가 일소되는 대신 건실하고 발랄한 신질서가 수립되었다.[24]

사회정화라는 개념은 박정희의 집권 기간 내내 활용됐다. 1966년 여름부터 정부는 '사회정화범국민운동'이라는 관제 캠페인을 준비했고,[25] 이듬해 9월 11일 '사회정화대책회의'라는 관제 캠페인 조직을 만들어냈다.[26] 이 조직은 1970년까지 지속됐다. 서울시도 1969년에 자체적으로 '사회정화실천위원회'를 만들었고,[27] 1972년에는 서울시의 구별로 사회정화운동이 존재했으며,[28] 내무부 치안국 역시 자신들의 단속 활동을 '사회정화캠페인'이라 불렀다.[29] 박정희 스스로도 이 개념을 자주 활용했다. 그는 1971년 5·16 10주년 기념사에서도, 1972년 8·3 조치 연설문에서도, 1978년 시정연설에서도 사회정화를 거듭 언급했다.[30]

사회정화의 주된 방식은 사회악을 모아 도시인의 시선에 보이지 않는 곳으로 내보내는 것이었다. 1961년 하반기, 군인들은 사회악의 범주에 해당하는 이들을 모아 '국토건설단' 또는 '개척단'이라는 이름을 붙였다. 그리고 이들을 미개간지로 보내 일을 시킨 후 일부는 현지에 정착시키려 했다. 많은 사람이 강원도 대관령, 경상남도 창원 외감리, 충청남도 서산 간척지, 전라남도 장흥 간척지, 부산 금정산 등 도시인의 눈에 띄지 않는 곳으로 갔다.[31] 그러고도 남은 부랑인에 대해서는 격리시설을 만들었다. 서울시는 직접 시립갱생원을 만들었고, 부산시는 민간 사업자였던 영화숙과 위탁계약을 맺고 부랑인을 격리했다. 아울러 도시에 산재한 넝마주이에 대해서는 경찰서별로 집단수용소를 마련한 뒤 그곳에

서 생활하도록 강제했다.³²

　격리 대상의 선정뿐만 아니라 격리 과정 역시 시각적 효과를 중심으로 구성됐다. 군인들에게 있어 도시에서 제거된 이들이 정말로 부랑인, 불량배 또는 윤락여성이었는지는 그렇게 중요하지 않았다. 이들 중에는 부랑인도 윤락여성도 아닌 이들이 상당수 있었다. 1963년 군인들은 서산개척단 구성원의 합동결혼식을 진행하려고 강제로 부부를 정해줬다. 심지어는 개척단으로 끌려오기 전 결혼해 배우자가 있는 사람까지도 결혼을 하도록 만들었다. 그렇게 강제로 결혼한 이들 중 상당수는 1964년 서울시장과 함께 다시 한번 결혼식을 연출하는 데 동원됐다.³³

　군인들은 관영매체인 《대한뉴스》를 통해 사회악이 농토를 개척하고 결혼을 해서 가정을 꾸리며 그곳에 정착해 정상적인 사회 구성원이 되는 모습을 보여주려 했지만, 이는 말 그대로 연극이었다. 결혼식이라는 연극 이전에 정착이라는 연기가 먼저 존재했다. 서산에서는 개척단이라는 이름으로 고된 노동을 했음에도 현지에 정착할 토지가 주어지지 않았고, 장흥에서는 토지는 주어졌지만 폭력과 낙인으로 점철된 일상 때문에 토지를 버려두고 이탈하는 이들이 적지 않았다.³⁴ 연기가 아닌 것은 개척이라는 이름의 고된 노동과, 감시당하고 구타당하는 일상뿐이었다. 군인들의 관심은 오직 무대에서 제거한 '오디션의 탈락자들'을 모아다가 30초짜리 단막극을 연출하는 데 있었다.³⁵

　이는 결국 군인들의 시각이 곧 절대권력이었기에 가능한 일이었다. 군인들은 시각을 기준으로 일부 사회 구성원을 사회악으로 규정했고, 이들을 교화의 대상이 아니라 정화의 대상으로 간주했다. 군인들은 이들 구성원을 개척단이라는 이름의 연극을 통해 노동하는 모습, 정착하는 모습, 결혼하는 모습을 전시하는 도구로 활용했다. 절대권력은 특정 사회 구성원을 박물관의 전시품에 다를 바 없는, 군인들의 전시품으로 만들었던 것이다. 이는 군인들이 시각의 절대권력을 쥔 순간부터 예견된 일이었다. 시각의 절대권력을 쥐었다는 것은 일방적인 시선으로 사회를 볼 수 있음을, 관찰하되 관찰당하지 않을 수 있음을 의미한다.[36]

감시와 규율 속의 배우들

대상을 일방적으로 분류하고 정의할 수 있는 시각의 비대칭성 위에서 성립하는 권력에는 감금과 전시 외에도 다른 선택지가 존재한다. 미셸 푸코는 제러미 벤담(Jeremy Bentham)이 고안했던 파놉티콘(panopticon)을 통해, 대상을 분류하고 정의하는 방식이 감시에서 규율로 이어짐으로써 근대 권력이 이전과 다르게 작동하는 메커니즘을 보여준다. 파놉티콘에서 간수는 죄수를 감시할 수 있지만, 죄수는 간수를 주시할 수 없다. 그러기에 죄수는 간수의 시선을 의식하며 살아가는 가운데 그의 시선에 맞춰 행위를 규율하고 교정된다는 것이다.[37]

한국에서 소수의 구성원이 감금과 전시라는 메커니즘 속에 존재했다면, 다수의 구성원은 감시와 규율의 메커니즘 속에 놓여있었다. 물론 군인들은 사회악이라 불린 이들에게 행하듯 대다수의 구성원도 일방적으로 분류하고 정의했지만, 그들까지 사회악으로 규정하고 감금과 전시의 대상으로 만든 것은 아니었다. 다만 이들 역시 도시에 만연한 빈곤과 무질서에, 다시 말해 근대화와 발전의 무대여야 할 도시에서 발생한 공연의 중단에 책임이 있다는 것이 군인들의 생각이었다. 따라서 군인들은 이들을 새로운 공연의 무대에 당장 세우기보다 무대에 설 자격을 갖추게 해줄 규율이 우선한다고 판단했다.

대규모 관제 캠페인은 규율에 대한 군인들의 생각을 잘 보여준다. 군인들은 사회 구성원 대다수의 행동방식과 사고방식 등 습속을 바꿔 그들이 연출할 공연에 적합한 인간을 만들고자 했다. 1961년 5월, 이들은 권력을 잡자마자 '재건국민운동본부'라는 관제 캠페인 조직을 만들었다. '내핍생활', '근면정신 고무', '생산 및 건설의식 증진', '국민도의 앙양', '정서관념 순화' 등 습속의 전면적 개조를 내세운 재건국민운동본부는 군사정변 일주일 뒤에 제안됐고, 그로부터 보름 뒤에 관련 법률이 만들어졌으며, 그 짧은 기간에 수백만 명의 회원을 가입시킨 후 1961년 7월 20일에 정식으로 출범했다. 군인들이 재건국민운동 캠페인을 통해 가장 강조했던 점은 빈곤과 무질서로 대표되는 공연 중단에 대한 책임이 대다수의 사회구성원에게 있음을 각인시키는 것이었다. 그랬기에 군인들은 당시의 도시문제가 개별 사회 구성원이 지닌 습속에서 발원했음을, 그로부터 변화하는 것 역시 정신과 행동의 개조 외에 달리 대안이 없음을 반복해서 강조했다. 달리 말하자면, 공연 중단 사태는 배우로서 자격을 갖추지 못한 이들이 무대에 가득했기 때문에 생겨났으며, 발전을 주제로 한 서사극을 문제 없이 상연하려면 먼저 배우들이 정신 자세를 가다듬어야 한다는 것이다.

우리는 앞서《혁명 과업 완수를 위한 국민의 길》과《우리 민족의 나아갈 길》에서 군인들이 사회악을 비롯한 구성원들에게 공연 중단의 책임을 묻고 있음을 살펴봤다. 재건국민운동본부가 1963년에 만든 교육 교재《우리가 잘 살 수 있는 길》의 1장 〈우리는 왜 가난한가〉는 그보다 더 자세하고 집요하게 공연이 중단된 원인이 사회 구성원의 습속에 있음을 강조한다.

1. 우리는 배우지를 못하였다.
2. 우리는 부지런하지 못하였다.
3. 우리는 매사에 말이 앞섰다.
4. 우리는 잘되고 못됨을 팔자소관으로 돌려왔다.
5. 우리는 남에게 기대기를 잘하였다.
6. 우리는 큰 세력에 붙어살기를 좋아하였다.
7. 우리는 제구실을 다하지 못하였다.
8. 우리는 자기자신을 너무도 업신여겨왔다.
9. 우리는 아부와 아첨으로 출세의 미끼를 삼아왔다.
10. 우리는 나라와 겨레보다 자기를 더 위해왔다
11. 우리는 힘써 노력하기보다 남이 잘되는 것을 시기하여왔다
12. 몇 사람이 모든 권력을 독차지하였다
13. 우리나라를 망친 것은 당파싸움이었다.[38]

이처럼 문제의 책임이 구성원 개개인에게 있음을 자각시키는 작업은 박정희 정부 내내 계속됐다. 1960년대 후반 빈곤에 대한 개입이 전 세계적으로 확산되는 분위기 속에서 보사부가 펴낸《사회개발 장기전망》은 정부가 어떻게 빈곤을 다룰 것인지 논한 보고서다. 이 보고서 역시 당시 한국사회가 "후진성을 탈피하지 못한 채 가치관은 혼란하고, 또한 부의 편제는 그 격차를 더욱 심화시키고 있으며 이러한 생활면의 불균형은 국민의 불평과 불신풍조를 자초해 여러 가지 사회문제를 야기하고 있다."며 문제의 원인을 습속의 차원으로 돌린다. 이때 문제의 해결책 역시 사회구성원의 "정신 자세 개조"였다.[39] 정부는 1974년에도 다시 한 번 "사회 기풍의 순화를 통한 정신 기반의 확립"을 문제 해결의 수단으로 여겼다.[40]

1961년부터 3년간 행정기구로서 공식적 지위를 가졌던 재건국민운동본부는 1964년에 사단법인으로 바뀌었다. 그 뒤에도 사회 구성원을 자신들의 시선 아래에 둔 군인들은 계속해서 구성원의 습속을 문제삼고 마음의 자세를 다잡으라 요구할 조직을 다시금 만들어냈다. 1967년 전국적인 규모로 만들어진 '사회정화대책회의'가 그것이었다. 이는 내무·문교·보사·공보·법무 등 관계부·처 장관과 11개의 반관반민 단체가 모여 만든 조직으로, 집 앞 청소부터 불량만화 추방에 이르기까지 사회 구성원 대다수의 일상을 통제했다.[41] 그리고 1972년부터 우리에게 너무나도 잘 알려진 '새마을운동'이 시작됐다. 시작할 당시 새마을운동의 목표는 농가의 소득 향상과 농촌의 환경 개선이었다. 그런데 1974년이 되자 도시인의 '정신질서', '행동질서', '환경질서'의 창출을 목표로 한 '도시새마을운동'이 추가됐다. 1976년과 1977년에는 노동자들의 노동 관련 습속과 여가를 통제하고자 만든 '직장새마을운동'과 '공장새마을운동'도 출범했다.

그러나 훈련 내지 규율이 이른바 '계몽'만으로 가능할 리 없다. 시각의 리바이어던이었던 군인들은 자신들에게 주어진 선택지를 최대한 활용해 나갔다. 감금과 전시 외에도 감시와 규율이라는 메커니즘을 십분 활용하기 시작한 것이다. 이러한 양상은 1970년대에 접어들면서 두드러졌다. 이 시기에 이르러 군인들은 다시금 시각의 비대칭성을 활용해 사회 구성원을 일방적으로 분류·정의했고, 이어서 감시·통제·규율하려 들었다. 1970년대 초의 어느 날 박정희는 다음과 같이 말했다.

> 도시에 있는 젊은이들이, 농민들이 지금 땀 흘리며 일하고 있는데, 거기에 가서 무슨 고고춤을 추고 술을 먹고 얼굴이 벌거니해서 고성방가를 하니 이런 행위가 있을 수 있느냐 하는 것입니다. 지난 주말에도 서울 근교에 나가보니까 산 위에서 떠드는데 올라가 보지는 못했지만 학생인지, 하여튼 젊은 사람임에 틀림없었습니다. 경찰은 앞으로 이런 것을 단속하라는 것입니다.[42]

도시인들이 열심히 일하는 농민들 근처에서 여흥을 즐기는 일을 범죄라 하기는 어렵다. 이들은 타인의 신체에 상해를 가한 적도, 재물을 손괴한 적도 없다. 단지 '근면한' 농민들 옆에서 여흥을 즐기는 도시인의 모습이 군인들의 눈에 보기 좋지 않다는 것이 문제였다. 일방적으로 사회 구성원을 분류하고 규정하는 힘을 가진 리바이어던에게 있어 도시인들의 행위는 공권력으로 단속하기에 충분했다. 이 사례는 박정희 개인의 돌발 행동이 아니었다. 박정희는 1970년대에 들어서면서 모든 권력을 자신에게 집중시켰기에, 그의 말은 점차 모든 군인을 대표하는 말이 돼갔다. 그의 말과 군인들의 행동에는 일관성이 있었다.

1970년 8월 28일, 서울시 경찰 당국은 남성의 장발을 단속하기 시작했다. 경찰은 머리가 길다는 이유로는 처벌할 명분이 궁색해지자, 타인에게 혐오감을 주는 행위를 단속할 수 있다는 경범죄 처벌법 제1조 27항을 근거로 삼았다. 부정적인 시각적 효과를 이유로 처벌에 나선 것이다. 심지어는 외국인까지도 머리가 길면 입국을 불허할 방침까지 세웠다.[43] 같은 해 9월부터는 여성의 미니스커트도 단속하기 시작했다.[44]

1971년에는 문화공보부에서 출판물·연극·영화·음반 등에 대해 대대적인 단속과 검열 방침을 발표했고, 1972년에는 국영방송 KBS가 사회정화를 명분으로 쇼프로그램을 없앴으며, 1975년 7월 1일에는 김추자의 〈거짓말이야〉를 포함한 43곡에 대해 "불신감 조장, 저속한 창법, 저속한 가사, 퇴폐적인 가사, 일본풍 음악" 등의 이유를 붙여 금지곡으로 지정했다.[45] 또한 1975년에는 팝송과 유사한 장르의 노래를 부르는 가수들이 대마초 흡입으로 체포되자 라디오에서 팝송을 전면 퇴출했고, 135개의 외국곡을 금지곡으로 선정했다. 라디오는 팝송을 대신해 민요, 가곡, 군가를 송출했다. 이 시기에 이르러 대중문화가 도시민의 일상에 완전히 자리 잡았음을 감안한다면, 도시민의 일상 전반이 감시와 통제 아래 있었다고 해도 과언이 아닌 것이다.

가설무대

이처럼 군인들은 발전이라는 서사극을 위해 일부 사회 구성원은 도시라는 무대에 발을 붙이지 못하도록 만들었고, 대다수 사회 구성원은 배우가 되도록 통제하고 규율했다. 사회 구성원에 대한 냉혹한 처분은 서사극을 차질 없이 연출해 나가려는 조치로 볼 수 있다. 하지만 서사극이 공연될 무대는 생각보다 허술했다. 군인들은 나름대로 무대를 만들었지만, 이 무대는 한국사회의 많은 구성원이 발을 딛고 서기에는 너무 협소했다. 여차하면 무대 바깥으로 떨어지기 쉬운 가설무대였기 때문이다.

해방과 한국전쟁을 거치며 발생했던 대도시의 인구 급증세는 군인들의 등장 이후에도 계속됐다. 특히 서울의 인구 증가가 두드러졌다. 1960년 244만 명이던 서울의 인구는 10년 만에 두 배를 훌쩍 넘어 550만 명이 됐다.[46] 그로부터 다시 10년 뒤인 1980년에는 836만 명이 돼 있었다. 산기슭과 하천변의 무허가주택 역시 마찬가지였다. 1966년 조사 결과 380만 명이던 당시 서울 인구의 1/3에 달하는 127만여 명이 약 13만 6,000동의 무허가건물에서 살고 있었다.[47] 또 이 무허가주택은 집 한 채당 거주 인구가 거의

10명에 달했기에, 이들이 살아가는 주거 여건이 어땠는지는 자세한 설명이 없더라도 쉽게 유추할 수 있을 것이다.

1960년 이후 무허가정착지는 '사회불안'의 원인으로 지목됐다. 그리고 해외의 전문가들은 박정희와 함께 군복을 벗은 행정관료들에게 무허가주택 문제를 해결하라고 권고했다.[48] 군인들 역시 뜻을 같이했다. 군인들은 1961년 정권을 잡자마자 아파트라고 하는, 아직은 사회 구성원들에게 매우 낯선 새로운 주택을 선보이고자 했다. 근대적인 건축물을 여러 동 배치한 단지형 아파트는 군인들이 생각한 이상적인 무대장치였다. 마포아파트 공사는 말 그대로 '속도전'이었다. 1961년 7월부터 설계에 들어가 같은 해 11월 대한민국미술전람회를 통해 설계안이 발표됐으며, 1962년 12월에 준공식을 할 정도였다.[49] 박정희는 준공식장에서 이렇게 말했다.

현대적 시설을 완전히 갖춘 마포아파트의 준공은 이러한 생활혁명을 가져오는 데 한 계기가 될 수 있다는 것이 커다란 의의라고 생각되는 것입니다. 즉 우리나라 구래의 고식적이고 봉건적인 생활양식에서 탈피하여 현대적인 집단공동생활양식을 취함으로써 경제적인 면으로나 시간적인 면에서 다대한 절감을 가져와 국민생활과 문화의 향상을 이룩할 것을 믿어 의심치 않기 때문입니다. (…) 이러한 시대적 요청에 각광을 받고 건립된 본 아파트가 장차 입주민들의 낙원을 이룸으로써 혁명한국의 한 상징이 되기를 빌어마지 않으며(…)[50]

사회 구성원들도 군인들과 마찬가지로 아파트를 '혁명의 상징'으로 여겼는지는 모르겠지만, 적어도 군인들은 그렇게 여겼다. 1971년 대통령선거를 앞두고 박정희는 마포아파트 잔디밭에 앉아 시간을 보내는 가족을 신문광고의 주인공으로 등장시켰다. 그는 훗날 수도 미화(美化)에 공헌해 근대 문명의 혜택을 국민에게 제공함으로써 대북 선전전의 효과를 보여줬다고 회고했다. 군인들이 주도한 발전의 서사극을 보여줄 핵심 무대장치가 아파트였음을 드러낸 것이다.[51]

그러나 연출자들은 아파트와 같은 무대장치를 대량으로 만들지 못했다. 1967년 서울시가 무허가정착지 거주자들을 위한 대책을 마련했을 때, 아파트는 거주자의 10퍼센트를 수용하는 선에 그쳤다. 서울시는 거주자 중 50퍼센트를 도시 바깥으로 이주시키고, 40퍼센트는 무허가주택을 양성화함으로써 문제를 해결하려 했다. 약 50퍼센트에 대해서는, 근대화라는 플롯에 딱 맞지는 않지만 이전보다 나은 조건을 가진 무대를 새로이 제공하겠다고 공약했던 것이다. 하지만 새로운 무대였던 광주대단지는 변변한 인프라도 일자리도 없는 상태에서 입주가 시작돼 거대 천막촌이 됐고 결국 실업자가 폭증했다. 전보다 전혀 나을 것 없는 무대였던 것이다. 시 당국은 투여된 개발비용을 보전하고자 입주자들에게 매우 높은 분양가를 요구했다. 이는 결국 1971년 봉기를 부르고 말았다. 연출자들은 무대를 제대로 만드는 데도, 배우들로 하여금 대본에 따라 연기하게끔 만드는 데도 실패했다.[52]

임대든 분양이든 아파트는 당시 보통 사람이 꿈꾸기 어려울 정도로 비쌌다. 1962년 입주를 시작한 마포아파트는 15평형의 1개월 임대료가 도시근로자 월급의 70퍼센트를 훌쩍 넘는 수준이었다. 그마저도 5년 만에 분양으로 전환돼, 아파트는 최소 중산층 이상이어야 거주할 수 있는 공간이 돼버렸다.[53] 그러니 무허가주택을 밀고 새로 지은 아파트의 입주권이 주어진다 한들 실제로 입주할 확률은 매우 낮았다. 무허가주택 주민의 80퍼센트가 입주권을 중산층 이상에게 전매했고,[54] 본인들은 서울의 도심에서 비교적 멀리 떨어진 곳으로 이주했다. 그곳에서 또다시 무허가주택을 짓는 경우도 적지 않았다. 발전이라는 서사를 시각적으로 보여줄 무대에 오르기란 좀처럼 쉬운 일이 아니었던 것이다.

군인들이 원했던 발전의 서사극에 어울리는 무대장치는 오직 소수의 사회 구성원, 즉 소수의 배우만이 활용할 수 있었다. 예를 들어 주택은행의 융자를 통해 아파트를 구매할 수 있는 사람은 교육과 숙련의 수준이 매우 뛰어난 사람들뿐이었다.[55] 교육과 기술의 측면에서 상당한 수준을 갖춘 소수의 사람을 배려하는 제도는 아파트뿐만 아니라 사회보험 역시 마찬가지였다. 사회가 수행하는 공연 속 배우로 살아가는 데 필요한 기초적인 자원을 제공하는 사회보험은 당연히 빈곤 속에서 살아가는 이들에게 가장 시급했다. 그러나 군인들은 산재보험과 의료보험을 공무원·교사·500인 이상 대기업 종사자에게만 제공했고, 국민연금이나 실업보험은 존재하지도 않았다.[56] 이로 인해 사회복지 체계는 부를 재분배하는 것이 아니라 부의 편중을 강화하는 데 기여했다.[57] 대다수의 사회 구성원은 계, 생명보험, 교육보험 등 주는 만큼만 되돌려받는 상품을 활용해 안전을 도모할 수밖에 없었다.[58] 이처럼 사회 안전망이 취약했기에 대다수 사회 구성원이 발 딛고 선 무대 역시 언제 무너질지 모르는 것이었다.

연출자들은 소득이 적거나 불규칙적인 사람이 아니라 비교적 소득이 높고 안정적인 사람에게 혜택을 주는 제도를 통해, 자신들이 무대에 세우고자 하는 배우가 누구인지를 명확히 했다. 자신들이 연출할 서사극에 필요한 배우는 한국사회에서 높은 수준의 교육과 기술을 지닌 사람들임을 보여준 것이다. 당연히 이들은 소수일 수밖에 없었고, 대다수의 사회 구성원은 좀처럼 무대에 오르지 못하거나 취약한 무대의 한 귀퉁이를 딛고 서 있어야 했다.

2장

발전국가, 스펙터클을 꿈꾸다

배우라는 꿈

앞서 이야기했듯이 19세기 말 조선의 지식인들은 지위 하락을 경험했다. '소중화'를 자처하며 스스로를 중심부의 일원으로 상정했던 지식인들은 서구가 중심이 된 세계를 만나 '반문명' 내지 '반개화'라는 이름으로 자신들의 지위를 새로이 규정했다. 이는 국제사회라 불리는 무대에서는 더는 중심부에 자리할 수 없음을 표현하는 방식이기도 했다. 그렇지만 당대 지식인들은 세계 질서의 변동 속에서 다시금 무대의 중심부로 향할 꿈을 품었다.

스포츠는 지식인들에게 조선의 꿈을 실현할 수 있는 하나의 통로로 여겨졌다. 다시 말하자면, 지식인들에게 근대 스포츠란 한국인의 신체가 얼마나 근대화/서구화돼 있는지, 한국인의 신체 능력이 문명과 개화라는 서구인의 기준에 얼마나 근접해 있는지를 확인하고 보여주는 수단이었다. 일례로《독립신문》1896년 12월 3일자 기사는 축구를 하고 있는 관립학교 학생들의 신체를 보며, 그 발달의 정도가 일본을 능가하고 서구에 버금간다는 이유로 서구 국가들처럼 문명국의 일원이 될 수 있다고 자신했다. 운동회에 으레 내걸리는 만국기 역시 조선인의 서구화된 신체를 세계에 보여주고 싶어 했던 지식인들의 열망을 대변한다. 1890년대 후반 서울에서 운동회가 처음 개최될 때, 주최자들은 서울에 주재하던 외교관과 선교사 들을 초대하면서 만국기를 내걸었다. 이들을 초대한 것은 운동회를 통해 한국 학생들의 신체가 서구인에 비해 크게 뒤떨어지지 않는다는 점을 세계의 눈앞에 보여줄 수 있다는 판단 때문이었다.[1]

1910년, 조선은 식민지가 됐다. 하지만 이는 스포츠를 통해 근대화된 신체를 세계인에게 보여주려던 한국인의 열망을 꺾지 못했다. 1910년대 중반부터 서울에서 열린 자전거 경주대회에 차례차례 우승한 엄복동은 서울 사람들의 영웅이자 조선 사람들의 영웅이 됐다.[2] 1927년 연희전문 축구팀이 극동올림픽에서 우승한 와세다대학 축구팀을 4 대 0으로 이기고, 이듬해 초 숭실고보가 전일본중학축구대회에 우승하면서 축구는 국기(國技)로서 지위를 차지했다. 1930년대가 되면 선수들이 마치 프로선수들처럼 축구에 몰두하기 시작했으며, 일부 선수들은 1936년 베를린올림픽 일본 국가대표가 되기에 이른다.[3]

1920년, 조선인의 체육단체인 조선체육회가 만들어졌다. 모임을 주도한 이들이 목적한 바는 조선인 선수를 아시안게임의 전신인 극동올림픽에 출전시키는 것이었다. 일본체육협회가 조선 대표 선수를 허용할 리 만무했지만, 조선체육회는 언젠가 조선인이 국제적 스포츠 이벤트에 출전할 수 있으리라 생각했다. 이러한 국제적 스포츠 이벤트를 향한 열망은 일본 스포츠 장(field)에 귀속되는 것으로 표현됐다. 이를테면 1920년대 후반, 일본인 경기단체인 조선체육협회가 주최하는 조선신궁경기대회에서 조선인 선수들이 우승한 후, 일본 도쿄에서 열리는 메이지신궁경기대회에 참여하는 조선인의 숫자가 계속해서 늘어났다. 일본인보다 더 나은 조선인의 신체를 보여주려면 일본이 주최하는 스포츠 이벤트에 참가하지 않을 수 없었던 것이다.[4]

  1930년대가 되자 스포츠를 통해 세계 무대에 선 배우를 만들겠다는 지식인들의 열망은 현실이 됐다. 비록 일장기를 가슴에 다는 방식이었지만 말이다. 1932년 로스앤젤레스올림픽에 마라톤의 김은배와 권태하, 권투의 황을수가 일본대표팀의 일원으로 올림픽 무대에 섰다. 캘리포니아에 있던 한인들은 이들 선수가 가슴에 일장기를 달았음에도 대대적으로 환영했다. 행사장에는 대형 태극기가 걸렸다. 그리고 1936년, 베를린올림픽에 출전한 한국인의 수는 마라톤의 손기정과 남승룡, 축구의 김용식 등 7명으로 늘어났다. 그리고 모두가 아는 것처럼 손기정과 남승룡은 금메달과 동메달을 땄다. 그날 밤 두 선수는 베를린에서 두부 공장을 운영하던, 안중근 의사의 사촌 형 안봉근이 연 축하회에 참석했다. 그곳에는 태극기가 걸려 있었다. 국제적 스포츠 무대의 주연 배우가 되겠다는 한국인의 열망 앞에서 일장기는 큰 문제가 되지 않았다.

손기정이 금메달을 딴 이튿날, 저항시인 심훈은 "전 세계의 인류를 향해서 외치고 싶다! / '인제도 인제도 너희들은 우리를 / 약한 족속이라고 부를 터이냐!'"라는 시를 통해 한껏 기쁨을 표출했다. 올림픽 메달 획득은 한국인을 세계 무대의 주연 배우로 만들고자 했던 지식인들의 꿈이 현실화된 이벤트였다.

스포츠를 통해 국제 무대의 주연이 되겠다는 열망은 해방 이후에도 변함 없었다. 스포츠인들은 1946년부터 2년 뒤 개최될 런던 올림픽 출전을 준비했다. 1947년에는 아직 정부가 수립되기 전이었음에도 IOC 총회에 대표를 파견했다. 총회 장소로 향하던 전경무가 비행기 사고로 목숨을 잃자, 재미교포로 뉴욕에 살고 있던 이원순을 급히 스웨덴으로 파견해 대한올림픽위원회를 IOC의 가맹단체로 승인받았다. 그리고 1948년 1월 스위스 생모리츠에서 개최된 동계올림픽과 7월 런던에서 개최된 하계올림픽에 차례로 선수들을 참가시켰다. 정부가 수립되기도 전에 올림픽위원회와 대표팀이 만들어져 올림픽에 참가할 만큼 국제 무대의 배우가 되겠다는 열망이 강렬했던 것이다.[5]

군인들 역시 스포츠를 통해 국제 무대에 설 배우를 만들어 내겠다는 꿈을 이어받았다. 군인들은 국제 무대에 선 선수들의 퍼포먼스를 자신들이 연출하고자 한 발전 서사극의 전개를 미리 보여주는 예고편으로 여겼다. 그들은 스포츠인들에게 '국위선양'이라는 과제를 부여했는데, 이는 선수들로 하여금 국제 무대의 중심부에 서는 배우가 돼야 한다는 말을 네 글자로 줄인 것이었다. 박정희는 다음과 같이 스포츠를 통한 국가의 지위 향상을 꿈꿨다.

오늘의 국제 사회는 국력의 우열을 겨루는 경기장이며, 또 이 같은 국력 경쟁에 있어 스포오츠가 차지하는 비중은 큰 것입니다. (…) 스포오츠의 광장이 국력을 겨루는 불꽃튀기는 경쟁의 마당이 되고 있음을 알 수 있읍니다.[6]

박정희가 자신의 꿈을 표현한 곳은 전국체육대회 개회식이었지만, 여기서조차 이토록 국제 무대를 강조했다는 것은 군인들에게 스포츠가 어떤 의미인지를 명확히 보여주는 대목이다. 무엇보다 군인들은 스포츠를 북한과 가상적으로 대결하는 장이자 우월성을 드러낼 수 있는 통로로 여겼다. 그들은 남북 대결을 '총탄 없는 전쟁'이라 여겼고, 선수들에게 "북괴만은 꼭 이겨달라."는 당부를 계속했다.[7] 군인들은 국제 스포츠 무대에서 선수들이 보인 우수한 퍼포먼스를 배우의 우수함을 넘어 연출자의 우수함을 보여주는 지표로 해석했다.[8] 군인들의 반공주의는 스포츠에 짙게 투사돼 있었다. 일례로 1967년 체코 프라하에서 열린 세계여자농구대회에서 유고슬라비아를 꺾고 우승을 차지한 여자농구 대표팀을 맞은 박정희는 "공산지역에 들어가서 신장해가는 우리의 국위를 선양하고, 공산국가대표를 눌러 이긴 승리의 기개는 우리를 무한히 고무시킨 쾌거"라고 상찬하며 선수들의 퍼포먼스에 냉전적 의미를 덧붙인 바 있다.[9]

군인들은 이와 같은 꿈을 현실화하려고 국제 무대에 설 선수들의 퍼포먼스를 지원하는 체계를 만들었다. 그리고 그 방식은 경제를 급속하게 성장시키는 방식과 매우 유사했다. 서구 세계가 상정한 경제발전은 기업가들의 자유로운 활동을 보장하는 것을 기본으로 한다. 그러나 군인들은 경제개발 5개년 계획으로 대표되는 계획경제 요소와 시장경제 요소를 혼합해 독특한 경제체계를 만들었다. 이는 국가가 경제발전에 관한 계획을 세우고 이에 동참할 파트너 기업을 선정하며, 이들에 대한 금융 지원과 규율 그리고 수출 장려를 통해 목표를 달성하는 것을 골자로 한다.[10] 스포츠 영역도 이와 마찬가지였다. 군인들은 스포츠가 민간 영역에서 자율적으로 성장하도록 놔두지 않았다. 그렇다고 공산주의 국가들처럼 아예 국가 영역으로 끌어들이지도 않았다.[11] 목표 할당, 지원, 규율 그리고 인센티브 제공으로 스포츠에 개입하는 것이 군인들의 지원 방식이었다.[12] 스포츠인들도 한국 스포츠가 동구와 서구, 공산주의와 자본주의 사이에 존재하는 제3의 길에 놓여있다고 인식했다. 대한체육회장 김택수는 다음과 같이 말한 바 있다.

스파르타식 선수양성의 제도를 채택하는 공산 제국의 국가 관리주의와 폭넓고 다양한 선진 제국의 순수한 아마츄어리즘의 틈바구니에서 비장한 각오 밑에 오랜 시일 피나는 노력을 계속하지 않고서는 결코 세계 제패라는 기적은 일어날 수 없다는 엄연한 현실을 똑바로 보아야 할 것입니다.[13]

1966년 만들어진 태릉선수촌은 군인들의 지원체계를 가장 잘 보여주는 훈련장이었다. 1964년 도쿄올림픽이 열리자 한국은 165명의 선수를 참가시켰다. 이는 참가국 중 규모 면에서 다섯 번째에 들어가는 인원이었다. 하지만 여러 개의 금메달과 함께 국제 무대의 주연으로 자리 잡을 것이라는 기대와 달리, 결과는 은메달 2개, 동메달 1개였다. 그러자 국가는 선수들의 퍼포먼스를 향상시키려고 국가대표 선수들을 위한 전용 훈련장을 지었다.[14]

1968년에는 대한체육회와 올림픽위원회 그리고 학교체육회를 통합해 학교에서부터 스포츠만을 전문으로 하는 선수들을 양성할 체계를 만들었다. 그리고 1970년에는 정부 고위 관료들과 스포츠계 인사들이 함께하는 '국민체육심의위원회'를 만들었고, 선수들을 체계적으로 지원하려고 20억 이상의 기금 활용을 제도화했다. 1년 후에는 다시 국민체육진흥법을 개정해 지방자치단체들로 하여금 스포츠 선수들을 반드시 고용하고 스포츠 이벤트 역시 매년 최소 1회 이상 개최할 것을 강제했다. 특히 국영기업체에서는 올림픽 메달리스트를 반드시 고용하도록 규정했다.[15] 또한 전국 주요 도시에 체육중학교와 체육고등학교를 설치했고 1976년에는 한국체육대학도 만들었다.

1972년 뮌헨올림픽에 처음으로 출전한 북한 선수단은 금메달을 땄다. 북한보다 앞서 국제 무대의 중심부에 선 배우를 만들겠다는 군인들의 꿈이 물거품으로 돌아간 것이다. 이에 군인들은 보다 파격적인 퍼포먼스 향상책을 만들었다. 1973년에는 체육특기자에 대한 병역혜택제도를 만들었고, 1974년에는 메달리스트를 위한 체육연금제도를 만들었다. 1974년 제정 당시 올림픽 금·은·동메달리스트에게 지급되는 평생 연금액은 매월 60·30·20만 원이었다.[16] 대다수의 사회 구성원이 경제적 불안정 및 빈곤과 싸우던 시기, 군인들은 스포츠 선수가 탁월한 퍼포먼스로 발전 서사극의 예고편이 국제 무대에서 상영되도록 만들어준다면, 그 누구도 가질 수 없던 생의 안정성을 확실히 보장해주려 했다. 스포츠를 통해 국제 무대의 주연 배우를 만들겠다는 군인들의 꿈은 그토록 강렬했던 것이다.

'국제 무대'를 향한 꿈

국제 무대에 대한 열망은 무대의 주연 배우가 될 스포츠 선수들에 대한 꿈으로 그치지 않았다. 한국의 어딘가에 세계의 스포츠인들이 모이는 국제 무대를 만들어보겠다는 열망 역시 희미하게나마 도사리고 있었다. 비록 해방에서 전쟁으로 이어지던 시기에는 도저히 공연을 할 수 없을 정도로 무대가 훼손됐지만, 그렇다고 해서 배우만 아니라 무대까지 만들어보겠다는 열망이 완전히 사라지지는 않았다. 그런 열망에 불을 지핀 것은 1958년 도쿄에서 개최된 제3회 아시안게임이었다. 일본이 도쿄에서 아시안게임을 개최하자 제4회 대회는 서울에서 개최해야 한다는 여론이 형성됐다. 하지만 아시안게임을 치를 만한 경기장이 없다는 게 문제였다. 대다수의 국가가 피식민 상태에 놓여있다가 제2차세계대전 이후 독립한 아시아에서, 도시 전체를 무대 삼아 자신들의 새로운 모습을 보여주는 무대로 아시안게임을 활용할 여력은 거의 없었다. 그저 아시안게임에 필요한 경기장을 갖추는 것조차 생각보다

높은 허들이었다.[17]

 서울도 예외는 아니었다. 1925년 만들어진 경성운동장은 국제 규격과 다른 500미터 레인을 갖고 있었을 뿐만 아니라, 15,000명을 수용할 수 있다고는 하지만 제대로 된 좌석이 설치된 곳은 본부석밖에 없었다. 부대시설로 야구장, 테니스장, 야외수영장이 있었지만 체육관은 하나도 없는 상태였다. 이에 정부는 사단법인 형태로 종합경기장 건설위원회를 만들고 모금을 통해 '국민종합대경기장'을 만들 계획을 세웠다. 확장에 한계가 있는 동대문의 서울운동장을 대신해 성동구 광장동 일대에 주경기장과 야구장, 체육관 등을 만들고자 했다. 하지만 이 계획은 실현되지 못했다. 1962년에는 국가재건최고회의가 '종합경기장 설치안'을 만들었지만 이 역시 계획에 그쳤다.[18]

 1964년 도쿄올림픽은 다시 한번 무대의 꿈을 일깨웠다. 이 해 대한체육회장은 1970년 아시안게임을 서울에서 개최하겠다고, 그리고 이를 위한 종합운동장을 만들겠다고 발표했다. 실제로 1966년 태국 방콕에서 열린 아시안게임을 앞두고는 대한올림픽위원회를 중심으로 1970년 아시안게임을 서울로 유치하기 위한 준비위원회가 만들어졌고, 아시아경기연맹(Asian Games Federation, AGF) 회원국을 상대로 홍보 활동을 수행했다. 유일한 경쟁자였던 실론(스리랑카)이 총회를 한 달 앞두고 유치 신청을 철회하자, 서울은 1966년 12월 회원국의 만장일치로 1970년 아시안게임 개최지가 됐다. 하지만 서울은 아직 아시안게임을 개최할 만한 여력이 없는 상태였다. 1963년 장충체육관이 생겼다고는 하지만, 추가적인 경기시설

〈그림 1〉 1966년 도시계획 모형과 김현옥[19]

은커녕 서울운동장을 증축할 예산마저 없었다. 호텔과 연습장 등 부대시설은 더더욱 준비할 수 없었다. 여기에 대한올림픽위원회와 대한체육회가 상정한 시설투자예산은 10배 가까이 차이 나는 상황이었다. 두 단체의 반목 속에서 정확히 얼마가 필요한지조차 가늠하지 못한 채 개최지로 선정된 것이다. 결국 1967년 7월 박정희는 대한올림픽위원회에 아시안게임 개최를 포기하라고 지시했다. 1968년 5월, AGF 총회는 1970년 아시안게임 개최지를 방콕으로 변경했다. 그리고 한국 정부는 방콕에 25만 달러의 배상금을 지불했다.[20]

아시아 국가들 앞에서 한 편의 멋진 공연을 펼치겠다는 꿈은 신기루처럼 사라졌지만, 무대 자체에 대한 준비는 그 순간에도 지속되고 있었다. 1966년 4월, 김현옥이 서울시장에 취임했다. 서울을 대대적으로 바꿔 훗날 '불도저시장'이라 불린 그는 취임과 동시에 연세대 교수 차일석을 부시장으로 임명한 후 '새서울백지계획'이라는 이름의 도시계획 수립에 들어갔다. 골자는 입법부와 사법부를 한강 이남으로 이전하고, 이곳에 100~150만 명을 수용할 수 있는 도시를 만들어 늘어나는 인구를 수용하는 것이었다. 그렇게 만들어진 도시계획의 결과물은 8월 15일부터 서울시청 광장에서 전시됐다.

〈그림 1〉은 전시장에 설치된 새로운 서울시가의 모형이다. 사진의 오른쪽 아래에 종합운동장 모형이 자리 잡고 있다. 그리고 한쪽에는 한강 남쪽에 총 10개 정도의 경기장이 위치한 그림을 '종합경기장 계획'이라는 이름으로 전시해놨다.[21] 이는 모형과 그림 상의 계획에 그치지 않았다. 1966년 말 발간된 《도시기본계획》에서 서울시는 천호지구 거여동 일대에 80만 평 규모의 경기장 부지를 설정했다고, 그리고 도시계획상 공업지역으로 지정됐던 잠실지구는 종합경기장 건설을 위한 주거 및 녹지지역으로 용도를 변경했다고 보고했다.[22] 그런데 1970년 아시안게임을 위해서는 동대문운동장을 증축해서 활용하기로 결정한 상태였다는 것이 특이하다. 국제적 스포츠 이벤트를 위한 무대를 만들겠다던 김현옥의 야심은 아시안게임과 별개였던 것이다.

무대 만들기

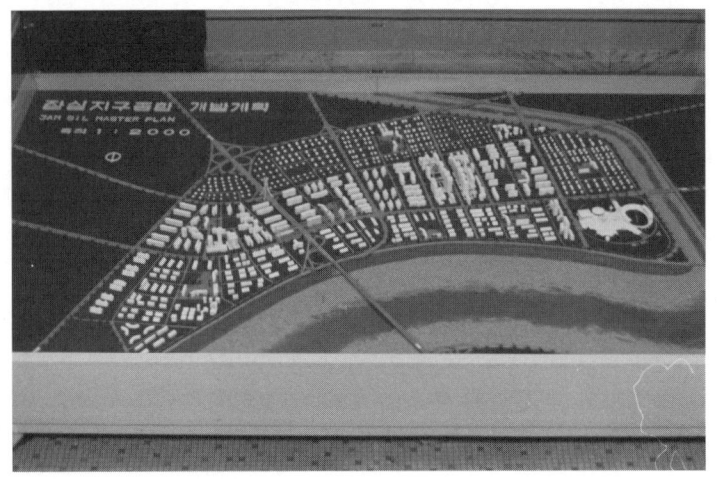

〈그림 2〉 1970년 잠실지구 개발 마스터플랜 모형[23]

1970년에 이르러 무대의 꿈은 차츰 현실이 됐다. 1966년 서울시가 계획한 것처럼 국제 무대, 즉 국제적인 스포츠 이벤트를 개최할 경기시설을 만들기 시작한 것이다. 시작은 1971년 아시아 사격대회를 위해 만든 태릉국제사격장이었다.[24] 하지만 본격적인 무대 만들기는 잠실에서 시작됐다고 할 수 있다. 1965년 설립된 한국종합기술개발은 국영 토목 및 건축회사로, 세운상가·경부고속도로·소양강댐 등 군인들이 꿈꾼 무대장치를 현실로 만드는 엔지니어들이 모인 곳이었다. 이 엔지니어들은 1970년 발표한 '잠실지구종합개발기본계획'에서 종합경기장을 위한 공간을 마련했고, 1972년에는 국제적 스포츠 이벤트를 염두에 두고 설계를 대

대적으로 변경해 경기장뿐만 아니라 잠실 일대를 무대로 만들고자 했다.[25]

이 기본계획에 따라 서울시는 구체적인 경기장 종합 마스터플랜부터 개별 경기장 건설로 이어지는 과정을 준비했다. 1975년, 구자춘 서울시장은 한국종합기술개발의 사장을 지낸 바 있는 김수근에게 종합운동장 마스터플랜을 의뢰했다. 이에 김수근이 설계하고 1976년에 발표한 마스터플랜은 그대로 현실이 됐다. 한가운데에는 10만 명이 들어가는, 아시아에서 가장 큰 규모의 주경기장을 짓는다. 주경기장의 북서쪽에는 보조경기장을, 남동쪽에는 야구경기장을 짓는다. 주경기장 동편에는 대규모의 실내체육관과 수영경기장을 짓는다. 그 남쪽은 서울교육청에 내주고 서울교육청이 활용할 실내체육관과 체육고등학교를 짓는다. 이 모든 계획이 1982년 아시안게임 개최를 염두에 둔 것이었기에, 마스터플랜이 정한 경기장들의 완공 시한은 1981년이었다.[26] 서울 지하철 2호선 또한 아시안게임에 맞춰 개통한다는 목표를 세울 정도로 1982년은 중요한 시한이었다.[27]

경기장을 지어 국제 무대에 선보인다고 할 때, 군인들이 염두에 둔 관객은 '아시아'였다. 이때는 아시아가 보다 적극적으로 호명되던 시기였다. 이미 1970년대 초반부터 아시아 무대에서 주인공이 됐던 스포츠인이 있었다. 1970년대 초 축구선수 이회택은 '아시아의 표범'으로, 아시안게임을 제패한 수영선수 조오련은 '아시아의 물개'로 불렸다. 스포츠 선수들을 무대의 주인공으로 만들려고 아시아를 관객으로 호출하는 명명법이 사용된 것이다. 군인들은 아시안게임을 자신들이 주도해온 발전의 서사극을 아시아라는 관객 앞에서 공연하는 계기로 판단했을 가능성이 농후하다. 그런 의미에서 '아시아 최대의 경기장'은 이를 위한 무대장치였다.

군인들이 목표로 했던 1982년 아시안게임의 개최권은 인도의 뉴델리가 선점한 상태였다. 제1회 아시안게임을 주도했던 자와할랄 네루의 딸 인디라 간디 총리의 주도하에 일찌감치 준비했기 때문이다.[28] 1978년 초, IOC 위원 김택수는 1986년 아시안게임을 서울에서 열 것이라며 시한을 변경했다.[29] 대신 군인들은 종목별 세계대회를 개최하는 방식으로 소규모 무대를 준비했다. 1979년 세계여자농구선수권대회, 1982년 세계야구선수권대회가 그것이다. 이에 따라 잠실이라는 무대장치는 당초 계획한 1982년이라는 시한과 관계 없이 하나둘 만들어져갔다. 가장 먼저 만들어진 것은 서울시교육청이 활용할 목적으로 1977년 완공된 학생체육관이었다. 그다음은 김수근이 '조국근대화와 국민총화'를 상징하려고 계단식 지붕으로 설계한 15,000석 규모의 대규모 실내경기장인 잠실실내체육관이었다. 잠실실내체육관은 당초 설계보다 규모가 훨씬 커졌는데, 이는 완공 직후인 1979년 4월 개최될 세계여자농구대회를 의식했기 때문이었다.[30] 체육관은 규모의 스펙터클을 보여주는 무대장치여야 했던 것이다.

이제는 야구장이 만들어져야 했다. 1977년 말 대한야구협회의 주도로 1982년 세계야구선수권대회가 서울에서 열리기로 결정됐기 때문이다. 1979년 10월 경기장 미비로 개최권 반납 위기를 맞은 이후, 서울시는 1980년 4월부터 야구경기장을 짓기 시작했다.

그리고 1982년, 대회를 2개월 앞두고 잠실야구장이 문을 열었다.[31] 그 사이에 1977년 12월 착공된 실내수영장이 1980년 12월 완공됐다.[32] 김수근이 항아리를 모티프로 설계한 주경기장은 실내수영장과 같은 시기에 착공됐지만, 훨씬 더 많은 시간이 지난 1984년에야 완공됐다. 그 사이, 당초 스탠드의 지붕을 설계했다가 예산 문제로 중간에 없앤 뒤 올림픽 개최 기준으로 인해 다시 설계에 포함시키는 우여곡절도 있었다.[33] 잠실지구의 동쪽 끝에는 또 다른 경기장을 만들기 위한 땅이 있었다. 잠실종합경기장에 비하면 너무나 느리기는 했지만, 훗날 올림픽공원이 되는 송파구 방이동 역시 무대로 변화하는 단계를 밟고 있었다. 1968년, 건설부는 이곳을 국립종합경기장 부지로 공식 결정하고 이를 알렸다. 그 후 10년 동안 방치됐던 이 땅은 1979년 5월이 되자 구획 정리와 미관지구 지정 등의 후속조치 속에서 차츰차츰 세계인의 눈에 무언가를 보여줄 무대장치로 변화해갔다.[34]

세계선수권대회나 아시안게임 같은 메가이벤트가 경기시설만을 무대장치로 활용했을 리 만무하다. 해외에서 많은 관광객이 경기를 보려고 모여들 것은 자명했다. 모여드는 이들 가운데 누군가는 카메라를 들고 경기장뿐만 아니라 그 주변을 전 세계에 전달하리라는 것도 충분히 예측할 수 있는 일이었다. 스포츠를 통해 '아시아'와 세계의 관객들에게 자신들이 연출한 발전의 서사극을 보여주고자 했던 군인들의 입장에서, 무대장치는 경기장이 위치한 잠실 전역이었다. 이에 따라 잠실 역시 무대장치로 변해야 했다. 군인들은 새로운 방식으로 이 지역에 접근했다. 잠실이 무대로 변하

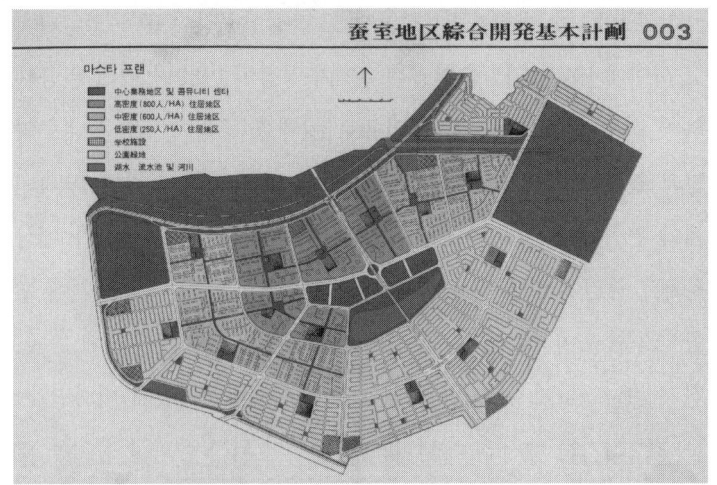

〈그림 3〉 1974년 잠실지구 마스터플랜[35]

기 전 군인들은 토지구획정리사업을 통해 오늘날의 서초동, 잠원동, 신사동에 해당하는 영동 1지구를 도시로 만들었다. 군인들은 정부가 농지를 수용해 도로와 주택에 필요한 인프라를 만든 뒤 이를 민간에 매각하는 방식으로 도시경관을 조성했다.[36] 한 마디로, 국가는 평면을 조성하고, 그 뒤는 민간에 맡기는 방식이었다.

그런데 잠실은 달랐다. 잠실 개발도 처음에는 공유수면 매립을 통해 토지를 확보하고 이를 민간에 매각하는 토지구획정리사업으로 출발했다.[37] 하지만 1973년 국무총리의 지시로 계획은 중단됐다. 이유는 이랬다. 토지구획정리사업이 도로용지 확보나 대지조성을 위주로 하다 보니 "미래지향적인 국제적 대도시 건설에 차질을 초래한다."는 것이었다. 그리고 이후로는 평면적인 구획정리 계획뿐만 아니라 구획정리 후의 구체적인 종합개발 계획까지 만들라는 요구가 있었다.[38] 달리 말하자면, 도로와 대지를 민간에 판매하는 대신, 그 대지에 어떤 건물이 들어갈지를 미리 구체적으로 계획하라는 것이었다.

이는 잠실이라는 공간이 갖는 특수한 성격 때문이었다. 이곳에는 국제적 스포츠 이벤트를 개최할 경기시설들이 들어설 예정이었다. 세계의 시선이 잠실로 향할 것은 자명했기에, 군인들에게 잠실은 그 시선들 앞에서 발전의 서사극을 보여줄 무대가 돼야 했다. 1973년 초 서울시가 발표한 '영동잠실 신시가지 조성계획'은 가장 먼저 개발됐던 잠실지구와 잠실지구 서쪽의 영동 2지구를 "선진 대도시 수준의 세계적인 이상도시"로 만든다는 목표를 세웠다. 그리고 헥타르당 200인 이하의 인구밀도, 녹화되고 공원화된 시가지 등을 통해 정책적으로 경관을 조성하겠다는 방침을 세웠다.[39] 그 이듬해에 발행된 기본계획 보고서는 잠실이 발전의 서사극을 공연하는 무대장치임을 명시적으로 표현했다.

잠실지구는 아직 오염되지 않은 한강 상류를 끼고 있고, 제방의 구조상 설치된 부지와 예정된 국제 규모의 종합운동장, 올림픽 경기장 후보용지, 제방의 밑을 따라 지정된 폭 30미터의 강변녹지, 중심부의 포락(浦落)지를 이용한 호수 등 여러 녹지요소를 지니고 있으므로 이를 충분히 활용한다면 대단히 수려한 도시미를 가지는 신시가지로 개발할 수가 있다. 따라서 서울시 어느 지구보다 질서 있는 시가지가 될 것이며 충분한 녹지요소를 갖추고 있으므로 국내외적으로도 시범적인 신시가지로서 손색이 없

을 것이며 국가발전의 상징적 도시로 형성시킬 수 있다고 보아진다.⁴⁰

서울시는 국제적인 무대장치를 만들려고 최신 도시계획 기법을 동원했다. 대표적인 것이 찰스 쿨리(Charles Cooley)의 사회학이론을 응용해 클래런스 페리(Clarence Perry)가 고안한 근린주구론(Neighborhood Planning)에 기초한 단지계획이었다. 이에 따라 아파트 단지 내에는 초등학교가 만들어졌고 연결 도로는 공원이 됐다. 주거지역의 인구밀도를 헥타르당 800·600·200으로 나눠 아파트를 지음으로써 건물의 스카이라인도 사전에 계획했다. 또한 과거 잠실섬 남쪽으로 하천이 흐르던 자리에는 호수공원을 만들었다.⁴¹ 군인들은 도시계획을 활용해 경관에 질서를 부여한 무대가 세계의 관객들에게 보여주기 적합하다고 판단했던 것이다.⁴²

이상을 통해 볼 때, 한국의 '올림픽 드림'은 1950년대 후반부터 시작됐다고 할 수 있다. 국제적 스포츠 이벤트인 아시안게임 개최에 대한 요구와 이를 위한 경기장 건설 구상이 그때부터 시작됐기 때문이다. 이는 비록 취소되긴 했지만 1970년 아시안게임 유치 시도로, 또한 1970년대 잠실지구 개발과 경기장 건설로 이어졌다. 그리고 이렇게 만들어진 경기장들은 1970년대 말~1980년대 초의 국제 스포츠 이벤트에 쓰였다. 한국의 올림픽 드림과 이를 구체화하는 준비 작업은 20년 이상의 논의, 10년 이상의 실천 가운데 진행된 셈이다.

공연 계획

이렇게 잠실종합경기장과 잠실지구를 중심으로 무대장치가 만들어지는 가운데, 1988년 개최될 제24회 하계올림픽 유치에 관한 논의도 함께 시작됐다. 1978년, 논의는 역시 군인이었던 박종규가 시작했다. 1970년대 들어 정권의 2인자로 부상했던 그는 1974년 8월 15일 영부인 시해사건으로 해임된 이후 사격협회장직에 집중하고 있었다. 그리고 1978년 9월 중순부터 2주간 세계사격선수권대회를 주도했다. 이는 비록 종목별 세계선수권이었지만 동대문운동장에서 대규모의 개회식이 열리고 기념우표와 주화까지 발행될 정도로 상당한 관심을 모았다. 한국이 주최하는 첫 번째 국제적 스포츠 이벤트였기 때문이다.[43] 세계 규모의 행사를 연출한 박종규는 아시안게임을 건너뛰고 올림픽이라는 거대한 공연을 한국에서 연출해볼 꿈을 가졌다.

1979년 2월, 그는 대한체육회장 겸 대한올림픽위원장이 됐다. 그리고 이례적으로 전직 외교관 세 명(장지량, 조상호, 김세원)을 대한체육회 부회장으로 선임했다.[44] 이 시기부터 이미 올림픽을 염두에 뒀던 것이다. 3월부터는 실무진이 올림픽 유치를 위한 검토 작업을 수행해 이를 정부에 전달했다. 그리고 1979년 5월 13일, 새로 문을 연 잠실실내체육관에서 열린 세계여자농구선수권대회 결승전이 있던 날 밤, 박종규는 정·관계와 재계, 체육계 인사들이 모인 자리에서 올림픽 개최에 관해 설명했고 박정희는 이를 추진하라고 지시했다.[45] 박종규는 그해 6월부터 1988년 하계올림픽과

1986년 아시안게임을 서울에서 개최하겠다는 이야기를 언론에 알렸다. 다만 이때까지는 박종규와 대한체육회가 중심이었고, 아직 정부에서 공식적으로 검토한 것은 아니었다.[46]

정부가 유치 작업에 개입한 것은 1979년 8월부터였다. 대한체육회로부터 자료를 넘겨받은 문교부 체육국장은 〈올림픽 유치건의안〉을 작성해 8월 3일 국민체육진흥심의회에 제출했다. 보고서는 무엇을 위해 올림픽을 하는지, 그리고 올림픽을 과연 할 수 있는지에 대해 다음과 같이 밝혔다. 첫째, 올림픽을 통해 한국의 경제발전과 국력을 과시할 수 있다. 둘째, 1988년 약 2,000달러로 예상되는 한국의 1인당 국민총생산(Gross National Product, GNP)이 1964년 당시 약 670달러였던 도쿄보다 높다. 셋째, 북한과의 가상대결에서 앞설 수 있다. 넷째, 현재 입후보 도시는 7개(런던, 브뤼셀, 상파울루, 시드니, 나고야, 알제, 베이징)이지만 가능성이 있다. 다섯째, 직접적으로 들어가는 경비는 약 2,500억 원이다.[47] 이 보고서를 검토한 8월 22일 국민체육진흥심의회 소위원회는 개최에 찬성하는 쪽으로 결론을 내리고 정부에 결정권을 넘겼다.[48]

이를 넘겨받은 정부는 1979년 9월 의결에 들어갔다. 9월 3일에는 내각이 서면으로 찬성을 결의했고, 19일에는 국무총리·경제기획원장·문교부장관·대한체육회장·IOC 위원·서울시장·대한올림픽위원회 부위원장이 국민체육진흥심의위원회를 열고 찬성을 결의했다. 21일에는 청와대에서 박정희가 이를 재가했다. 이에 따라 24일 열린 차관회의와 25일 열린 국무회의에서는 결의가 아닌 보고사항이 됐다. 이로써 1988년 하계올림픽을 서울에서 개최하겠

다는 계획이 공식화됐다.⁴⁹

　1979년 10월 8일, 서울시장 정상천은 언론을 불러 모아 올림픽 유치 계획을 공식적으로 발표했다. IOC가 주최하는 올림픽은 개최 도시가 주관하는 것이 원칙이기 때문에, 서울시장에게는 그간의 의사결정 과정에서 주도권이 없었지만 발표만큼은 그가 해야 했던 것이다. 이때 서울시장은 1988년까지 모든 무대장치를 충분히 만들 수 있다고 장담했다. 이미 하나둘 모습을 드러내던 잠실 종합경기장은 당연히 1988년 이전에 만들 수 있고, '선진국'의 대도시라면 으레 갖춰야 할 지하철 역시 1988년이면 2호선뿐만 아니라 3호선과 4호선까지 만들 수 있다고 봤다. 여기에 서울의 관문과도 같은 김포공항을 확장하고, 선수들을 위한 숙박시설에 더해 20만 명 정도의 여행객을 위한 숙박시설을 지으며, 마지막으로 서울시민을 위한 대규모 놀이공원과 기타 레저시설을 지을 수 있다고 호언했다.⁵⁰

　하지만 장밋빛 전망 가득한 발표와 달리 올림픽이라는 거대한 공연을 결정하는 과정은 그 자체로 취약성을 안고 있었다. 체육계에서 정부로 이어지는 논의 과정에서 여러 차례 회의를 거쳤지만, 그 기간은 불과 6개월에 불과했다. 심지어 현지조사 한 번 제대로 수행하지 않은 채 보고서들이 만들어졌고, 검토 과정 역시 성실하게 수행되지 않았다.⁵¹ 결정에 있어 실현 가능성 같은 것은 중요한 요소가 아니었다. 비록 현직에서 물러났다고는 하지만 오랜 시간 2인자였던 박종규가 이를 밀어붙였다는 점, 그리고 1인자인 박정희가 찬성했다는 점이 가장 중요한 변수였다.

권력자의 의지에 기대 진행해온 1988년 하계올림픽 유치 논의는 그 권력이 더 이상 의지를 지닐 수 없자 중단됐다. 1979년 10월 박정희의 죽음과 함께 올림픽에 대한 논의도 수면 아래로 가라앉은 것이다. 1980년 1월 19일 박정희의 자리를 대신하던 최규하 대통령은 올림픽 유치를 포기하겠다고 발표했다.⁵² 1980년 5월 신군부가 부정축재자로 고발하기 전까지 대한체육회장을 맡았던 박종규도 올림픽이나 아시안게임에 대해 발언한 바가 없었다. 서울시 또한 올림픽을 서울로 유치하는 데 필요한 예산을 책정하지 않았다.[53] 1988년 하계올림픽 개최지 결정을 불과 1년 반 앞둔 상황이었는데도 말이다.[54]

사라진 연출자들

1988년 여름에 발전의 서사극을 공연해보겠다던 권력자들의 퇴장은 공연에만 영향을 미친 것이 아니었다. 왜냐하면 박정희 대통령 암살은 군인들 사이의 우발적인 충돌로만 볼 수 없는 다양한 사건과 연계돼 있기 때문이다. 연출자였던 군인들이 왜, 또 어떻게 무대에서 사라져갔는가 하는 것은 1980년 등장한 새로운 연출자들의 드라마투르기를 이해함에 있어 매우 중요하다.

1970년대가 되자 군인들은 발전의 서사극이 중단돼선 안 된다는 명분으로 연출에 관한 모든 권력을 독점했고, 자신들에게 도전하는 이들을 무대에서 제거했다. 그렇게 해서라도 일단 그럴듯한 공연이 눈앞에 펼쳐진다면 한국사회의 구성원은 물론, '국제사회'라는 관객들 역시 강압적으로 보이는 군인들의 드라마투르기를 이해할 것이라 판단했다. 하지만 관객들의 생각은 달랐다. 1970년대가 되자 관객들은 태도를 달리하기 시작했다. 1973년 김대중 납치 사건으로 한일관계는 얼어붙었다. 1976년에는 이른바 '코리아게이트' 사건이 일어나 한미관계를 악화일로로 치닫게 했다. 이를 반영하듯 1970년대 초반과 후반에 박정희 대통령의 이름으로 발행된 두 책은 국제 무대에 관해 사뭇 다른 논조를 보여준다. 1971년 대통령 선거를 앞두고 발행한 《민족의 저력》에서 박정희는 한일수교, 베트남 파병, 아시아태평양각료회의 등을 통해 한국이 1960년대 내내 '자유진영' 국가들과 튼튼한 네트워크를 구축했다고 자랑했다.[55] 하지만 7년 뒤 총선을 앞두고 펴낸 《민족중흥의 길》에서는 '자주국방'과 '자주외교'를 강조하는 대신 '우방'은 흔적을 감췄다.[56] 이를 통해 '자유진영'과의 관계가 전과 같지 않음을 우회적으로 드러냈던 것이다.

1970년 닉슨 행정부 시절 시작된 주한미군 철수를 둘러싼 갈등은 1976년 카터 행정부에 이르러 본격화됐다. 1976년 대통령 선거에서 승리한 지미 카터의 공약 중 하나가 주한미군 철수였기 때문이다. 카터는 1970년대 초반부터 진행된 중국과의 수교 추진 과정에서 동북아 안보 관리에 대한 새로운 전망을 갖게 됐다. 중국과 형성한 데탕트(Détente, 긴장완화) 분위기를 한반도까지 확산시킬 수 있다고 본 것이다. 그래서 취임 이후 구체적인 철군 일정을 지시할 정도로 논의를 진행시켜 나갔다.[57] 박정희 정부는 1977년부터 한미정상회담을 추진했지만, 1979년에 가서야 겨우 실현될 정도로 남한에 대한 카터 행정부의 태도는 차가웠다.[58] 반면에 카터 행정부는 북한과의 협상에 상대적으로 적극적이어서, 박정희 정부에 남북미 3자회담을 제안한 바 있다.[59] 또한 미국은 1979년 4월 평양에서 열린 제35회 세계탁구선수권대회에도 선수단을 파견했다. 1978년 가을 서울에서 열린 세계사격선수권대회에는 공산권 국가들이 불참했음에도 전향적인 태도를 보였던 것이다.[60] 그뿐이 아니었다. 카터 행정부는 자신들에게 도전하는 사회 구성원과 정치 세력을 무대에 오르지 못하도록 했던 군인들의 권위주의적 통치에 대해서도 직설적으로 비판했다. 카터는 대통령 선거 시절부터 이른바 '도덕 외교'를 주장하면서 동맹국들의 민주화와 인권을 중시하겠다고 천명한 바 있고, 대통령 취임 이후에도 이를 외교의 핵심 기조로 삼았다. 박정희 스스로도 인권에 대한 문제제기를 닉슨 시절부터 이어온 한미간 갈등 중에서 가장 큰 부담으로 인식할 정도였다.[61]

군인들이 이끌던 한국 정부는 자유진영이라 칭했던 냉전 블록의 경계 바깥으로는 단 한 걸음도 움직이지 않았다. 그런 상황에서 미국 정부로부터 가해지는 비판은 자칫 국제사회로부터의 고립으로 이어질 수 있었다. 하지만 한 사람을 향해 모든 권력을 집중시켰던 군인들은 권위주의를 버릴 수 없었다. 그래서 이들이 택한 것은 공산권 국가들과의 관계 개선이었고, 이는 1978년부터 박정희 정부의 외교 방침 중 하나가 됐다.[62] 1979년 8월과 9월 사이, 1988년 하계올림픽이라는 스펙터클이 서울에서 공연돼야 한다고 했던 이들 역시 올림픽이 공산권 국가들과의 관계를 개선해 줄 것이라 주장했다.[63] 반공을 외쳐온 군인들의 대본에는 없으리라 여겼던 대사였고, 냉전 블록의 담장 안에서 움직여온 군인들의 움직임이라고는 생각할 수 없던 동선이었다. 이는 1970년대 후반의 한국이 국제사회에서 고립될 위기에 놓여있었음을 보여준다.

국내에서는 야당과 시민사회가 1978년부터 군인들의 드라마투르기에 문제를 제기하기 시작했다. 1978년에는 동일방직 사건, 함평 고구마 수매 사건, 안동교구 가톨릭농민회 사건 등이 일어났다. 주어진 대본을 따르지 않고 목소리를 내는 사람들이 증가한 것이다. 1978년 12월 치러진 총선거에서는 야당인 신민당이 여당인 민주공화당보다 더 많은 표를 얻었다. 우여곡절 끝에 1979년 6월 30일 열린 한미정상회담에서 카터와 박정희는 주한미군 철수의 철회와 남북미 삼자회담 수용을 주고받으며 타협점을 만들었다. 하지만 국내 문제에 대해서는 둘 사이의 갈등이 첨예하게 드러났다. 카터는 정상회담 이후 정해진 일정까지 바꿔가면서 신민당 총재 김영삼을 만났다.[64] 이후에도 카터 행정부는 YH사건, 김영삼 의원 제명 등의 사건이 있을 때마다 대사 소환, 친서 전달 등 다양한 방법으로 군인들의 드라마투르기에 문제를 제기했다.[65]

물론 군인들의 드라마투르기가 자신들에게 도전하는 이들을 무조건 무대 바깥으로 쫓아내는 방식으로만 진행되지는 않았다. 1972년 10월 17일, 박정희가 이른바 '유신(維新)'이라는 이름으로 친위 쿠데타를 단행할 때 군인들은 지역의 균형발전 정책과 빈곤을 방지할 사회보험 등을 제시한 바 있다.[66] 하지만 1970년대 중반까지도 실제로 실행된 것은 거의 없었고 군인들은 여전히 '정신개조'를 외치고 있었다. 앞서 언급했듯이 1970년대 중후반의 산재보험이나 의료보험 개선은 학력과 기술의 측면에서 '자격'을 보유한 사람들에게만 제도적 안전망을 공급해 격차를 확대시켰다. 자기 힘으로 빈곤을 탈출하고 사회 안전망을 만들어야 했던 이들에게 경제성장의 둔화는 큰 불안으로 다가올 수밖에 없었다.

군인들이 생각한 발전 서사의 핵심이었던 경제성장은 1978년부터 삐걱거렸다. 1977년부터 도입된 부가가치세로 인해 인플레이션은 심각해졌고, 1979년에는 18.3퍼센트라는 기록적인 수치를 보였다.[67] 게다가 중화학공업화 과정에서 기업 집단의 과잉투자로 인해 1979년 4월 경제안정화 조치가 내려졌고,[68] 부실기업에 대한 대출 제한이 시작됐다. 그러자 기업들이 도산하기 시작했고, 사회 구성원들의 불만도 점점 쌓여갔다.

부산과 마산은 1979년에 찾아온 경제위기로 가장 큰 타격을 입은 지역이었다. 특히 부산은 부도율이 전국의 2.4배를 기록했고, 서울 대비로는 3배였다. 1970년대 후반 정부의 섬유산업 대출 축소로 마산의 섬유공장들에도 위기가 닥쳤다. 그런 가운데 군인들은 1979년 9월 김영삼 총재가 《뉴욕타임스》와의 기자회견 당시 대통령을 비판한 것을 빌미로 김영삼을 국회의원직에서 제명했다. 그로 인해 10월 초부터 시작된 시위는 부산과 마산을 중심으로 확산됐다.[69] 처음에 대학생들이 주도했던 시위는 금세 일반 시민, 특히 도시 하층민의 봉기로 이어졌다.[70] 경찰은 '깡패', '똘마니', '식당 뽀이' 같은 이들이 시위를 주도하고 있다고 보고했다.[71]

군인들은 공연에 방해되는 행동을 일삼기에 무대에 서지 못하도록 제거했던 이들과 다를 바 없는 자들이 부산과 마산이라는 무대를 어지럽힌다고 봤다. 군인들 중 누군가는 캄보디아의 '킬링필드'까지 언급하면서 봉기를 진압해야 한다고 주장했고, 다수의 군인이 그에 동조했다. 하지만 군인들 중에는 그와 같은 드라마투르기에 반감을 가진 이도 있었다. 이 '정화' 또는 '제거'를 둘러싼 서로 다른 관점이 크게 충돌했고, 그 결과는 1979년 10월 26일 리바이어던 박정희의 사망이었다.

2부

막간 이후
: 재등장한 군인들의 극작법

1980년에 새로이 등장한 군인들의 극작법은 이전과 어떻게 달랐는가? 반복되는 것은 무엇이며 달라진 것은 또 무엇이었는가? 이들은 왜 1988년 하계올림픽을 서울에서 개최하고자 했는가? 이들이 스펙터클을 공연할 권리를 손에 넣은 후 주요하게 참조한 '흥행작'은 무엇이었는가? 교본을 참고한 군인들은 공연을 연출할 스태프를 어떻게 꾸렸는가?

3장

신군부, 메가폰을 손에 넣다

재등장한 연출자들

1979년 10월 26일, 리바이어던 박정희가 사망했다. 특이한 점은 그의 죽음이 정권의 종언으로 직결됐다는 것이다. 헌법에 따라 최규하가 대통령직을 승계했지만, 그는 리바이어던이 될 수 없었다. 권력은 공백 상태였다. 누군가는 이제 한 사람이 리바이어던의 자리에 오르는 시대를 끝내고 새로운 질서가 나타나기를 꿈꿨다. 그러나 다른 누군가는 새로운 리바이어던이 나타나기를, 더 나아가 새로운 리바이어던이 되기를 꿈꿨다. 우리가 알다시피 역사는 후자의 바람대로 흘러갔다.

'신군부'라 불리는 이들이 1979년 12월 12일의 쿠데타로 군 내 권력을 장악한 것은 잘 알려져 있다. 이들은 1980년 5월을 지나며 자신들의 정체를 드러내기 시작했다. 이때 군인들은 자신이 또 다른 리바이어던임을 과시했다. 무질서의 위험을 앞세워 절대권력을 가질 것임을, 질서를 위해서는 무질서하게 권력을 휘두르기를 주저하지 않음을 표방하며 날 것 그대로의 모습을 드러낸 것이다. 그런 점에서 1980년의 군인들은 새로이 등장한 연출자라기보다 '재등장한 연출자들'이었다. 1980년의 군인들은 1961년의 군인들과 마찬가지로 남다른 눈을 가졌음을 자부했다. 이는 2021년의 어느 장례식에서 불현듯 드러났다. 한 전직 관료는 훗날 대통령이 된 1980년의 군인과 동료 들을 두고 "국민의 문맹률이 거의 80퍼센트에 해당하던 한국사회에서 최초로 현대 문명을 경험하고 한국에 접목시킨 엘리트들이었다."고 상찬했다. 1980년의 군인들 역시 앞을 볼 수 없는 사람으로 가득한 사회에서 유일하게 문명을 목격한 이들이라는 것이다. 권력을 잡던 그 순간의 한국사회를 "난장판"이라 규정한 것 역시 1961년의 군인들이 지니고 있던 그 싸늘한 시선과 닮아있었다.[1]

1980년의 군인들은 몇 달 전 사라진 연출자의 말과 계획을 이어받았다. 1980년 5월 광주에서 정권에 맞선 대학생과 시민을 탄압했던 전두환은 말했다. 당시 광주라는 무대 위에는 "대학생으로 보이는 이들은 거의 눈에 띄지 않았고, 일용직 노동자나 구두닦이, 넝마주이, 식당 종업원, 부랑자 차림의 사람들이 대부분"이었다고.[2] 그의 진술은 1979년 10월 경찰 당국의 보고서와 놀랍게도 일치한다. 이들은 이제 사라진 연출자들의 계획을 이어받아 실행에 옮겼다. 킬링필드를 언급하며 부산과 마산에서 참극을 연출하겠다던 옛 군인들의 말은 실현되지 않았지만, 새로운 군인들은 광주라는 무대에서 5월 18일부터 참극을 연출했다. 그러고 나서 이를 자신들이 연출한 참극이 아니라, 대본을 따르지 않고 무대를 어지럽히는 이들로 인해 공연이 중단된 '사태'였다고 강변했다.

> 노사 간의 분규, 학생들의 소요 등으로 사회는 안정을 잃고 있습니다. 교내에서 시위를 계속하던 학생들이 거리로 뛰쳐나왔습니다. (…) 날이 갈수록 데모는 과열해지고 급기야 이렇게 거리로 나와 혼란을 빚고 있습니다. 가뜩이나 어려운 때에, 온 국민이 한 덩어리가 되어 나라살림을 걱정해도 난국을 이겨나가기 힘든 이 시국에, 이렇게 혼란을 빚어서야 되겠습니까? (…) 5월 18일 자정을 기해서 전국 일원에 비상계엄을 확대 선포하고 전국 대학에 휴교령을 내렸으며, 내각을 개편했습니다. 그리고 계엄사령관은 18일 1시를 기해 포고령 제18호를 발표하였습니다. 그런데도 광주에서는 이날 또 참으로 엄청난 사태가 벌어졌습니다. 학생들의 데모로 시작된 시위는 난동으로 변하고, 급기야 인구 80만의 광주시는 치안 부재의 도시가 되었습니다.³

며칠이 흐른 후 군인들은 도시의 질서를 바로잡았다고, 무대 위의 공연을 정상으로 되돌려놨다고 말하기 시작했다. 막간 또는 공연 중단을 끝내고 새로운 공연을 시작하겠다던 1961년의 군인들처럼.

> 소요가 가신 광주시, 이제 광주시는 활기를 되찾았습니다. 지난

6월 1일《대한뉴스》는 광주시의 하루 모습을 카메라에 담아봤습니다. 아침 일찍이 학생들이 나와 골목을 청소하고 있었으며, 거리에는 출근하는 시민들의 발길이 분주했습니다. 한동안 휴교했던 국민학교, 중학교도 문이 활짝 열려있었습니다. 모든 관공서는 정상근무에 들어갔고, 도청에 마련된 비상복구대책위원회는 피해상황 조사와 복구대책 마련에 여념이 없었습니다. 불에 탄 건물은 철거되고, 파괴된 건물과 시설이 수리되고 있었습니다. 보도블럭도 다시 깔고 거리를 아름답게 가꾸고 있었습니다. 이 모습에서 보다 빠른 치유를 바라는 광주시민들의 마음이 하나가 되어있음을 읽을 수 있었습니다. 광주 공단의 공장들도 정상 조업이 이뤄지고 있었으며, 휴일에도 전 근로자들이 출근해서 그간에 밀린 생산량을 만회하기 위해 3교대 근무까지 하고 있었습니다.[4]

참극을 연출한 후인 1980년 5월 31일, 군인들은 '국가보위비상대책위원회', 이른바 '국보위'를 조직했다. 그리고 전두환은 상임위원장이 됐다. 군인들이 다시 한번 정치권력을 손에 쥐고 대중 앞에 등장한 것이다. 군인들은 자신들이 등장하기 직전의 상황을 다음과 같이 정의했다.

박정희 대통령이 불의의 변란으로 서거하자 우리나라는 국가적 위기에 처하게 되었다. 대통령의 서거로 인한 영도력의 공백은 곧 정치 불안정으로 나타났며, 정치 불안정은 사회·경제 등 전

반의 혼란과 무질서로 이어져 무정부적 사회 상황으로 나타나게 되었다.[5]

1980년의 군인들 역시 자신들이 등장하기 전 한국사회를 막간 또는 공연 중지의 상황으로 정의했음을 보여준다. 이러한 판단에 따라 전두환은 새로이 권력을 잡은 이들을 향해 말했다. 지금은 "정치, 경제, 사회 등 모든 분야에서 혼란과 불안이 계속되고" 있으며, "무엇보다도 먼저 국가의 안정과 건전한 발전을 저해하는 모든 혼란요인을 배제하는 데 최우선적인 역점을 두어야 할 것"이라고.[6]

이들은 한국사회를 암묵적으로 서구와 비교하며 혼란스럽고 무질서하다고 정의했다는 점에서도 1961년의 군인들과 닮아있었다. 상황의 원인을 진단하는 방식에 약간의 변화가 있었을 뿐이다. 일단 1980년의 군인들은 전과 마찬가지로 조선시대 이래 존재해온 무언가가 문제의 원인이라고 말했다. 예컨대 조선시대 유교의 영향으로 권위주의가 국민의 의식 속에 존재함으로 인해 "현대 산업사회의 원만한 인간관계 형성을 저해하고" 있다거나, 유교의 영향이 가족중심주의를 만듦으로써 "개인으로서의 확고한 국가관에 입각하여 공적 질서를 유지"하는 데 방해가 되고 있다거나, 유교가 "산업화와 도시화 과정에서 개인이 민주시민이 아닌 이기적 개인으로 전락"하도록 만들었다고 설명하는 방식이다.[7]

이에 더해 20세기의 역사적 경험 역시 한국사회의 혼란과 무질서에 기여했다고 말했다. 예를 들어 한국사회 구성원의 주인의식 결여는 봉건체제에서 식민지배 그리고 외국의 손에 의한 해방으로 인해 "시민으로서의 훈련을 쌓지 못한 채 타율적으로 시민사회를 맞게 되었기 때문"이고, 이기주의는 "식민주의와 해방 후의 혼란, 6·25동란 등"을 통해 싹텄으며, 연고주의는 "이웃사촌적인 농촌경제의 생활양식"이 "근대에 이르러 합리적인 인간관계로 발전"하지 못함으로 인해서 생겨났고, 불신풍조 역시 "농경사회에서 급격히 산업사회로 전환되면서 그에 필요한 경제윤리가 정립되지 못한 상황"이라 정의했다.[8]

이제 상황정의에 기초해 새로운 연출을 시작할 차례다. 1961년의 군인들이 발전이라는 서사극의 대본에 '근대화'라는 제목을 붙이고 그 연출자를 자임했듯이 말이다. 1980년 5월의 참극 이후 국보위라는 이름으로 모습을 드러낸 군인들의 수장 전두환은 자신의 대본에 '민주복지사회'라는 제목을 붙였다. "모든 혼란요인과 사회적 병폐"를 없애고 그 결과로 민주복지사회라는 결말에 이르는 대본을 제시한 것이다.[9] 두 달이 지난 8월 11일, 전두환은 그의 손에 넘어간 방송사와 신문사의 대표들을 만난 자리에서 '복지사회'와 '정의사회'라는 이름으로 대본의 제목을 구체화했다.[10] 그리고 9월 1일, 1980년의 군인들을 대표해 잠실실내체육관 무대 위에 홀로 선 전두환은 머리 위로 쏟아지는 조명을 독차지하며 새로운 대본을 발표했다. 대본에는 역시나 '민주복지국가'라는 제목에 '복지사회'와 '정의사회'라는 부제가 더해져 있었다. 이어서 그는 연출자인 자신과 군인들이 해야 할 일은 이 대본을 바탕으로 국민 개개인의 정신과 의식구조를 개조하는 것이라 선언했다.[11]

이로써 1980년의 군인들은 1961년의 군인들과 마찬가지로 사회계약에 기초한 리바이어던이기를 거부했다. 권력을 손에 넣은 신군부는 한국사회라는 무대가 무질서로 가득하다는 냉혹한 시선, 문명을 목격했다는 자의식, 그리고 새로운 공연을 펼쳐 보이겠다는 약속을 반복했다. 이들 역시 이전과 마찬가지로 공연계약에 기초한 리바이어던, 시각의 리바이어던이었다. 사회 구성원으로부터 자신들만의 공연을 자유롭게 연출할 자유를 박탈하고 언젠가 있을 스펙터클한 공연을 기다리며 연출자들에게 복종하라고 요구하는 것 또한 이전과 마찬가지였다. 시각의 절대권력이 신군부의 수중에 들어갔다는 것은 이들 또한 한국사회를 일방적인 시선으로 보는 존재, 관찰하되 관찰당하지 않는 존재임을 의미했다. 나아가 자신들이 바라본 세계를 분류하고 정의하고 전시할 수 있으며, 자신들이 바라본 대상을 감시하고 처벌하고 규율할 수 있음을 가리켰다.

차이와 반복

비록 제목과 부제는 달랐지만, 1980년의 군인들과 1961년의 군인들이 갖고 있던 대본의 플롯은 유사했다. 국가를 후진에서 선진으로 발전시킨다는 서사를 공유했기 때문이다. 그렇기에 이들의 드라마투르기, 즉 극작법은 서로 다르기가 어려웠다. 구체적인 연출에 약간의 차이가 존재할 뿐이었다. 1980년의 군인들이 가장 먼저 한 일은 1961년의 군인들과 마찬가지로, 제대로 된 공연이 이뤄지지 못하고 공연 중지 상태를 만들어냈다 판단되는 이들을 찾아 무대 바깥으로 추방하는 작업이었다. 다시 말해, 군인들이 연출하고자 하는 새로운 공연, 새로운 발전의 서사극에서 사라져야 할 이들을 가려내야 했던 것이다.

리바이어던의 눈을 가진 군인들이었기에, 이번에도 군인들은 무대에 오르지 못하게 할 이들을 사회악으로 규정했다. 그리고 이 사회악을 일소의 대상, 즉 제거(cleasing)의 대상으로 삼았다. 1980년 8월, 본격적으로 정권을 잡기에 앞서 군인들은 '사회악 일소 조치'를 발표했다.

> 그동안 우리사회의 저변에서 선량한 국민을 괴롭혀 온 폭력·사기·불륜·마약사범 등 각종 사회적 독소를 뿌리 뽑아 밝고 명랑하고 정의로운 새시대·새 사회를 건설하기 위해 각종 불량배를 위시한 제반 사회악 일소를 위해 「사회악일소 특별조치」를 단행하게 되었습니다.[12]

이 지점에서는 약간의 변주가 있었다. 1961년의 군인들은 도시라는 무대를 어지럽힌다 생각한 이들을 도시인의 시선이 닿지 않는 곳으로 쫓아냈지만, 1980년의 군인들은 이들을 무대에서 완전히 제거하는 대신 길들이는 방식을 택했다. 군인들은 총 60,755명을 검거한 후 40,347명을 대상으로 '삼청교육대'를 만들었다. 그러고는 비인간적 체벌과 강제노역을 통해 이들을 길들이고자 했다. '교육'의 목표는 무대를 어지럽힌다 여겨지는 이들을 무대에서 제거하는 것이 아니었다. 그렇다고 해서 대본을 숙지하고 능숙하게 연기를 수행하는 배우로 만들려는 것도 아니었다. 군인들의 목표는 이들이 무대에서 '함부로 움직일 수 없도록' 만드는 것이었다. 삼청교육으로 인해 사망한 사람은 339명이었고, 장애를 얻은 이는 2,700명에 달했다.[13] 그리고 살아남은 이들은 지역사회의 감시 대상이 돼 행동의 자유를 제약당했다.[14]

잠시의 변주가 끝나자 과거가 반복됐다. 1961년의 군인들이 사회악에 대한 일소와 더불어 '정화'를 외쳤던 것, 그리고 이를 위해 대규모 관제 캠페인을 조직했던 것과 마찬가지로, 1980년의 군인들 역시 '사회정화'를 목표로 대규모 캠페인을 조직했다. '사회정화위원회'가 그것이었다. 1961년 5월 16일로부터 불과 두 달이 지난 7월 20일에 수백만 명의 회원을 가입시켜 출범한 재건국민운동본부처럼, 사회정화위원회는 1980년 9월 1일 대통령 취임 이후 두 달도 되지 않은 10월 28일에 550만 명의 회원으로 출범했다. 각 리와 통마다 20인을, 직장에서는 100명당 20인을, 각 학교에서는 재적 1/3 이상의 학생과 교직원 20인, 학부모 20인을 자동으로 가입시킨 결과였다.[15]

공연 중단에 대한 책임을 자각하라는 주문도, 정신과 의식을 개조하라는 주문도 반복됐다. 앞서 봤던 것처럼, 1980년 9월 1일 취임식에서 전두환은 "새 시대를 여는 데 있어서는 국민 개개인의 의식구조가 바뀌어야" 한다며 의식 개혁을 요구했다. 우리는 이미 1961년의 군인들이 한국사회의 구성원을 향해 "배우지 못하고 부지런하지 못하고, 말이 앞서고, 남에게 기대기를 잘하여 제 구실을 다하지 못"함으로써 공연이 제대로 이뤄지지 못했다고 훈계했음을 봤다. 이와 마찬가지로, 1980년의 군인들을 대표해 무대 위에 선 전두환은 "규칙을 지키지 않고, 약속을 어기고, 남을 헐뜯고, 거짓말을 하고, 불로소득을 꾀하고, 사치와 낭비를 일삼고, 돈으로 매사를 해결하려 하고, 압력으로 이권을 청탁하는 등의 폐습"이 공연을 방해하고 있다고 말했다.[16]

이전의 군인들이 캠페인에 그치지 않았듯, 1980년의 군인들 역시 캠페인을 넘어 도시민을 포함해 대다수의 사회 구성원을 감시·규율·교정하려 들었다. 사회정화위원회는 이 지점에서 앞선 시기의 재건국민운동이나 새마을운동 조직과 달랐다. 자신들의 활동에 법무부, 내무부 산하의 검찰과 경찰을 동원할 수 있는 권한을 가졌기 때문이다.[17] 또한 스스로 단속권을 행사한 후 검찰과 경찰에 이를 고발할 수 있는 권한도 보유했다.[18] 사회정화위원회는 이러한 권한을 매우 광범위한 영역에 걸쳐 활용했다. 이를테면 사회정화위원회는 과열된 사교육이 국민의 가계를 압박하고 계층 간 위화감을 조성시킨다며 1981년 금지된 과외 단속 권한을 갖고 있었다. 수십만 명의 폭력배에 대한 단속은 당연했고, 1983년부터는 불량청소년을 '불량배'라는 이름으로 단속해 화랑교육원이나 충무교육원 등 시설에서 '정신교육'을 이수케 했다. 진료비 부당 청구 같은 일이 발생하는 현장인 병원, 불법 하도급이 발생하는 건설현장 등도 사회정화위원회의 시선 아래에 있었다. 마지막으로 계층 간 위화감을 조성한다는 명분으로 '호화로운' 결혼식과

'호화로운' 장례식, '호화로운' 묘지 역시 사회정화위원들의 감시와 단속의 시선하에 뒀다.[19]

감시의 시선은 단속의 형태로만 존재하지 않았다. 군인들은 '계도'라는 이름 아래 수백만 명의 사회정화위원을 동원해 권력의 대본을 따라 연기하지 않는 이들을 감시했다. 정류장 줄 서기, 차선 지키기, 횡단보도 앞 서행, 여행지에서 쓰레기 버리지 않기, 음주 추태 부리지 않기, 바가지 요금 없애기, 경기장에서는 판정에 불복하지 않기, 경기장에서 술 마시지 않기, 상점에서는 가격 표시 하기, 영수증 주고받기, 명절 건전하게 보내기, 연말연시 검소하게 보내기 등 도시민이 일상 속에서 따라야 할 대본은 넘쳐났다. 물론 감시는 언제든 처벌로 전환될 수 있었다. 1983년 6월 1일, 삼미슈퍼스타즈와 MBC청룡 간의 프로야구 경기 중 삼미슈퍼스타즈의 김진영 감독은 판정이 잘못됐다며 발길질과 더불어 심판에게 거칠게 항의했다. 그 경기는 텔레비전으로 전국에 중계되고 있었고, 청와대도 예외는 아니었다. 경기가 끝난 직후 감독은 경찰에 의해 입건됐고 이튿날에는 검찰에 의해 구속됐다.[20]

일상이라는 오랜 시간의 공연을 해야 할 이들이 이처럼 무수한 대본을 외우기란 불가능할 지경이었다. 사회정화위원들은 일상을 프롬프트로 뒤덮었다. 권력이 마련한 대본을 16글자 또는 그 이하로 압축해 일상의 공간 이곳저곳에서 보이도록 만든 것이다. 그래서 1980년대의 길거리를 걷는다는 것은 수많은 프롬프트 사이를 걷는다는 것을 의미했다. 〈그림 4〉, 〈그림 5〉가 보여주듯 "놀 때는 조용하게, 갈 때는 흔적 없이", "건전한 행락질서 밝은내일

⟨그림 4⟩, ⟨그림 5⟩ 1980년대 '사회정화' 플래카드[21]

⟨그림 6⟩, ⟨그림 7⟩ 사회정화위원회 '근검절약' 포스터[22]

〈그림 8〉 사회정화위원회 거리질서 확립 가두 캠페인[23]

약속한다" 같은 플래카드와, 〈그림 6〉, 〈그림 7〉에서 보이는 "허례허식 하다 보면 이 지경이 됩니다", "번쩍이는 호화의식 우리 살림 좀먹는다" 같은 포스터가 거리를 가득 메웠기 때문이다. 〈그림 8〉에 보이는 대로, 어깨띠와 피켓, 플래카드를 들고 포스터를 나눠주는 이들 역시 1980년대 거리에서 너무나도 쉽게 마주할 수 있었다.

물론 사회정화운동이 1970년대의 일상을 관통했던 새마을운동을 대체한 것은 아니었다. 대통령 취임식 무대 위에 홀로 선 전두환은 새마을운동과 사회정화운동이 함께 갈 것이라고 밝혔다.[24] 민간단체로 전환됐다고는 하지만 새마을운동은 권력으로부터 결코 자유로울 수 없었다. 새마을운동중앙본부의 수장은 전두환의 동생 전경환이었고, 이를 관리하고 통제하며 활동을 계획하는 것은 내무부였다.[25] 불과 4년 남짓한 기간 동안 400억 원에 가까운 예산이 투입된 새마을운동은 7년간 약 320억 원이 투입된 사회정화운동을 재정 측면에서 한참이나 상회했다.[26]

사회정화운동과 새마을운동의 구성원들은 플래카드, 피켓, 포스터, 전단을 통해 권력이 만든 대본을 도시민에게 제공했다. 또한 어깨띠를 두른 모습 그 자체로 일상이 결코 자유롭게 이뤄져서는 안 됨을, 권력의 눈이 언제나 그들을 지켜보고 있음을 환기시켰다. 이러한 장면은 미셸 푸코가 분석한 파놉티콘을 떠올리게 하지만, 1980년대 도시라는 무대에 어깨띠와 피켓을 두르고 나타난 이들은 파놉티콘의 감시자와 사뭇 다르다. 보이지 않는 곳에서 일상을 감시하는 파놉티콘의 감시자들과 달리, 어깨띠를 두른 이들은 일상을 살아가는 이들의 눈앞에 존재했고, 그 존재를 통해 끊임없이 권력의 존재를 상기시켰기 때문이다. 감시하고 규율하는 감시자들의 눈을 계속해서 드러낸다는 점에서, 1980년대의 리바이어던은 수많은 눈을 신체에 달고 있는 그리스 신화 속 거인 아르고스에 비유될 수 있을 것이다.

한편 한국사회의 많은 구성원이 오를 수 있는 무대를 만들지 못한 채, 협소하고 취약한 가설무대를 유지하는 것 또한 이전과 크게 달라지지 않았다. 전보다 조금 더 확장됐을 뿐, 발전이라는 서사를 시각적으로 보여줄 무대는 여전히 협소했다. 앞서 우리는 1970년대 도심재개발 과정에서 빈민들이 도시 외곽으로 밀려났음을 봤다. 그런데 1980년대가 되자 외곽으로 밀려난 빈민의 정착지가 다시 재개발 대상지가 됐다. 연출자들은 재개발의 속도를 높여 도시를 빠르게 무대화하려고 '합동재개발'이라는 제도를 도입했다. 지주와 가옥주, 건설 자본이 자율적으로 재개발을 시행하는 이 제도 때문에 수많은 세입자가 대책 없이 거리로 내몰렸다.[27] 짧게는 1년에서 길게는 5년 안에 분양을 받아야 하는 임대주택은 대안이 되지 못했으며,[28] 국민주택기금의 80퍼센트는 중상류층에게 흘러 들어갔다.[29] 심지어 서울시는 발전이라는 서사와 어울리지 않는다는 판단하에 빈민의 서울 전입 제한 기간을 만들었고, 서울의 빈민을 지방 도시로 이주시켰다.[30]

사회정책이 부의 편중을 강화하는 역진적 재분배 현상도 지속됐다.[31] 의료보험은 1980년부터 세 차례에 걸쳐 규모가 큰 기업 순서로 적용 범위가 확대됐고, 산재보험도 마찬가지였다.[32] 1984년도부터 시작된 기업복지제도 역시 대기업 중심이었다. 30인 이상 사업장은 작업복을 지급하는 정도였지만, 10,000인 이상 사업장은 주택조합을 만들어 아파트를 분양받을 정도로 차이가 컸다.[33] 1987년 민주화의 결과, 최저임금제와 국민연금, 전국민의료보험 등 사회 안전망에 큰 진전이 있기는 했지만, 그 혜택 역시 주로 대기업 종사자들에게 돌아갔다. 예컨대 기업의료보험과 비교했을 때 다른 의료보험의 보장성은 많이 낮았는데,[34] 군인들은 이를 시정하려는 법안을 가로막았다.[35] 1980년의 군인들은 한국사회의 구성원 대다수가 오를 수 있는 넓고도 안정적인 무대를 만들 의지가 없었던 것이다.

달라진 드라마투르기

 우리는 새로운 연출자들이 근대화 대신 민주복지국가, 정의사회, 복지사회 등의 제목을 단 대본을 선택했음을 확인했다. 이렇게 제목이 바뀐 이유는 드라마투르기가 달라졌기 때문이다. 이는 상황 정의의 차이로부터 출발한다. 1980년의 시점에서 한국사회가 후진 상태에 있다는 상황정의는 같았지만, 무엇이 뒤떨어져 있고 무엇이 문제인지를 진단하는 방식은 달랐다. 앞서 우리는 1980년의 군인들이 이때의 한국사회를 혼란과 무질서로 정의하면서, 그것이 조선시대의 전통에 더해 식민과 전쟁 같은 20세기의 역사적 경험에서 기인하는 것으로 판단했음을 봤다. 여기에 군인들은 1960~1970년대의 산업화와 도시화 과정 또한 혼란과 무질서를 창출하는 데 영향을 미쳤다고 덧붙였다.

 물질위주의 근대화로 인하여 전통적 사회윤리가 붕괴되고 새로운 사회윤리가 확립되지 못함으로써 황금만능의 사조가 판을 치며, 기강이 무너지고 불신이 팽배하며 무질서하고 혼탁한 사회를 이루고 말았다. 다시 말하면 국가발전이 너무도 경제 제일주의적인 발전이념에 지배되었고 그에 따른 부작용을 해소할 수 있는 새로운 규범질서를 확립하려는 노력이 뒤따르지 못하였다. (…) 80년 봄의 국가적 위기와 사회적 혼란을 극복하기 위해서는 우리 모두의 의식 속에 잠재되어 있는 혼란된 가치관을 새롭게 하고 사회 전반에 물들어 있는 만성적인 부조리를 과감히 제거하고 살기 좋은 새사회 건설을 위하여 국민의 도덕적 윤리기반을 공고히 해야 할 필요성을 느끼게 된 것이다."[36]

1980년의 군인들은 이제 한국사회가 경제적인 저발전 상태라고 말하지 않았다. 그들은 1961년의 군인들이 추구했던 근대화가 "물질 위주의 근대화"였다고 설명했다. 또한 "하면 된다" 같은 슬로건은 물질적 성장을 뒷받침했지만 질서의식을 만들어내지 못했으며, 그로 인해 1960~1970년대 사이 사회윤리가 퇴락했다고 비판했다.[37] 그 결과 혼란과 무질서가 생겨났고 1980년의 공연 중단 사태를 만들었다는 것이다.

이에 따른 대사의 변화를 가장 잘 보여주는 것이 새마을운동이었다. 1980년대의 연출자들은 1970년대 내내 군인들의 드라마투르기에 있어 너무나도 중요한 역할을 했던 새마을운동에 변화를 가했다. 1970년대의 새마을운동은 농촌에서 시작돼 도시·공장·직장으로 그 영역을 확대했지만,[38] 그럼에도 불구하고 핵심은 '농촌의 근대화'라는 이름으로 농가소득을 늘리는 것이었다. 한편 도시, 공장, 직장의 새마을운동은 농촌의 새마을운동에 비해 그다지 성과를 거두지 못했다고 평가받았다.[39] 이런 상황에서 새마을운동을 새로이 통제한 내무부는 1980년부터 새마을운동이 해야 할 일을 달리 정하기 시작했다. 먼저 주 무대를 농촌에서 도시로 바꿨다. 그리고 이를 통해 만들어져야 할 배우의 상도 달라졌다. 1970년대 새마을운동에서도 의식과 정신을 바꿔야 한다는 말은 있었다. 하지만 여기에는 '잘사는 것'에 대한 욕망과 '빈곤으로부터의 해방'에 대한 의지가 담겨 있었다.⁴⁰ 그러기에 당시의 연출자들이 사회 구성원의 의식을 개혁하고 정신을 개조함으로써 보여주고자 한 퍼포먼스는 생산적이고 근면하며 이윤을 창출할 줄 아는 배우를 무대 위에 세우는 것이었다. 하지만 1980년대의 의식개혁이란 '사회질서'를 확립하는 것, 새로운 질서의식을 창출하는 것이었다.⁴¹ 이로 인해 1980년에 새로 만든 대본에는 '질서'라는 대사가 이전보다 증가했다.

바뀐 것은 또 있었다. 이전 시기, 특히 1970년대 들어 연출자들이 개별 배우의 자유로운 연기를 최소화하고 주어진 대본대로 행동하라고 요구했던 것과 달리, 1980년의 연출자들은 배우들에게 상대적으로 연기의 자유를 허용했다. 1970년대가 발전의 서사극에 자칫 방해가 될 수 있는 일단의 기미까지 차단하고자 머리 길이와 치마 길이, 부르고 듣는 노래에 이르기까지 일상을 군인들의 단속과 감시의 시선하에 둔 시기였다면, 1980년대는 '개방화'와 '자유화'라는 이름으로 군인들의 시선으로부터 상대적으로 자유로운 영역을 창출했다. 일례로 1970년대를 상징했던 감시 조치인 장발 단속은 대통령 취임 일주일 후인 1980년 9월 6일부터 중단됐다.⁴² 1980년대를 상징하는 가장 대표적인 자유화 조치 중 하나는 야간통행금지의 해제였다. 1945년 9월 미군정이 시작해 36년간 지속됐던 야간통행금지는 1982년 1월 6일부로 해제됐다. 이에 대한 논의는 1981년, 서울올림픽의 유치 준비 과정에서 나왔고, 올림픽 개최가 결정된 직후인 그해 10월부터 본격적으로 진행됐으며,⁴³ 1961년의 군인들과 행보를 같이했던 이전 시기의 정치인들을 모아 만든 관제 야당인 국민당의 발의로 11월 초 국회에 상정됐다.⁴⁴ 그리고 12월 본회의에서 통과됨으로써 1982년 1월 6일부터 야간통행금지 조치는 사라졌다.

해외여행의 허용은 1980년대를 상징하는 또 하나의 자유화 조치 중 하나였다. 사회 구성원 모두가 체감할 수 있었던 해외여행 자유화는 1989년에 가서야 이뤄졌지만, 해외 입출국을 통제해왔던 여러 제도는 1980년대 초반부터 단계적으로 완화됐다. 우선 1981년 8월 1일부터 복수여권 도입, 여권 유효기간 연장, 여행국 미기재, 소양교육 유효기간 연장, 구비서류 간소화 등의 조치를 통해 해외 출입국 절차를 간소화했다. 그리고 1983년 1월 1일부터는 일정 금액 이상을 예치한 50세 이상의 성인에 한해 해외여행을 허용했다. 노동자의 월 평균임금이 20만 원 내외였던 시절, 방문 목적시 100만원, 여행 목적시 200만원이라는 예치금은 결코 적지 않아서 사실상 상류층과 중산층에게만 허용하는 조치나 다름없었지만 말이다.⁴⁵ 이에 더해 1980년 12월부터 시작된 컬러텔레비전 방송부터, 1981년 5월 말에 개최된 이른바 '전국 대학생 민속·국학 큰잔치 국풍 81', 1982년 프로야구리그의 탄생, 같은 해부터 허용된 '성인영화', 1983년 프로축구리그의 탄생까지, 여러 문화적 이벤트가 1980년대의 자유화를 상징하는 조치로 여겨진다.

그러나 자유화 조치가 단행됐다고 해서 이전 시기의 군인들이 수행했던, 특히 1970년대에 수행했던 감시와 규율이 사라진 것은 아니었다. 1970년대의 군인들이 사회 구성원을 자신들의 눈 아래에 둬 감시·규율하고자 했다면, 1980년대의 군인들은 이전보다 훨씬 더 많은 사람의 눈앞에 도시민을 노출시킴으로써 감시와 규율의 체제를 이어 나가고자 했다. 1983년 시행된 교복자율화와 두발자유화 조치 이후의 메시지가 이를 잘 보여준다. 이들 조치는 1981년 12월 문교부의 제안으로 1982년 결정됐고 1983년 시행됐다.[46] 하지만 문화공보부는 시행한 지 얼마 지나지 않아 교복자율화로 일부 학생이 사치스러운 복장을 하고 탈선행위까지 저지른다면서 이를 교정하려고 홍보활동을 시작했다.[47] 이때 군인들은 감시와 규율이 사라지지 않았음을, 학교뿐만 아니라 온 사회가 규율의 공간임을 강조했다.

선진조국 창조에 새로운 역사를 펼치면서 우리는 통제와 타율의 사회에서 개방과 자율의 시대를 맞이하고 있습니다. 중·고등학생들은 가장 성숙이 활발하고 감수성이 예민합니다. 학생들이 획일적인 교복을 입음으로써 심리적으로 압박감을 느끼며 이를 벗어나기 위해서 바람직스럽지 못한 길로 하는 경향이 있었습니다. (…) 말하자면 교복자율화의 뜻은 학교에서뿐만 아니라 우리 사회 전체가 학교가 되는 계기를 만들자는 것입니다. 다시 말해서, 우리 모두가 평생교육 체제를 갖자는 것입니다. (…) 이제 학생들은 교복을 입음으로써 사회적 특수층으로 대접받거나 통제의 대상으로 됐던 지난날의 관습에서 벗어나 민주시민의 책임 있는 한 사람으로 훌륭하게 자라도록 해야겠습니다.[48]

해외여행 역시 마찬가지였다. 정부는 해외여행자 대상 교육영화를 통해 감시와 통제는 사라질 수 없음을 한국사회 구성원들에게 상기시켰다. 영화는 조총련에 소속된 외숙을 만났다가 북한에 포섭된 사람, 친구를 만나러 갔다가 월북을 권유받은 사람의 사례를 보여준다. 이를 통해 친구부터 가족에 이르기까지 해외에서 만나는 모든 이를 항상 주시하고 주의해야 함을 주지시키고자 했다. 군인들은 한국사회 구성원이라면 전 세계 어디에 있더라도 감시의 시선에서 자유로울 수 없음을 알리고, 자신의 행동을 스스로 감시함으로써 규율되고 통제된 행위자가 돼야 한다고 강조했다.

그럼에도 불구하고 1980년대는 겉으로는 자유화 조치를 통해 감시와 규율이 다소 느슨해진 것처럼 보이는 시대였다. 자유화 조치를 시행한 군인들과 이를 비호하던 언론은 '비정상의 정상화'라며 해당 조치를 상찬했다.[49] 그러나 비판적인 지식인들은 자유화 조치를 대중의 우민화 또는 '탈정치화'를 통해 독재정치를 공고히 하려는 군인들의 술책으로 봤다. 이와 같은 관점은 오늘날 '금지에서 향유로의 이행' 혹은 '민주화에 대한 열망을 전위하는 전략'이라는 해석으로 이어진다.[50]

그런데 공연론적 관점에서 1970년대로부터 1980년대로의 이행은 드라마투르기의 변화로 볼 수 있다. 1961년의 군인들은 자신들이 연출할 공연이 언젠가는 서구 사람들 앞에서 상연되리라 생각했지만, 자신들의 눈으로 사회 구성원을 정의하고 분류하는 것이 우선이라고 생각했다. '외부의 시선'인 미국을 경험하고 돌아온 군인들이 자신들의 시선을 미국의 시선과 동일시하는 가운데 연출을 수행했던 것이다. 그러고 나서 1970년대에 이르자 사회 구성원을 정의하고 분류하는 시각의 리바이어던은 박정희라는 인물로 수렴됐다. 이와 달리, 1980년대의 군인들은 이전보다 훨씬 더 많은 눈으로 사회 구성원을 분류하고 정의할 뿐만 아니라 감시와 규율, 감금과 전시 등 다양한 수단으로 권력을 행사해 나갔다.

그런 가운데 1981년부터 시각의 리바이어던에 매우 큰 변화가 찾아왔다. 군인-연출자들이 보기에 1986년 아시안게임과 1988년 서울올림픽은 아시아인과 세계인 들로 하여금 한국인이 수행하는 공연의 관객이 되게 만들 메가이벤트였다. 따라서 아르고스의 눈은 군인들이 동원하는 관제 시민사회 구성원의 눈으로만 이뤄질 수 없었다. 아니, '진정한' 아르고스의 눈은 아시안게임과 올림픽이라는 스펙터클을 볼 세계의 눈이었다. 오히려 관제 시민사회는 아르고스의 몸에 자리한 천 개의 눈 또는 손과도 같았다. 이제는 세계인 또는 '외국인'의 눈이 중요해졌기에 그들의 시선에 맞춰야 했다. 그래서 군인들은 밤 12시만 되면 통행이 불가능해지는 것과 같은 '비정상'을 세계인의 시선에 맞춰 '정상화'해야 한다고 판단했다.[51] 그들은 아시안게임과 올림픽이라는 스펙터클의 관객이 될 세계인이 새로운 감시자가 될 것임을 한국사회 구성원에게 상기시킴으로써 감시와 규율의 체제를 유지해 나가고자 했다. 아래 인용문은 이를 잘 보여준다.

야간통행금지가 해제된 지도 만 1년이 넘었습니다. 돌이켜보면 우리는 광복 이후 37년간이나 야간통행금지라는 주재된 시간으로 적지 않은 불편을 받아왔습니다. (…) 우리는 이제 값진 자유를 소중하게 받아들여 방종으로 전락하지 않도록 노력해야 하겠습니다. 물질적인 풍요도 중요하지만 의식의 선진화가 이루어져야만 진정한 선진조국이 창조되는 것입니다. 자율은 질서와 책임이 바탕이 되는 것입니다. 타율에 의해서만 살아온 사람에게는 오히려 자율이 벅찰 때도 있지만 스스로의 판단에 의한 책임 있는 행동이야말로 민주시민으로서의 본분이 아닐 수 없습니다. 우리는 머지않아 88 올림픽과 86 아시안게임을 주최하는 국민이 됩니다. 온 국민이 민주시민의 긍지를 가지고 선진조국을 창조해 가는 참모습을 세계인들에게 자랑스럽게 보여주도록 우리 모두가 힘써야 하겠습니다.[52]

그런 점에서 1980년대 일련의 자유화 조치는 공연을 보는 시선을 누구의 것으로 상정하느냐에 따른 드라마투르기의 변화로 해석할 수 있다. 1986년 아시안게임과 1988년 서울올림픽은 한국사회 구성원을 분류·정의하고 감시·규율하며 감금·전시하는 시각의 주인을 군인에서 세계인으로 변화시키는 계기였다. 이에 따라 1981년부터 대본과 연출은 물론, 배우의 대사와 동선, 무대까지 크게 바뀌기 시작했다.

4장

공연은 계속돼야 한다

우연히 손에 넣은 대본

　IOC의 규정상 올림픽을 개최하는 주체는 국가가 아니라 도시다. 원론적으로 볼 때 올림픽은 대통령의 유고와 큰 관계가 없다. 서울시장 정상천은 대통령의 죽음 이후에도 한동안 직무를 계속했다. 그럼에도 불구하고 계획은 중단됐다. 올림픽 유치 계획은 리바이어던의 오른팔이었던 박종규가 제안하고, 리바이어던의 머리이자 몸통이었던 박정희가 수용했기에 진행될 수 있었기 때문이다.[1] 1980년이 되자 올림픽을 추진하던 이들도 하나둘 사라졌다. 박종규는 6월 17일 김종필 등과 함께 부정축재자로 지목돼 7월 14일 대한체육회장을 사임했다. 문교부장관 박찬현은 1979년 12월에 이미 사임한 상태였고, 후임 장관이었던 김옥길조차 1980년 5월 24일에 이규호로 대체됐다.[2] 정상천 또한 1980년 9월 1일 전두환의 취임과 동시에 서울시장직을 사임했다. 리바이어던의 부재로 인한 무질서는 대중보다 오히려 엘리트에게서 뚜렷하게 드러났다.[3]

1980년 9월 1일 전두환이 새 정부를 만들면서 논의는 재개됐지만, 처음부터 다시 이뤄져야 했다. 1년 전에 대통령의 재가를 받고 전 국민에게 공개적으로 발표했음에도 말이다. 9월 29일, 박종규의 뒤를 이어 대한체육회장이 된 조상호, 그리고 그와 함께한 대한체육회의 관료들은 올림픽이라는 공연을 서울이라는 무대에서 상연하기 위한 신청서를 제출하는 것이 과연 타당한지에 대해서도 합의를 이루지 못했다. 최종시한 11월 30일을 한 달도 채 남겨두지 않은 11월 6일에 이르러서야 연극의 대본을 손에 넣으려 시도할 때 국민의 지지 부족, 국제사회의 불신 등으로 잃을 것보다 국가 이미지 상승, 1986년 아시안게임 유치에 도움, 후보국으로서의 명예, 신청서 작성 경험 등 얻을 것이 좀 더 있다는 정도의 기초적인 판단만을 했을 뿐이다.[4] 이 시점에서도 개최 도시인 서울시의 판단은 회의적이었다. 무대가 제대로 갖춰지지 않은 서울에서 공연이 상연되도록 허락할 수는 없고, 만일 상연을 허락받아 그럴듯한 무대를 만드는 데 성공한다면 국내 다른 도시들과의 차이가 너무 심하게 벌어진다는 것이 이유였다.[5] 11월 28일, 시한을 단 이틀 남긴 상황에서 문교부장관 이규호는 대한체육회의 찬성 의견과 서울시의 반대 의견을 모두 전달했다. 이틀 전까지도 결정을 못한 상태이니 7년 후 올림픽이라는, 전대미문의 스펙터클을 서울에서 펼쳐 보이겠다는 계획은 IOC에 전달되지도 못한 채 사장될 운명임이 자명했다.

그런데 상황이 일거에 바뀌었다. 전두환의 결정 때문이었다. 그는 "전임 대통령이 결심한 사안을 특별한 이유 없이 변경할 수 없을 뿐 아니라, 역사적인 사업을 추진해보지도 않고 처음부터 물러나서는 안 된다."라고 말하며 신청서를 제출하라고 지시했다. 대한체육회는 12월 2일 IOC 사무총장에게 신청 의사가 있음을 알렸다. 이 시점에서 1988년 하계올림픽을 신청한 도시는 일본의 나고야, 호주의 멜버른, 그리스의 아테네였다.[6]

그렇다면 1980년 11월 28일까지 올림픽과 관련해 어떤 논의와도 무관했던 전두환이 갑작스레 단호하게 결정을 내린 이유는 무엇일까? 완전한 내막을 알기란 어렵다. 하지만 한 가지 중요한 단서는 존재한다. 1955년 이후 장기 집권을 이어오던 일본 자유민주당(自由民主党; 자민당) 인사들과의 만남이 그것이다. 1980년 8월, 전두환을 포함한 군인들은 정권을 장악하는 막바지 단계에 이르렀다. 그때 그들은 삼성그룹 이병철 회장의 주선으로 이토추상사 세지마 류조(瀨島龍三) 대표와 도큐그룹 고토 노보루(五島昇) 회장과 만났다. 이들은 일본 자민당의 브레인, 정계의 흑막이라 불렸고, 1981년 40억 달러 차관 협상을 주도하는 등 한국과 일본 사이에서 여러 역할을 했다.[7] 세지마와 고토는 1964년 도쿄올림픽이 가져다준 효과를 설명하면서 올림픽이라는 거대한 스펙터클이 "국민의사 집결 및 경제 활성화"에 요긴하다고 피력했다. 이는 세지마 류조가 자서전에서 밝힌 내용으로,[8] 전두환 역시 자서전에서 올림픽을 서울에서 개최하겠다는 생각을 가진 계기가 세지마·고토와의 만남이었다고 증언했다. 이들이 "사회분위기를 일신하고

국민의 힘과 지혜를 모으려면" 올림픽을 유치해야 한다고 조언했다는 것이다.[9]

유치 신청 의사를 전달했다고 해서 논의가 끝난 것은 아니었다. 1980년 12월 15일 IOC가 서울시에 보낸 질의서는 새로운 국면을 열었다. 질의서는 올림픽을 서울에서 상연하기 위해 필요한 모든 무대시설을 갖출 수 있는지를 무려 151쪽에 걸쳐 물었다.[10] 이는 무대시설을 만들고 스펙터클을 상연하는 데 얼마나 많은 비용이 들어가는지를 주지시키고, 이를 반드시 준비하겠다는 서울시의 확답과 대통령의 보증을 요구하는 것이었다. 서울시는 기한인 1981년 2월 28일보다 4일 앞서 답변서를 제출했다. 이 시점에서 답변서를 제출한 도시는 일본의 나고야와 한국의 서울이었다.[11]

문제는 질의서에서 요구하는 사항이 관료들의 계산을 훨씬 웃돈다는 데 있었다. 1979년의 예측과 달리 22개 종목 중 절반 이상의 경기장을 새로 지어야 했고, 프레스센터·방송센터·선수촌·기자촌 등 부대시설도 새로 만들어야 했다. 이로 인해 1979년 당시 2,500억 원으로 잡았던 경기장 및 부대시설 추정 예산은 1981년 3월 18일 시점에서 6,900억 원으로 두 배 이상 증가했다. 서울시는 경기장과 별도로 서울이라는 무대를 전반적으로 꾸미는 데 2조 5,000억 원의 예산이 필요하다고 봤다.[12] 4월 16일에는 추정 예산이 직접비 6,100억 원, 간접비 1조 9,500억 원으로 약간 줄어들었지만,[13] 1979년의 경제위기에서 아직 탈출하지 못하고 있던 정부의 입장에서는 너무나도 부담스러운 금액이었다.

더 문제는 군인과 관료를 통틀어 서울이 나고야를 이기리라 생각한 이는 없었다는 것이다. 1981년 2월 문교부는 1988년 올림픽은 가능성이 희박하고, 1986년 아시안게임이 그나마 가능성 있다고 판단했다.[14] 3월 18일에도 나고야에 뒤처진 유치 활동, 공산권 국가들과의 국교 미수립 등으로 인해 서울이 나고야를 이기기 어렵다고 봤다.[15] 이에 따라 4월 27일 회의에서는 대통령까지도 올림픽을 서울에서 개최하는 것은 무리라는 데 동의했다. 관료들은 나고야에 하계올림픽을 양보하는 대신, 일본이 한국의 아시안게임 개최를 지원해달라고 제안하기로 결정했다.[16] 하지만 이 거래마저 성사되지 못했다. 일본 IOC 위원 기요카와 마사지(清川正二)는 올림픽과 아시안게임을 주고받자는 한국 측의 제안에 답하지 않았다.[17]

1981년 5월 16일, 군인과 관료 들은 올림픽이라는 공연의 대본을 서울에 내달라는 신청서를 철회하지 않기로 했다. 누가 봐도 불가능했지만, 불과 4개월 남은 시점에서 신청을 철회하면 국제사회 내 위신이 손상된다는 것이 이유였다.[18] '국제사회 내 위신 손상'은 논의 초기에 중요한 사항으로 고려되지 않았는데, 이날의 결정 이후 갑자기 속도전이 진행됐다. 5월 19일에는 국무총리·안기부·경제기획원·외무부·문교부·문화공보부·서울특별시·대한체육회·대한올림픽위원회가 함께하는 '올림픽유치대책위원회'가 만들어졌고,[19] 현대의 정주영·대우의 김우중·한진의 조중훈·동아의 최원석 등 기업인을 포함시킨 민간 조직 '1988 서울올림픽 준비위원회'가 만들어진 것은 5월 28일이었다.[20]

재벌 기업을 동원한 것은 올림픽이 기본적으로 정부가 아닌 민간 또는 시민사회가 주도하는 행사여야 한다는 IOC의 방침에 따른 것이었지만, 군인과 관료의 힘만으로는 올림픽이라는 스펙터클의 대본을 손에 넣기 어렵다는 판단에 따른 결과물이라고 보는 것이 합리적이다. 또한 노태우와 유학성 등 전두환과 함께 무력으로 권력을 잡은 군인들이 나섰기에 재벌 기업주들을 단기간에 동원했다고 볼 수 있겠지만, 1961년의 군인들부터 계속해서 재벌 집단과 긴밀한 관계를 형성해왔다는 점도 고려해야 할 부분이다. '발전국가'라 불리는, 관료들이 전략을 수립하고 재벌을 포함한 대기업은 그 전략을 수행하며,[21] 군인들은 사회 구성원을 동원하거나 규율하되 그 목소리는 억압하는 체제가 1960년대 초반부터 지속됐다는 것은 잘 알려져 있다.[22]

훗날 연출자들이 되는 군인, 관료, 대기업주 들은 1981년 6월부터 9월 말까지 4개월간 일종의 총력전을 수행했다. 그리고 6월 26일 82명의 투표인단 중 8명으로 시작한 서울 지지세는 8월 10일 25명(지지 11, 호의 14), 9월 6일 31명(지지 21, 호의 10), 9월 18일 33명(지지 27, 호의 6), 9월 24일 39명(지지 26, 호의 13)을 거쳐 9월 27일에 이르자 지지 31명, 호의 16명으로 과반을 넘었다. 9월 30일 최종 투표 결과는 서울 52표, 나고야 27표였다.[23] 이러한 결과는 연출자들의 유능함을 보여주는 것 같지만, 그것만으로 설명할 수는 없다. 연출자들은 불과 몇 달 전만 해도 일본과 거래가 성립되면 올림픽 개최 신청을 철회하려 했기 때문이다. 올림픽을 서울이라는 무대에서 개최하고자 하는 생각은 체계적이고 지속적인 논의와 준비의 결과가 아니라 상황에 따른 즉흥적인 판단과 대응의 결과였다.

그럼에도 불구하고 IOC가 올림픽을 서울에서 개최하기로 결정한 데는 매우 중요한 두 가지 변수가 있었다. 첫 번째는 올림픽 개최에 필요한 시설의 여부였다. 1977년도부터 올림픽 개최 활동을 시작한 나고야였지만, 1981년 시점에서도 서울과 달리 경기장이나 올림픽 관련 인프라를 만들지 못한 상태였다. 반면에 서울은 앞서 봤듯이 1970년대부터 시작한 잠실경기장 공사가 이미 상당 부분 진척되고 있었다. 또한 잠실지구는 도시설계 당시부터 올림픽 개최를 염두에 뒀으므로 도로 등 경기장 주변 사회간접자본 역시 나고야보다 나았다. 호텔 등 도시가 필요로 하는 시설에 있어서도 마찬가지였다.[24] 두 번째는 전 세계적으로 스포츠에 큰 영향력을 행사하고 있던 브랜드 아디다스(Adidas)와의 거래였다. 어느 고위관계자의 메모가 남아있는 공문 하단에는 아디다스 사장 호르스트 다슬러(Horst Dassler)의 이름이 표기돼 있다(〈그림 9〉와 〈그림 10〉 참조). 아디다스는 1950년대부터 선수들에게 아디다스 스포츠용구 사용을 대가로 후원금을 제공하기 시작해, 1968년 멕시코시티올림픽에 즈음해서는 IOC의 규정을 어기며 공공연히 선수들을 후원했다.[25] 1970년대부터는 각국 스포츠협회와 IOC 위원, 세계육상연맹(IAAF), 국제축구연맹(FIFA) 같은 거대 스포츠 단체에도 상당한 영향력을 행사했다. 후안 안토니오 사마란치(Juan Antonio Samaranch) IOC 위원장부터 아디다스의 후원을 받는 인물로 여겨졌다.[26] 9월 24일과 25일 두 번에 걸쳐 정주영 등 한국 측 관계자를 만난 다슬러는 44표 득표를 장담할 정도로 자신의 영향력을 과시했고, 거래의 대가로 미주지역 올림픽 방송중계권과 올림픽 후원사 선정권을 요구한 것으로 알려졌다.[27]

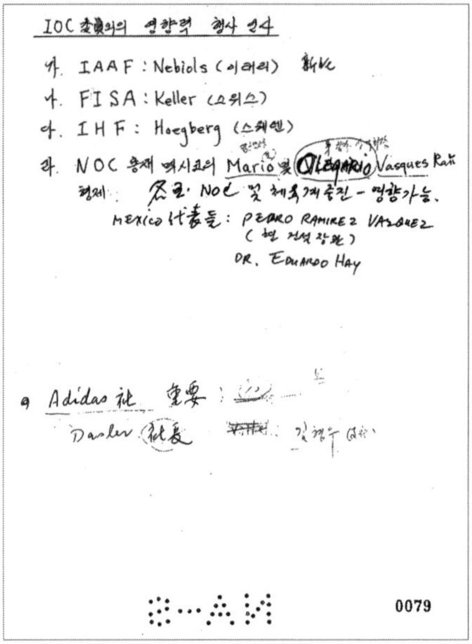

〈그림 9〉 서울올림픽 관련 공문 메모[28]

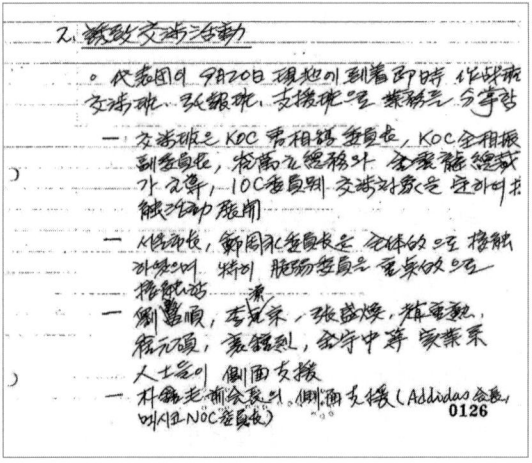

〈그림 10〉 박종규 활동 관련 메모[29]

서울올림픽과 비교했을 때 1986년 서울아시안게임 개최 신청은 비교적 부침을 덜 겪었다. 정부는 1970년대 잠실경기장 개발 당시부터 1980년대 들어 아시안게임을 개최하겠다는 목표를 세운 바 있었다. 그래서인지 아시안게임의 개최 논의는 리바이어던이 부재하던 기간에도 지속됐다. 대한체육회는 1980년 3월부터 1986년 아시안게임 유치 신청서를 작성했고, 이 안건은 4월 4일 실무자회의와 14일 차관회의, 15일 국무회의를 차례로 통과했다.[30] 21일에는 대통령 최규하의 재가를 얻었고, 24일에는 신청서를 AGF에 제출했다.[31] 이후 대통령 교체라는 격변이 있었지만 아시안게임에 관한 논의는 후퇴한 적이 없었다. 1980년 7월 올림픽 기간 중에 개최지 모스크바에서 AGF 총회가 예정되자, 한국 정부는 미국 정부의 반대에도 불구하고 IOC 위원을 포함한 체육계 인사들을 파견할 정도로 아시안게임을 서울에서 개최하겠다는 의지가 확고했다. 1981년 4월 당시 예상을 뛰어넘는 개최 경비로 인해 올림픽 개최를 계속해서 반대했던 서울시장조차 아시안게임만큼은 자신 있다고 할 정도였다.[32]

그렇다고 해서 아시안게임 유치가 수월하게 이뤄진 것은 아니었다. 앞서 봤던 것처럼 당시 한국은 사회주의권과 제3세계는 물론 이른바 자유진영에서도 고립될 위기 속에 있었다. 그런데 아시아라는 대륙을 구성하는 다수의 국가는 서구로부터 제2차세계대전 이후 독립한 나라들이었고, 사회주의권으로 분류되거나 1950년대부터 비동맹운동을 주도하는 국가들도 상당수 존재했다. 이들 국가가 서울을 개최지로 선정할지는 미지수였다. 실제로 AGF는

기한을 넘겨 신청한 북한과 이라크의 신청서를 접수했고 표결을 계속해서 미뤘다.³³

군인들은 아시안게임을 위해서도 다시 한번 재벌들에게 손을 내밀었다. 현대의 정주영과 이명박, 쌍용의 김석원, 대우의 김우중, 동아의 최원석, 삼성의 이건희, 한양의 배종렬 등 중동을 포함해 아시아를 대상으로 사업을 진행해온 재벌 기업가들을 활용한 것이다.³⁴ 1981년 10월 이라크가 신청을 철회하고 난 후에도 한국 정부는 자신할 수 없었다. 당시로서는 총 31표 중 과반을 차지하기는 어려우며 평양이 아시안게임의 무대가 될 수도 있다는 판단이 우세했다.³⁵ 하지만 11월이 되자 점차로 서울을 지지하는 표가 늘어나 서울과 평양은 각기 14대 9, 16대 10의 예상 스코어를 기록했다.³⁶ 11월 24일, 평양은 개최 신청을 철회했고, 11월 26일 개최된 AGF 총회는 1986년 아시안게임의 상연 무대를 서울로 결정했다.³⁷

흥행작 따라 하기: 1964년 도쿄올림픽

더 이상 '전후(戰後)'가 아니다!

일본을 발전국가의 전형으로 설명하고자 했던 찰머스 존슨(Chalmers Johnson)은 '계획합리성(plan-rational)'이라는 개념을 통해 국제적인 지위 상승을 위한 관료들의 계획과 기업을 동원한 실행이 발전국가를 특징짓는 요소라 말한 바 있다.³⁸ 그리고 앨리스

암스덴(Alice Amsden)을 포함한 전문가들은 한국 역시 이러한 요소를 공유하고 있다고 본다.³⁹ 경제계획만을 고려한다면 이러한 주장은 상당한 설명력을 가진다 할 것이다. 하지만 관료들이 수행하는 모든 영역에서 그러한 양상이 드러나는 것은 아니다. 올림픽과 아시안게임의 유치는 계획의 산물이라기보다 우연적 내지 우발적 기획과 행동의 산물이었다. 이를 준비하는 과정 역시 계획만으로는 설명할 수 없다. '모방'이야말로 중요한 키워드라 하겠다. 세지마 류조와 고토 노보루가 전두환에게 소개한 1964년 도쿄올림픽은 올림픽 관련 결정에 있어 매우 중요한 참조점이었다. 그리고 올림픽 유치 이후 관료들에게 있어서도 1964년 도쿄올림픽은 단순한 참조를 넘어 충실한 모방의 대상이 됐다. 도쿄올림픽은 연출자들에게 공연 연출을 위한 교본과도 같았던 것이다.

  1964년 도쿄올림픽은 일본의 제2차세계대전 패전과 전후 복구라는 서사와 관계 있다. 19세기 말부터 20세기 초까지 계속해서 제국주의적 팽창의 길을 걷던 일본의 수도 도쿄는 1936년 베를린 올림픽 기간 중 차기 올림픽 개최권을 갖게 됐다. 하지만 이듬해 일본 정부는 중일전쟁을 일으킨 후 스스로 개최권을 반납했고, 그렇게 시작한 전쟁은 처참한 패전으로 마무리됐다. 1945년부터 7년간 일본은 외교권도, 올림픽에 참가할 자격도 갖지 못했다. 그런 일본이 다시 외교권을 갖고 국제사회의 일원이 된 것은 1952년 4월 28일 샌프란시스코강화조약이 발효되면서부터였다. 그리고 도쿄에서 올림픽을 치르겠다는 구상은 조약 발효로부터 불과 10일 정도 지난 5월 9일에 발표됐다. 도쿄도지사 야스이 세이치로(安井誠

一郞)가 훗날 야스이의 뒤를 이어 도쿄도지사가 된 당시 일본체육협회장 아즈마 료타로(東龍太郞) 등과 협의를 거친 뒤 발표한 것이었다.⁴⁰

도쿄올림픽을 연출한 이들은 자민당 정치인들이었다. 도쿄는 우선 1960년 하계올림픽에 도전했지만 1차 투표에서 실패했다. 그러자 자민당 정권은 1957년 '스포츠진흥심의회'를 내각에 설치함으로써 올림픽에 본격적으로 관여하기 시작했다. 1959년 올림픽 개최 결정 이후, 1962년부터는 올림픽담당장관(オリンピック担当大臣) 직을 설치했다. 그리고 가와시마 쇼지로(川島正次郞), 사토 에이사쿠(佐藤榮作), 이케다 하야토(池田勇人, 총리 겸임), 고노 이치로(河野一郞) 등 자민당 고위 정치인들이 올림픽 관련 사업을 차례로 담당했다. 애초에 야스이 세이치로가 통합 이전 자유당(自由黨)과 민주당(民主黨) 양당 추천 후보였고 아즈마 료타로 또한 자민당 추천 후보였다는 점에서, 이 사업은 중앙과 지방을 막론하고 자민당 정권과 매우 긴밀한 관계 속에 있었던 것이다.

이들 연출자는 1964년 도쿄올림픽이라는 스펙터클이 약 2주간 진행되는 스포츠인의 축제로만 기능하지 않아야 한다고, 자신들의 역할 또한 이 무대를 준비하는 데 그치지 않아야 한다고 생각했다. 비록 IOC는 어디까지나 스포츠인들이 주인공이어야 하고, 개최 도시와 개최 국가는 무대를 마련하는 역할에 그쳐야 한다고 강조해왔지만, 도쿄의 연출자들은 스포츠 이벤트가 선수들에게 무대를 마련하는 것뿐이 아님을 잘 알고 있었다.⁴¹ 그랬기에 이들은 올림픽에 이중의 목표를 부여했다. 우선 전쟁을 연상시키는 이미지를 벗어나 국제사회의 일원이 됐음을 보여주는 것이 일차적인 목표였다.

> 평화를 회복하고 국제무대에 복귀한 일본의 본모습, 실로 평화를 희구하고 있는 일본의 소박한 모습을 어떻게 하면 세계인에게 이해시킬 것인가? 자칫 희망을 잃기 쉬운 청소년들에게 어떻게 하면 밝은 서광을 비춰줄 수 있을까, 이에 대해 고심한 결과 올림픽대회를 도쿄에 유치해 개최하는 것이 매우 바람직(…)[42]

올림픽 구상이 샌프란시스코강화조약으로 일본이 국제사회에 복귀한 시점과 맞물려 있음을 고려했을 때, 전쟁을 떠올리게 하는 국가라는 이미지를 탈피하려고 올림픽을 개최한다는 진술은 충분히 예상할 수 있는 것이다. 그런데 청소년에게 서광을 비춘다는 말은 무엇을 의미할까? 이는 도쿄올림픽이 단순히 '국제사회'라 불리는 관객들에게 새로운 이미지를 보여주는 무대에 그치지 않고, 국내 사회에 대해서도 특정한 효과를 노린 것임을 보여준다. 위 인용문의 앞부분은 도쿄올림픽이 무엇을 노렸는지에 대해 단서를 제공한다.

> 여기에는 질서도 없었다. 도덕도 없었다. 물론 경제도 문화도 아무것도 없었다. 다만 있는 것은 인간이 산다고 하는 탐욕스럽기만 한 본능뿐이었다. 특히 도쿄는 힘들었다. 많은 이가 살던 집을 잃고, 직업을 잃고, 부모도 자식도 형제도 흩어지고, 자칫하면 희

망마저 잃기 쉬웠다. 살인·강도·절도 등의 범죄는 속출하고, 소비 물가는 쉬쉬하는 가운데 봇물 터지듯 했고, 이른바 그 시대를 살아가는 이들은 모든 면에서 하층의 생활을 강요받았다. 사람들은 전쟁 지도자를 원망하고, 당시의 위정자에게 욕설을 퍼부으며, 일단 입을 열면 무책임한 자유를 퍼뜨렸다.[43]

이는 도쿄도 정부가 묘사한 패전 이후의 도쿄였다. 빈곤과 무질서 그리고 희망과 목표의 부재가 패전 후의 도쿄라는 것이 이들의 판단이었다. 마치 1961년 서울의 군인들처럼, 또 1980년 서울의 군인들처럼 도쿄의 연출자들 역시 전후 도쿄를 공연이 중단된 공간으로 봤던 것이다. 공연 중단의 공간으로 전후 도쿄를 해석한다면, 청소년에게 비출 서광의 의미도 명확해진다. 이는 일본의 젊은이들을 무대에 세워 조명을 비추겠다는 말이자, 이들을 대본에 따라 공연을 수행하는 배우로서 훈련시키겠다는 말에 다름 없었다. 국제적으로는 일본의 이미지를 바꾸고 국내적으로는 중단됐던 공연적 삶 또는 사회적 드라마를 재개하는 것, 이 두 목표는 서로 연결돼 있었다. 1952년 당시 도쿄의 연출자들이 생각했던 공연은 전쟁에서 평화로 이어지는 서사를 지닌 것이었을지도 모른다. 하지만 1959년 개최 결정 이후 연출자들이 계획한 공연은 패전에서 부활로, 또는 패전으로 중단된 근대화의 완성으로 이어지는 서사를 지닌 것이었다. 그랬기에 연출자들은 근대화된 국가 일본과 근대 도시 도쿄를 올림픽으로 보여주는 것을 매우 중시했다. 도쿄올림픽 직후 총리가 된 사토 에이사쿠 당시 올림픽담당장관은 다음과 같이 말했다.

전 세계의 사람들이 아시아에서 처음으로 열리는 올림픽대회로서 도쿄대회에 큰 관심을 갖고 있으며, 많은 외국인이 일본에 올 것입니다. 우리들은 이 기회에 부흥된 새로운 일본의 참모습을 전 세계의 사람들에게 보여주고자 합니다. 우리가 전 세계에 어떠한 인상을 줄 것인가는 곧 국제사회에서의 일본에 대한 평가로 이어진다고 생각됩니다.[44]

도쿄도지사 아즈마 료타로는 도쿄올림픽의 준비 상황을 알리는 잡지 《도쿄도올림픽시보(東京都オリンピック時報)》의 창간사에서 근대화된 도시 도쿄를 보여주려면 무엇을 바꿔야 할지를 보다 구체적으로 언급했다.

아시아 최초로 열리는 도쿄올림픽이야말로 5대륙을 표징하는 오륜 마크를 명실상부 완전케 하며, 근대 올림픽 부흥의 아버지 피에르 쿠베르탱의 이상을 실현하는 국민외교의 최대의 장이라 믿습니다. 우리들은 최선의 결과를 낳을 수 있기를 바라면서 4년 후의 우리 도쿄가 명실상부한 국제적인 근대 도시로서 세계의 사람들을 맞을 수 있도록 도시교통, 환경위생, 상하수도, 주택 등의 정비에 성실히 임하고자 합니다.[45]

도쿄올림픽 기록영화를 담당한 영화감독 이치카와 곤(市川崑)은 한층 더 명확하게 도쿄가 보여줘야 할 것이 무엇인지 이야기했다. 그는 올림픽에 대한 기록영화를 통해 "아직은 서구 국가들의 생활에 미치지 못하는" 아시아·아프리카 국가 중 하나인 일본과 "혼란과 무질서의 에너지를 가진 대도시"인 도쿄가 "근대화의 길을 착착 걷고 있는" 모습을 보여줄 것이라 말했다.[46] 1964년 도쿄올림픽은 전쟁에서 평화로의 서사가 아니라, 전근대에서 근대로의 서사에 기초한 공연임을 분명히 한 것이다.

무대 만들기

이제 도쿄의 연출자들은 패전에서 근대로 이행한 도시 도쿄를 보여주려고 두 가지 준비 과제를 수행했다. 연출자들의 눈에 패전 이후 무질서하게 확장되던 도시 도쿄의 경관을 재구성하는 것, 그리고 그들의 눈에 중단된 것만 같던 공연적 삶이 재개되도록 대본을 만들고 사회적 삶에 질서를 부여하는 것이었다.

첫 번째 준비 과제를 위해 도쿄의 연출자들은 '1조 엔의 올림픽'이라는 별명을 얻을 만큼 많은 예산을 투여했다. 도쿄올림픽을 위해 사용된 9,870억 엔이라는 예산은 일본 국내총생산(Gross Domestic Product, GDP)의 약 3.1퍼센트에 해당하는 금액이었다.[47] 연출자들은 올림픽을 앞두고 미군이 활용하던 워싱턴하이츠(Washington Heights)와 캠프 드레이크(Camp Drake)를 반환받아 올림픽 시설로 활용했고,[48] 일본 전통 건축을 모티브로 경기장을 설계했다(〈그림 11〉과 〈그림 12〉). 그럼으로써 한편으로는 패전의 흔적을 지우고, 팽창주의적이었던 20세기 일본이 아닌 19세기 이전의

〈그림 11〉 요요기 국립경기장[49]

〈그림 12〉 고마자와 올림픽공원[50]

'평화로운' 일본의 이미지를 무대 전면에 내세우고자 했다.

경관의 질서를 위해서는 도로가 매우 중요했다. 도쿄의 인구는 1945년 당시 350만 명에서 1960년 800만 명까지 급속하게 증가했고, 이에 따라 도시가 무계획적으로 팽창했다. 1958년 입안된 수도권정비계획은 이 문제를 도로망 확충과 위성도시 건설을 통해 해결하려고 만들어진 것이었는데, 도쿄올림픽은 여기에 완성 시한을 부여했다. 도쿄도가 《도쿄도올림픽시보》 창간호의 첫 기사로 게재한 것도 올림픽과 수도권정비사업이었고, 그 주요 내용은 도쿄 외곽순환도로, 도쿄 중심부와 외곽을 잇는 방사도로, 그리고 수도고속도로 등 총 22개 노선이었다.[51] 기존의 도로를 확장하기 위해 약 5만 명이 반강제로 이주해야 했고,[52] 수도고속도로는 토지 보상 문제를 피하려고 다수 구간을 하천 위에 만들었다.[53] 이들 도로, 그중에서도 수도고속도로는 뉴오타니호텔(ホテルニューオータニ), 도쿄프린스호텔(東京プリンスホテル) 등 올림픽을 위해 만들어진 대형 건축물과 함께 근대 도시 도쿄를 보여주는 주요 무대장치로 자리매김했다.[54] 그리고 올림픽 개막에 맞춰 개통한 세계 최초의 고속철도인 신칸센(新幹線) 역시 일본의 근대화를 보여주는 무대장치였다.[55]

하지만 새롭게 무언가를 만드는 것 말고도 필요한 것이 더 있었다. 경관의 질서를 방해하는 무언가를 없애는 일이 바로 그것이었다. 대표적인 것이 도쿄 여기저기 난립했던 옥외광고물을 철거하는 사업이었다. 이때 도쿄도가 세운 방침은 도쿄올림픽의 공연적 성격을 명확히 보여준다. '외국인'의 시선이 기준이었기 때문이다.

3년 후로 다가온 도쿄대회에는 선수·임원을 포함, 다수 외국인 관객의 방일이 예상된다. 하지만 개최도시로서의 명예를 짊어진 수도 도쿄의 외관은 어떠한가? 철도연선, 도로변에 늘어선 불량 광고물이 도쿄를 방문하는 외국인의 눈에 어떻게 보일까? 이번에 도에서는 수도 도쿄의 품위와 수도미의 향상을 위해 종래 실시되어오던 옥외광고물 단속을 보다 적극적으로 추진하기로 했다.[56]

이처럼 외국인의 시선을 중시하자 그들의 시선이 닿는 곳의 경관이 우선 질서의 대상이 돼야 했다. 연출자들은 외국인의 시선이 닿는 곳을 옥외광고물 금지구역으로 정했다. 경기장 주변, 하네다 공항, 신칸센, 수도고속도로, 모노레일 주변이 이에 해당했다. 올림픽이 다가오자 마라톤 코스, 수상경기장, 사격경기장 근처를 옥외광고물 금지구역에 추가했다.[57]

배우 만들기

도쿄의 연출자들에게 있어 무대에 설 이들이 대본을 따르도록 만드는 것은 무대장치만큼이나 중요한 사안이었다. 이를 위해 도쿄도의 올림픽준비국을 포함해 다양한 기관이 사회 구성원의 일상을 캠페인으로 뒤덮었다.[58] 도쿄도 위생국은 연간 이틀에 한 번 꼴로 올림픽 관련 텔레비전 방송 홍보, 매주 1회 이상의 라디오 방송, 도내 자치회 대상 월간지《마을과 생활》, 격월간 올림픽 홍보지《도쿄도올림픽시보》등을 통해 정기적으로 도쿄 시민의 습속 개조를 위한 캠페인을 수행했고,《올림픽 입문》,《올림픽 이야기》,《도쿄를 밝고 즐겁고 청결하게》,《도쿄올림픽을 위하여》 등 수십만 부의 부정기 인쇄물도 추가로 발행했다.[59] 연간 수십 차례의 홍보영화 상영회와 순회 전시회가 여기에 더해졌다.[60]

그렇다면 이 캠페인들은 무엇을 말했는가? 1961년 봄 4개월간 방송된 〈푸른 눈·슬쩍·뜨끔(青い目·ちらり·ちくり)〉은 좁게는 도쿄 시민, 넓게는 일본 국민 모두가 무대 위의 배우라는 점을 주지시키기 위한 라디오 프로그램이었다. 일본에 살거나 방문한 외국인이 느끼는 일본에 대해 대담 형식으로 이야기하는 가운데, 서구인의 시선으로 일본인의 습속을 점검케 하는 것이 프로그램의 취지였다. 예를 들어 일본 학생들을 데리고 미국 수학여행을 다녀온 미국인 교사를 초대해 미국과 일본의 공중도덕을 비교하는 식이었다.[61] 이어서 4개월간 방송된 〈도쿄를 채점한다(東京を採点する)〉, 그 후 4개월간 계속된 〈외국인에 강해집시다(外国人に強くなりましょう)〉 모두 마찬가지였다. 도쿄 사람들에게 배우임을 자각시키고 대본을 따라 행동할 것을 계속해서 강조하는 것이 이들 프로그램의 목적이었다.

자민당 정권에는 패전 이전 사회 구성원의 사상과 습속을 통제하고 지도하고자 했던 내무성 출신이 다수 포진해 있었다.[62] 그런 연출자들이 캠페인에만 그쳤을리 만무하다. 연출자들은 "풍기(風気)가 문란하지 않은 도시"를 목표로 공권력을 활용했다.[63] 이들은 일본사회의 구성원들에게 '위생'과 '도덕'이라는 대본을 숙지시키려고 이전보다 한층 적극적으로 감시와 처벌을 수행했다. 우선 경찰 당국은 1962년부터 도쿄의 번화가를 감시하기 시작했다. 도로

교통법, 경범죄법, 풍속영업단속법, 물가통제법, 담배전매법, 총포도검류소지단속법 등 다양한 법령을 활용해 암표상, 날품팔이, 강매, 폭력캬바레 등으로 명명되는 다양한 '가두범죄자'들을 감시·처벌했고, 매춘방지법을 이용해 '풍속사범'들도 잡아들였다. 또한 유흥가의 영업시간을 제한하고, 탈선의 장이 된다 여겨지는 다방 같은 곳에는 일정 기준 이상의 밝기를 강제했다.[64] 도쿄도의 위생 당국 또한 풍속업소의 영업을 올림픽 기간에 일시 중지시켰고, 요식업·숙박업·유흥업 종사자를 대상으로 혈액검사를 실시했다. 심지어는 약 7만 5,000부의 팸플릿과 약 130번의 강좌를 통해 도쿄의 젊은 여성들이 관광 온 서구 남성들과 연애하지 못하도록 교육시킬 정도로, 연출자들은 도덕이라는 대본을 숙지시키는 데 열심이었다.[65]

연출자들이 패전 이전에 경험한 것은 또 있다. 전쟁이 한참이던 1940년, 동원을 위해 만든 정내회(町內会)를 포함한 각종 관제 단체를 통해 사회 구성원을 통제했던 경험이 그것이다. 1945년 내무성이 사라진 이후에도 일본 정부는 문부성 산하 사회교육국의 재정 지원과 자문 제공이라는 형태로 민간 단체를 관제화할 수 있는 통로를 열어놓고 있었다.[66] 이들이 올림픽을 앞둔 시점에서 관제 캠페인 조직을 공연의 스태프로 활용하는 것은 당연했다. 먼저 연출자들은 자민당 정권하 관제 캠페인으로 자리매김한 신생활운동(新生活運動)을 적극적으로 활용했다. 예를 들어 1959년 개최 결정 이후 도쿄도신생활운동협회의 예산은 1년 만에 4배로 증가했다. 그리고 도지사 아즈마 료타로를 협회장에 취임시켰다.[67]

도쿄도신생활운동협회는 그 이유를 다음과 같이 밝혔다.

> 1959년 5월, 올림픽을 도쿄에서 개최하기로 결정됐다. 이는 아시아에서 개최된 적이 없는 세기적인 행사이며, 또한 패전으로 의욕을 상실한 일본이 우리의 손으로 민주국으로 다시 태어나고, 평화를 바라며 세계의 사람들과 굳게 손을 맞잡고 있는 모습을 확실히 보여줄 절호의 기회임이 분명했다. 하지만 유래 예의의 국가로 일컬어지는 우리 국민은 공중도덕에 대하여는 놀라울 정도로 무관심하여, 세계 각국에서 수만의 선수와 관광객이 모일 경우 이대로는 문화강국이라는 이름에 부끄럽지 않을 수가 없었다.[68]

물론 신생활운동 조직이 동원된 것은 도쿄만의 일이 아니었다. 전국의 신생활운동협회 모두 예외 없이 마을의 쓰레기 줍기, 꽃 심기, 화단 만들기, 올림픽 지원 집회 개최 등에 동원됐다.[69]

올림픽이 다가오자 연출자들은 또 하나의 관제 캠페인을 더했다. 1963년 6월 22일 총리부와 문부성이 공동발의로 '올림픽국민운동(オリンピック国民運動)'을 만든 것이다. 도쿄뿐만 아니라 47개 도도부현(都道府県) 전체를 동원한 이 캠페인은 '올림픽이해운동', '국제이해운동', '공중도덕고양운동', '상업도덕고양운동', '국토미화운동', '건강증진운동'의 6개 부문으로 나뉘어 있었다. 그중에서도 중요한 것은 습속을 개조하는 일이었다. "개최국 국민의 한 사람으로서 사회상호연대관계를 인식시켜 서로 돕고 친절한 언행

을 습관화하도록 하고 단결심, 공덕심"을 배양하는 것, "국민 각자가 적극적으로 협조해 개최국에 부합되는 생활 태도, 사회환경 조성을 촉진"하겠다는 국민운동의 목표가 이를 말해준다.[70]

이것으로도 모자라다 판단했는지 도쿄의 연출자들은 '수도미화운동'이라는 관제 캠페인을 하나 더 만들었다. 1962년 초 "도쿄에 질서와 조화를 소생시키기 위한 수단"으로 조직된 이 캠페인 역시 공덕심 고양, 환경정화, 수도미화 등을 목표로 했다. 이를 위해 마을회장과 상인회장 등 마을의 유력자들을 '수도미화협력원'이라는 이름으로 동원해 노면 청소, 가로수 정비, 꽃 식재, 광고물 정리 등에 투입했고, 1962년 12월부터 시작된 매월 10일의 '수도미화데이'와 '1,000만 인의 손으로 도쿄를 깨끗하게(一千万人の手で東京をきれいに)' 같은 행사를 통해서는 도쿄 주민 대다수를 동원해 무대를 청소하고 습속을 점검하도록 만들었다.[71]

앞서도 말했지만, 이들 조직은 무대를 꾸미기 위해서만 동원된 것이 아니었다. 국민이라는 배우들이 근대화라는 대본에 따라 일상 속에서 연기할 수 있도록 대본을 숙지시키는 데도 동원됐던 것이다. 그래서 이들 캠페인 조직은 수많은 표어와 캠페인을 통해 일상이 습속 개조에 대한 담론으로, 또 외국인의 시선에 대한 의식으로 가득 차도록 만들어갔다. 미셸 푸코가 이야기한 것처럼 '권력의 미시물리학'이 단기간에 높은 밀도로 형성된 것이다.[72] 담배꽁초 버리기, 휴지 버리기, 거리에 침 뱉기, 노상 방뇨, 도로에 물건 두기, 도로에 주차하기, 가로수 훼손, 표지판 훼손, 공원과 도로 더럽히기, 술 취한 채 돌아다니기 등 담론과 시선이 겨냥한 습

속은 다양했다. 심지어는 약속 시간에 늦는 것까지 권력이 개입할 대상이었다.[73]

교본으로서의 도쿄올림픽

도쿄올림픽과 그 준비 과정은 서울의 연출자들에게 하나의 교본으로 다가왔다. 1980년 전두환이 세지마 류조와 고토 노보루를 만나고 나서 올림픽을 서울에서 상연해보겠다고 결심했을 때만이 아니었다. 도쿄올림픽은 군인들이 올림픽 개최를 결정한 후에도 피라미드의 맨 위에 있는 연출자부터 말단의 스태프에 이르기까지 하나의 매뉴얼로 존재했다. 서울의 연출자들은 무엇보다도 사회 구성원을 공연에 동원하려고 1964년 도쿄올림픽을 활용했다. 그래서 가장 먼저는 도쿄올림픽이 '근대화된 국가' 일본을 선전하는 무대로 쓰였고, 이를 통해 국제사회에서 '선진국'으로 자리매김했음을 강조했다.

서울올림픽대회는 한마디로 선진국으로 도약하기 위한 발판이 될 것입니다. 이를 확신할 수 있는 근거로써 현대 일본의 발전 단계에서 동경올림픽이 어떻게 기여했는가를 살펴볼 필요가 있읍니다. 여러 가지 견해가 있겠지만 오늘의 일본을 세계정상의 경제대국으로 성장시킨 결정적인 계기는 바로 64년의 동경올림픽이었읍니다. 동경올림픽 개최 이전인 60년대까지 일본은 전후 복구에는 어느 정도 성공했읍니다. 일본인이 근대화 이후 축적해온 과학기술 수준, 국민의 노력, 미국의 원조 등이 전후 일본의 점진적 발전을 가능하게 했읍니다. 그러나 전체적인 경제규모, 산업기술, 문화수준에서는 아직도 서구 선진국에는 크게 미치지 못했읍니다. 그러나 동경올림픽의 성공적 개최는 일본의 모든 분야를 서구 선진국 수준으로 끌어올리는 데 그치지 않고 오히려 그들을 압도하는 경제대국으로 성장시키는 결정적인 계기가 됐읍니다.[74]

연출자들은 이러한 효과를 위해서 도시민을 포함한 사회 구성원들이 올림픽을 지지하는 데 그쳐서는 안 됨을, 배우 만들기에 순응해 연출자들이 만들어갈 공연에 함께해야 함을 강조했다. 그래서 이들은 무대와 배우를 만들기 위해 도쿄의 연출자들이 활용했던 관제 캠페인을 열거했다.

64년 동경올림픽 개최 당시 일본인들은 지역별, 단체별로 올림픽 이해운동협의회, 국제이해운동협의회라든가 공중도덕고양협의회를 비롯, 상업도덕, 교통도덕고양 또는 국토미화운동협의회, 건강증진운동협의회 등 수많은 올림픽 관계 국민운동단체를 결성하고 문화국민으로 발돋움하기 위하여 범국민적인 노력을 기울였고 그 결과 전국적으로 올림픽 붐을 자연스럽게 조성했읍니다.[75]

서울의 연출자들이 도쿄의 관제 캠페인 이름들을 구체적으로 나열한 데는 이유가 있었다. 서울의 연출자들 역시 도쿄와 마찬가지로 일상을 권력의 미시물리학으로, 담론과 시선으로 가득 채우고자 했기 때문이다. 이를 위해 군인들은 도쿄올림픽이라는 매뉴얼을 문서화했다. 1981년 당시 정권의 2인자 노태우는 올림픽 관련 업무를 총괄했고, 그의 정무장관실은 다른 부처들에 서울올림픽 준비에 관한 계획을 입안하라고 요청했다. 이때 정무장관실은 관료들에게 책을 한 권 배포했는데, 그것은 일본 문부성이 1965년에 발행한 《올림픽동경대회와 정부기관 등의 협력》이었다.[76] 서울시 역시 1965년도에 도쿄도가 발행한 《동경올림픽대회 동경도보고서》를 번역해 직원들에게 배포했고,[77] 대한체육회도 《동경올림픽선수강화대책본부 보고서》를 번역·배포했다.[78]

총동원되는 스태프로서의 사회

이제 서울의 연출자들은 도쿄의 연출자들이 그랬던 것처럼 무대 준비부터 배우들에 대한 훈련에 이르기까지 매우 광범위한 분야에 걸쳐 연출진을 구성했다. 우선 서울의 연출자들은 개최가 결정된 지 한 달 만에 '서울올림픽 조직위원회'를 만들었다. 체육계 9명, 서울시장, 국회 4명, 정부 4명, 외교·경제·언론·문예·노동·여성·관광 등 각 분야 12명 등으로 구성된 조직위원 명단은 정치와의 분리를 강조하는 IOC의 헌장에 따른 것으로 보이지만, 정부가 명단을 만들었다는 점에서 정치 또는 국가로부터 자유로울 수는 없었다.[79] 무엇보다 전두환을 서울올림픽 조직위원회 명예 총재로 추대함으로써 공연의 연출이 군인들로부터 결코 자유롭지

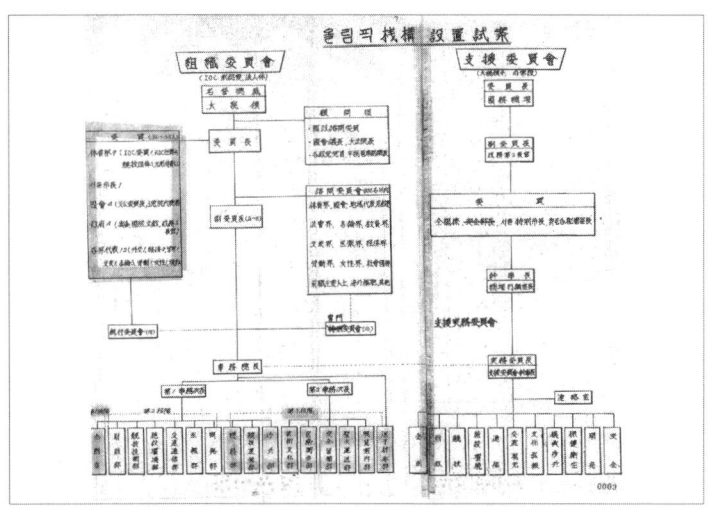

〈그림 13〉 서울올림픽 조직위원회와 지원위원회 조직도 [80]

못할 것임을 예고했다(〈그림 13〉). 대규모 연출진의 피라미드 맨 꼭대기에 결국 군인이 있다고 보여준 것이다.

이는 시간이 지날수록 공고한 현실이 됐다. 정무제2장관 직책으로 올림픽 유치 업무를 수행한 후 서울올림픽과 아시안게임의 조직위원을 맡은 정권의 2인자 노태우는 1982년 3월 체육부를 신설했다. 체육부는 올림픽에서 활약할 선수를 육성하고 정부의 올림픽 지원을 총괄하며, 무엇보다 조직위원회를 지도·감독하는 역할을 수행했다. 올림픽 준비의 중추에 체육부를 둠으로써 군인의 뜻에 따라 연출이 이뤄지도록 한 것이었다(〈그림 14〉). 이후 노태우는 1983년 7월 서울올림픽 조직위원장이 됐고, 1984년에는 대한체육회장과 대한올림픽위원장이 됐으며, 이해 10월부터는 아

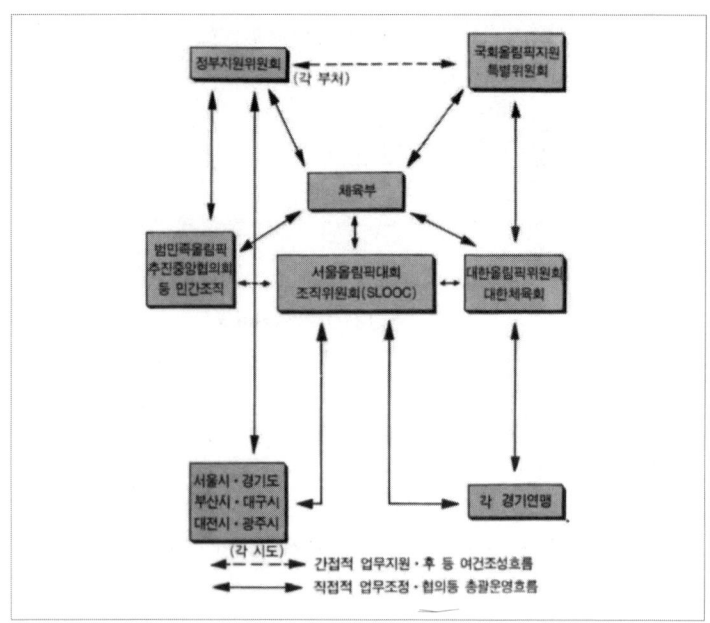

〈그림 14〉 서울올림픽 준비 조직도[81]

시안게임 조직위원장을 겸임했다. 그리고 1986년 5월, 노태우가 맡고 있던 서울올림픽과 아시안게임 조직위원장직은 모두 박세직이 넘겨받았다. 육사 12기였던 박세직은 노태우의 뒤를 이어 수도경비사령관을 역임했고, 1986년 1월부터는 체육부장관을 맡았다.

피라미드의 맨 위에 존재하는 군인들은 관료들을 동원했다. 1981년 10월 29일, '서울올림픽 준비 지원 계획안'을 부처별로 마련하라는 요청이 국무총리의 이름으로 하달됐다.[82] 부처들은 일사불란하게 움직였다. 그리고 이 답신을 전달받아 요약한 것은 노태우가 만든 체육부였다.

　답신의 내용은 다음과 같았다. 경제기획원은 올림픽 물가조절과 올림픽 관련 사업 출자, 외무부는 남북한 스포츠 회담과 공산권 및 비동맹국가 참가 유도, 해외동포 참가 유도, 내무부는 치안대책과 국민의식 개혁, 올림픽 새마을운동과 범민족올림픽추진위원회 발동, 재무부는 자금·자산·세제 지원과 선수촌 편의, 법무부는 출입국 관리, 국방부는 경계 강화와 행사 지원, 문교부는 학교 체육 강화와 외래어 통일 표기, 체육부는 정부 내 추진 계획의 종합 조정과 우수 선수 양성, 농수산부는 올림픽 식품 개발과 위생 개선, 상공부는 전략 수출 상품(스포츠 용품, 관광기념품) 개발, 동력자원부는 경기장 전원 확보와 가스 안전 강화, 건설부는 서울시와의 협조하에 수도권 정비계획을 포함한 도시인프라 확충, 보건사회부는 선수 및 관광객 위생 관리와 위생시설 개선, 노동부는 직장체육 강화와 우수 선수 채용, 교통부는 운송체제 개선과 올림픽 관광 개발, 체신부는 중계시설 증설과 통신시설 국제수준화, 문화공보부는 국민 위화감 해결과 대회 홍보, 총무처는 행사 지원, 과학기술처는 경기 운영 과학기술 개발, 국토통일원은 대북 대책 수립, 법제처는 올림픽 관계 법령 자료 제공, 안기부는 대회 경비 등을 준비한다는 것이었다.[83]

　여기서 대기업은 군인들의 충실한 파트너였다. 올림픽을 유치하는 과정에서 동원됐던 기업주들이 올림픽을 준비하는 과정에도 동원되는 것은 충분히 예측할 수 있는 일이었다. 올림픽 유치 과정에서 역할을 담당했던 현대의 정주영, 한진의 조중훈, 대우의

82년도 회장단 찬조랭킹 10위					83년도회장단 찬조랭킹10위 (예정)				
순	단 체	회 장	회 장 직 위	찬 조 금 액	순	단 체	회 장	회 장 직 위	찬 조 금 액
①	탁 구	崔元碩	동아그룹 회장	7억5천8백만	①	축 구	崔淳永	신동아그룹회장	14억
②	축 구	崔淳永	신동아그룹 〃	4억4천만	②	탁 구	崔元碩	동아그룹. 〃	7억4천4백만
③	복 싱	金昇淵	한국화약 〃	4억1천3백만	③	사 격	朴贊圭	세계연맹부회장	5억2천만
④	레슬링	李健熙	삼성그룹부회장	3억1천5백만	④	육 상	張翼龍	진 로 대 표	4억6천7백만
⑤	육 상	張翼龍	진 로 대 표	2억5천7백만	⑤	복 싱	金昇淵	한국화약 회장	2억5천5백만
⑥	배 구	趙錫來	효성그룹 회장	2억5천1백만	⑥	배 구	趙錫來	효성그룹 〃	4억3천9백만
⑦	농 구	李東寬	코오롱그룹 〃	2억2천1백만	⑦	유 도	裵鍾烈	한양그룹 〃	3억1천만
⑧	핸드볼	金宗河	고려합섬 대표	1억8천7백만	⑧	농 구	徐成煥	태평양그룹〃	2억9천1백만
⑨	수 영	李明博	현대건설 〃	1억8천만	⑨	레슬링	李健熙	삼성그룹부회장	2억8천9백만
⑩	유 도	裵鍾烈	한양그룹 회장	1억7천7백만	⑩	수 영	李明博	현대건설 대표	2억7천만

〈그림 15〉 재벌 기업주들의 스포츠 단체장 겸직과 찬조[84]

김우중, 동아의 최원석 등은 이후에도 중요한 역할을 수행했다. 정주영과 조중훈은 서울올림픽 조직위원과 아시안게임 조직위원을 겸직했고, 김우중은 아시안게임 조직위원을, 최원석은 서울올림픽 조직위원을 맡았다.[85] 다른 대기업의 수장들은 각 종목의 단체장이 돼 무대에 설 선수들을 육성하는 데 투자하게 했다. 문교부는 이를 위해 1982년 2월부터 부패한 체육단체를 조사한다는 명목으로 단체장을 공석으로 만들었고,[86] 재벌 기업주들은 공석이 된 단체장 자리를 차지했다.

탁구의 최원석(동아그룹), 축구의 최순영(신동아그룹) 등 올림픽 유치 이전부터 스포츠에 관여하고 있던 이들이 없지는 않았다. 하지만 1970년대만 해도 대부분의 단체장은 정치인이었고, 1980년에 새로이 등장한 군인들이 '자율정화'란 이름으로 이전의 군인들을 물러나게 했을 때 이 자리를 채운 것은 주로 해당 종목에 관여해온 중소기업인이었다.[87] 군인들은 올림픽 유치 이후 방향을 바꿔 대기업의 수장들로 하여금 스포츠 단체의 장을 맡게 했다. 그 결과 1983년 3월 초 시점에 이르러서는 대기업 수장들이 총 35개

단체장 중 30개를 차지했다. 그리고 그 한가운데에는 서울올림픽 유치 시기부터 활약했던 정주영이 있었다. 그는 1982년 7월 12일 대한체육회장직에 선임돼 1984년 10월까지 활동했다.[88]

대기업의 수장들은 올림픽이라는 공연에서 가장 명시적으로 배우 역할을 할 참가 선수들의 퍼포먼스를 향상시키는 역할을 맡았다. 맡은 종목에 대해 전례 없이 투자하고 그 결과를 만들어내라는 과업을 부여받은 것이다.[89] '투자'에 대한 요구가 너무 노골적이었는지, 1982년 7월 대한체육회장에 취임한 정주영은 2개월 뒤 가진 기자회견에서 "나를 돈만 내는 봉으로 안다."고 말할 정도였다.[90] 하지만 불만을 표할 수는 있어도 군인들을 거스를 수는 없었다. 재벌 기업주들은 1982년부터 스포츠계 1년 총 예산 약 150억 원의 절반 정도를 찬조하기 시작해,[91] 이듬해에는 그 비중을 2/3로 올렸다.[92] 대한체육회장 정주영의 경우 로스앤젤레스올림픽에서 금메달을 획득한 선수 6명 전원에게 각기 3,000만 원의 상금을 지급했다.[93] 1988년 서울올림픽을 앞두고 재벌기업과 공기업을 합한 대기업의 수장들이 체육단체장이 된 사례는 총 23개인데, 이는 서울올림픽 정식종목 수와 정확히 일치했다. 기업의 자금으로 선수들의 퍼포먼스를 향상시키는 체제는 1988년까지 계속됐다.[94]

군인들이 정점에 서서 관료와 대기업을 동원하는 체제는 이제 관제 캠페인 내지 관제 시민사회의 광범위한 동원으로 이어졌다. 올림픽 무대의 배우가 될 것이라 기대되는 도시민들이 군인들의 대본을 따라 연기를 수행하도록 하는 것, 다시 말해 사회 구성원의 습속을 규율하고 통제하는 것은 연출진의 피라미드 상층을 구성하는 이들이 가장 심혈을 기울인 것 중 하나였다. 올림픽 개최 결정 후 만들어진 '서울올림픽대회지원위원회'는 정부가 올림픽을 앞두고 수행해야 할 가장 중요한 과업에 '국민의식 수준 향상', '선진 시민의식 확립', '질서의식 정착' 등을 포함시켰다.[95] 이에 따라 내무부뿐만 아니라 문교부·문화공보부·상공부 등이 반상회·캠페인·기록영화·책자 등 다양한 형태로 대본을 만들어 도시민들에게 전달·숙지시키는 역할을, 보사부는 대본을 받아들 자격이 없다 여겨지는 이들(주로 걸인)이 무대에 올라오지 못하도록 만드는 역할을 맡았다.[96]

1980년의 군인들이 기존의 새마을운동에 사회정화운동이라는 관제 캠페인을 더해 사회적 삶의 대본을 숙지시키고 이에 따른 연기를 도시민들에게 요구했던 것은 주지의 사실이다. 그런데 서울에서 올림픽을 상연하기로 하자 군인-연출자들은 '범민족올림픽추진위원회'라는 이름의 관제 캠페인을 추가했다. 범민족올림픽추진위원회는 개최 결정 2일 후부터 시작해 불과 5개월 만에 전국적 조직으로 커질 만큼 빠르게 결성됐다.[97] 군인들은 올림픽이라는 공연이 전 세계인의 이목을 집중시키는 스펙터클이 되게 하려면 대중매체를 통한 홍보를 넘어선 대면 트레이닝이 필수적이라 생각했기 때문이었다.[98] 이는 여러 개의 관제 캠페인을 동시에 동원해 도시민을 배우로 만들어냈던 도쿄올림픽을 따라한 결과물이기도 했다.

범민족올림픽추진위원회 캠페인의 목적은 이중적이었다. 해외동포를 동원해 올림픽에 대한 금전적 후원과 자원봉사를 이끌어내는 동시에,[99] 국내 사회 구성원들에 대해서는 사회정화운동 및 새마을운동과 마찬가지로 습속을 통제하고 무대 만들기에 동원하는 것이었다.[100] 이에 따라 해외에서는 일본과 미국의 동포를 중심으로 총 53개 국가 68개 후원회를 조직하고,[101] 국내에서는 13개 시도마다 시군구의 인구 규모에 따라 최소 50인부터 최대 300인으로 구성된 지역별 위원회를 만들어 '주민 정신 계도', '주요 사업 교육·홍보', '지역 정비·미화' 등에 동원하고자 했다.[102]

이들 조직은 지방정부가 관여하는 민간 단체의 외양을 보였지만, 실상은 중앙정부의 시민사회 동원을 위한 조직이었다.[103] 그랬기에 처음부터 모든 지역 조직의 규정이 전국적으로 동일했다. 게다가 1985년이 되자 군인들은 전 국민의 '시민의식 개선'과 '환경개선 작업', 즉 배우 만들기와 무대 만들기가 "하나의 구심점 아래 보다 강력하게 추진되지 않고는" 성공하기 어렵다는 판단하에 '범민족올림픽추진중앙협의회'라는 중추 조직까지 만들었다. 예산은 서울올림픽 조직위원회에, 지도와 감독의 권한은 내무부에 둠으로써 시민사회를 동원하기 위한 조직으로서의 성격을 보다 명확히 했다.[104]

범민족올림픽추진중앙협의회는 종교·교육·언론·기업·체육 등 영역의 대표자들을 동원하는 방식으로 시민사회 전반을 원활하게 동원하고자 했다.[105] 지역 조직에 있어서도 사회정화운동·새마을운동·민주평화통일자문회의 위원·반공단체 등에 종교·교육·언론·체육계 인사들을 더해 광범위한 동원을 시도했다.[106] 그 결과 1986년 8월부터는 243개 시군구협의회로 조직을 확대했고,

1987년 한 해 동안 16만 명의 회원을 새로 가입시켰으며, 올림픽이 개최될 무렵에는 255개 협의회에 26만 명의 회원을 갖춘 거대 조직이 됐다.[107] 각기 수백만 명의 회원을 거느린 새마을운동과 사회정화운동에 수십만 명의 회원을 가진 범민족올림픽추진중앙협의회가 가세한 상황에서, 도시의 일상은 공연을 위한 훈련의 장이 됐다.

3부

스펙터클을 연출하기
: 1988년 서울올림픽을 향해

군인들은 올림픽이라는 공연의 플롯과 서사를 어떻게 기획했는가? 이 스펙터클한 공연의 관객은 누구로 상정했으며, 관객과 배우의 관계는 어떻게 설정했는가? 연출자들은 어떤 사람들을 무대에서 탈락시키고자 했는가? 그리고 어떤 방식의 조련을 통해 남은 이들을 배우로 만들고자 했는가? 한편 배우들이 선 무대는 어떤 방식으로 제작했는가? 무대에서 사라져야 할 소품은, 그리고 자랑스레 선보여야 할 무대장치는 무엇이었는가?

5장

대본을 새로 쓰다

'문명'의 서사극

 우리는 앞에서 군인들이 올림픽이라는 메가이벤트/스펙터클을 상연하려고 정부는 물론 기업과 시민사회를 모두 동원했던 사실을 살펴봤다. 연출을 맡은 군인들이 이처럼 광범위한 동원 체제를 만들어낸 이유는 그들이 오래전부터 꿈꿔왔던 발전의 서사극을 전 세계에 보여주는 계기가 올림픽이라고 생각했기 때문이다. 다시 말해, 도쿄올림픽이 그랬던 것처럼 서울올림픽 역시 한국의 발전상을 도시 공간에서 구현하고 이를 바탕으로 국제사회 내 지위를 향상시키는 것을 목표로 했다. 군인들에게 올림픽은 단순히 2주간 개최되는 스포츠 이벤트에 국한될 수 없었다.
 이를 잘 보여주는 것이 최종 연출자를 자임했던 군인들이 작성한 올림픽 마스터플랜이었다. 특히 노태우는 1981년 여름부터 약

1년 동안 정무제2장관과 체육부장관을 거치면서 올림픽의 연출을 직접 담당했다. 노태우는 정부의 여러 부처를 동원해 올림픽 마스터플랜을 만들었는데, 그것이 목표한 바는 올림픽 자체를 넘어 그 이후를 향한 것이었다. 마스터플랜은 "우리 국가의 국제적 지위 향상"과 더불어 "우리 국민의 질서의식 확립"을 말하며, 사회적 삶에서 항상적으로 수행되는 공연의 업그레이드를 목표로 삼고 있었다.[1] 연출자들의 초점은 올림픽의 성공적 개최만이 아니라 올림픽이 만들어낼 매우 광범위한 효과에 맞춰져 있던 것이다. 이와 같은 목표는 올림픽 개최 결정 직후부터 연출자들이 일관되게 생각해왔던 바였다. 올림픽 개최가 결정된 직후 문화공보부가 발간한 홍보물《88서울올림픽》부터 그 일관성을 찾아볼 수 있다. 연출자들은 올림픽이 한편으로는 국제적인 지위를 향상시키고 경제를 선진화하는 효과를 창출하며, 다른 한편으로는 국민의 단합을 성취하고 국민의 의식을 선진화시키며 서울을 개발할 것이라 선전했다.[2]

1985년에도 연출자들은 올림픽이 "국민의 자신감과 긍지가 높아지고 협력과 참여의 토양이 다져짐으로써 국민화합"의 기회가 되고, 올림픽을 계기로 "부정적 사회분위기는 완전히 사라"지며, "국민의식의 선진화에 따라 친절, 예의, 질서의 행동양식이 생활화"할 것이라고 주장했다. 올림픽을 계기로 한국인의 사회적 삶에서 항상적으로 이뤄지는 공연이 달라질 것이라고 반복한 것이다.[3] 올림픽이 한국사회를 전면적으로 바꿀 것이라는 연출자들의 생각은 1988년까지도 변함 없었다.

서울올림픽을 성공적으로 끝마치게 되면 우리는 전쟁의 공포와 후진의 굴레에서 벗어나 평화와 번영을 구가하는 희망찬 90년대를 맞이하게 될 것입니다.[4]

올림픽 개최의 사회적·문화적 효과 역시 상당히 클 것으로 기대된다. 올림픽 개최를 통한 자발적인 질서의식의 함양, 애국심과 협동심의 고취 등은 국민에게 자신감을 주고 미래에 대한 밝은 희망을 주어 정치·경제발전에 필요한 사회적 안정을 이룩하는데 이바지할 것이다. (…) 환경미화 정비 등 사회적으로 정돈되고 청결한 미관을 이룩해나가 크게는 국토의 미화로 이어나가는 계기가 될 것이다. (…) 결과적으로 서울올림픽의 개최는 경제발전의 기반을 더욱 공고히하고 국제사회에서 우리의 경제적 지위에 알맞는 수준으로 국제정치적 지위를 향상시키며 국민의식 수준을 높임으로써 우리 경제·사회의 선진화를 앞당기게 될 것이다.[5]

올림픽을 통해 발전의 서사를 현실화시키려는 군인들의 욕망은 1988년 서울패럴림픽과도 연결됐다. 서울패럴림픽은 올림픽과 패럴림픽을 한 묶음으로 개최한 첫 번째 대회였다.[6] 과거 올림픽과 분리돼 있던 이 행사를 연출자들이 떠맡은 것은, 이를 통해 발전을 이룬 국가들이 '복지국가'로 불린다는 점에 착안해 그와 같은 외양을 보여주고 국제사회 내 지위를 향상시키려는 의도의 산물이었다.

국제척수장애자경기연맹(ISMGF)에서 한국 정부에 패럴림픽 개최를 처음 요청한 1982년 7월, 당시 체육부는 이에 회의적이었다. 장애인과 관련된 시설을 제대로 구비하지 않았고, 장애인 체육 또한 보급되지 않았으며, 개최 경비가 부담된다는 점 등을 이유로 들었다. 반면에 외무부는 국제사회 내 위신 하락을 우려하며 개최할 것을 권했다.[7] 그 이후 정부는 '인도주의를 중시하는 국가'라는 이미지 형성, 개최를 통한 국제적 지위 상승, 박애정신 고취를 통한 국민의식 개혁 등의 긍정적 요소가 개최 경비 부담이라는 부정적 요소보다 크다는 판단하에 개최로 방향을 선회했고,[8] 1984년 1월 개최가 최종 확정됐다. 연출자들은 이 행사 역시 한국이 '선진복지국가'로 평가받아 국제사회 내 지위가 향상되는 계기로 삼으려 했다.[9]

이렇게 본다면 군인들이 전부터 꿈꿔왔던 경제발전의 서사극과 전혀 차이가 없어 보이기도 한다. 하지만 올림픽이라는 거대한 공연이 예정된 이상, 기존의 플롯을 완전히 그대로 활용할 수는 없었다. 올림픽의 특성에 맞춘 변형이 불가결했다. '문화적 공연'에 대한 매컬룬의 정의가 보여주듯, 올림픽은 무엇보다도 한 사회의 문화를 극화해서 보여주는 장치다. 서울올림픽 역시 예외는 아니어서, 군인들이 꿈꿔왔던 발전의 서사극은 보다 포괄적인 '문명의 서사극' 또는 '문화의 서사극'으로 변형됐다. 이를 보여주는 용어가 사회 구성원의 습속과 품행을 일컫는 '시민의식' 또는 '시민정신'이다.

참된 선진국이 되기 위해서는 첫째, 그 나라의 국민들이 선진국의 일등국민으로서의 자질과 소양을 갖추어야 한다. 기존의 선진국들이 선진국형 산업구조를 형성하는 데는 선진국적인 의식의 발전이 수반되었다. 즉, 시민정신과 시민적 윤리가 확립되었던 것이다.[10]

오늘날 우리 사회와 국민생활을 볼 때, 우리는 아직도 이러한(선진국적인) 시민의식과는 거리가 먼 곳에 살고 있다고 할 수 있다. 사람의 의식이나 예의범절은 하루아침에 변할 수 있는 것이 아니기 때문에 우리는 앞으로 7년 동안 선진적 시민정신을 함양하는 데 게을리 하지 말아야 할 것이다. 한마디로 국민의식의 일대 개혁을 요청받고 있는 것이다.[11]

여기서 눈여겨볼 것은, 연출자들이 말하는 시민의식 내지 시민정신이란 주권자로서 정치공동체에 적극적으로 참여하는 태도를 가리키는 것이 아니라는 점이다.[12] 연출자들은 아래와 같이 시민의식과 시민정신을 '예의', '친절', '질서', '청결' 등과 연결하고 있다. 여기서 군인들은 노르베르트 엘리아스가 말했던 바로 그 '문명화된 습속'을 가리켜 '시민의식' 또는 '시민정신'이라 하고 있는 것이다.[13]

제네바 같은 거리에서 버스 승차권을 사는 법이나 사용법을 몰라 당황하는 경우, 불어 억양의 영어로 이것을 친절하게 설명하여주는 머리가 하얗게 센 할아버지나 할머니를 손쉽게 만나게 된다. 이들의 태도에는 자기의 도시를 찾아온 관광객에 대한 친절 외에도 자기네 도시 시설물이 손상당하지 않게 보호하려는 시민정신이 깃들어 있다. (…) 로스앤젤레스 시민 모두가 교통정리나 안내, 거리 청소를 자발적으로 했다. 경기장 주변 잔디밭에 각국 선수단과 관광객들이 버리고 간 종이컵이며 이곳저곳 흩어져 있는 신문지 조각을 줍는 이름 없는 시민들의 얼굴에서 선진 사회, 민주시민의 한 단면을 읽을 수 있었다.[14]

이 변형된 서사극의 결말이 한국의 문명과 문화를 전 세계의 관객에게 보여주는 것을 의도한다면, 전개 역시 그에 맞춰 약간의 변형이 필요했다. 사회적 드라마의 플롯을 제시했던 빅터 터너의 말을 빌리자면, 사회적 삶에서 발생하는 위기의 원인을 찾아 이를 교정하는 과정이 선행돼야 바람직한 결말을 맞을 수 있기 때문이다.[15] 연출자의 최상단에 위치한 군인들은 이에 따라 1980년에 만들었던 플롯을 변형했다. 문명과 문화라는 결말을 위해서는 이 플롯에 기초한 대본을 위반하는 행위를 교정해야 했다. 서구 사회가 문명화된 행동으로 여겨왔던 친절, 질서, 청결, 위생 등이 이제 새로운 대본에서 대사와 지시문으로 자리 잡았다. 다음 지시문들이 이를 잘 보여준다.

친절과 예의는 (…) 우리 국민의 문화민족임을 참가자들에게 실제로 행동 속에서 보여줄 수 있는 자산이다. 국민 각자는 문화민족이라는 긍지와 더불어 '민간외교관'이라는 사명감을 지니고

친절과 예의를 생활화해 나가야 한다.[16]

질서가 필요 없는 사회라면 원시 미개시대에나 존재했을 것이라 생각된다. 우리는 문화민족이며 높은 문화수준을 갖고 있다. 질서를 지키지 않아 후진국으로 오해받는 일이 없도록 해야 한다. 질서를 잘 지켜야, 우리의 문화전통 소개에 그들이 귀 기울여줄 것이다.[17]

아시아경기대회와 88올림픽을 앞두고 정부는 생활올림픽 추진단을 만들어 접객업소의 위생 상태를 개선하겠다고 한다. 요즘 와서 청결한 업소가 눈에 띄게 늘어나기는 했지만 자세히 살펴볼수록 입맛 가시는 음식점이 숫적으로 훨씬 많은 것은 어제의 가난 못지않게 창피한 일이다.[18]

이처럼 연출자들은 다양한 지시문을 만들었다. 문화공보부의 《88서울올림픽》(1981), 서울올림픽 조직위원회의 《화합과 전진의 제전》(1983), 《인류에 평화를, 민족에 영광을》(1985), 《서울올림픽 이것만은 알아둡시다》(1988), 서울특별시 교육위원회의 《올림픽 교육자료》(1984), 사회정화위원회의 《86,88대비 의식개혁 교육 교재: 호돌이의 손님맞이》(1986) 등이 일회적으로 만들어진 지시문이었다면, 《올림픽뉴스》, 《올림픽광장》, 《올림픽서울》, 《정화》 등은 매월 발행된 지시문이었다.

이들 지시문이 다루는 범위 또한 광범위했다. 질서의식(교통질서, 차례 지키기), 환경의식(오물 버리지 말기, 마을 미화, 자연보호), 책임의식(바가지 요금 없애기, 상품의 질 제고, 신용거래), 민주시민 품성(친절, 인사, 유머, 협동), 국제화 시대의 덕성(외국인에게 친절, 세일즈맨의식 생활화, 외국어 배우기), 주체의식(전통문화에 대한 자신과 긍지, 사대의식 지양) 등 사회 구성원의 일상생활 전반을 다루고 있기 때문이다. 그리고 이 지시문은 배우들에게만 해당하지 않았다. 무대와 무대장치에 대한 지시문 역시 적지 않았다. 새마을운동에 몸담은 이들은 올림픽을 앞두고 간판과 광고물을 대대적으로 손봤다. 대상은 "무질서하고 불량한 간판 및 광고물"이었다. 또 이들은 농촌지역 화장실 중 "전근대적이고 비위생적인 농촌 변소"를 대상으로 개조 작업에 나섰다.[19] 올림픽 직전 성남의 대형 전통시장인 모란시장을 폐쇄할 당시, 행정 당국은 "도로 무단점용 및 거리질서 문란, 즉석가축도살, 저질 상품판매" 등 질서와 위생 문제를 내세우며 시장을 폐쇄하고자 했다.[20]

연출자들의 꿈은 올림픽을 성공적으로 상연하고 연출 능력을 인정받는 데 그치지 않았다. 이들이 꿈꾼 공연은 1981년부터 1988년까지, 그리고 1988년 이후의 수십 년까지 포괄하는 거대한 서사극이었다. 그리고 그 서사의 내용은 사회적 삶에서 이뤄지는 공연이 통째로 바뀌고, 한국이 문명과 문화를 가진 국가로서 국제사회 내 지위가 달라지는 것이었다. 그런 의미에서 친절, 질서, 청결, 위생 같은 지시문은 단지 2주 간의 연극을 위한 지문이 아니었다. 한국 사회 구성원의 일상 전체를 바꾸라는, 그리고 서울을 포함해 일상이 영위되는 모든 무대를 바꾸라는 지시문이었던 것이다.

'외국인'이라는 리바이어던

올림픽이라는 공연이 연출자들 사이에 초래한 변화는 지시문 등 대본의 변화에 국한되지 않는다. 연출자들의 드라마투르기에 있어서도 변화가 찾아왔다. 무엇보다도 사회 구성원을 감시·처벌·감금·전시했던 리바이어던의 드라마투르기는 그대로였으나, 서울올림픽은 그의 신체를 재형상화했다. 우리는 1964년 도쿄올림픽의 연출자들이 라디오 캠페인을 통해 시선의 색깔을 '푸른색'으로 특정한 바 있음을 봤다. 서울의 연출자들 역시 크게 다르지 않았다. 비록 명시적으로 '푸른 눈'을 지칭하지는 않았지만 '세계' 또는 '외국인'이라고 지칭되는 이들을 눈의 주인으로 표상하기 시작한 것이다.

88년까지 앞으로 7년 동안, 이제는 좋아도 싫어도 한국은 세계에 노출되게 되어 있다. 세계가 한국을 보러 올 것이고 세계의 눈이 한국을 주시할 것이다. 언제 어느 구석에 그러한 주시의 눈길이 닿아도 우리는 부끄럽지 않은 한국을 보일 수 있어야 될 것이다. 올림픽을 유치했다는 것은 한국이 스스로 세계의 쇼윈도 속에 들어갔다는 것을 의미한다. 세계의 시선 앞에 스스로를 숨길래야 숨길 수 없는 투명한 유리 상자 속에 들어가게 된 것이다. 한국의 문화도, 한국의 사회도, 그리고 물론 한국의 정치도.[21]

위에 인용한 기사에서 신문은 마지막 한 줄, "한국의 정치도"라는 말을 통해 군인들과 거리를 둔다. 기사는 전 세계의 관객 앞에서 공연을 펼치려고 한국사회 구성원을 배우로 훈련시키는 군인들 역시 평가에서 예외일 수 없다고 이야기한다. 이는 군인들 역시 그들이 그토록 강조하던 '개혁'의 대상임을 암시하는 것으로 해석할 수 있다. 하지만 공연을 평가하는 주체를 세계로 상정한다는 점에서는 군인들과 큰 차별성을 보이지 않았다. 이는 한국사회에서 연출자 역할을 자임했던 엘리트 집단이 공유하는 관점이기도 했다.

'푸른 눈'의 시선을 지닌 신체의 형상을 구체화했던 도쿄의 연출자들과 달리, 서울의 연출자들은 세계와 외국인을 추상적으로만 받아들이지 않았다. 일례로, 범민족올림픽추진중앙협의회는 1987년 10월 21일과 1988년 7월 29일 '손님맞이 모의점검'이라는 행사를 열었다. 공항, 버스, 택시, 숙박업소, 음식점, 올림픽시설, 관광지 등이 한국의 문명과 문화를 보여주고 국가의 지위를 상승시킬 수 있을 만한 무대장치로 기능하겠는지를 확인하려고 한 것이다. 이때 점검에 투입된 것은 군인들이 아니었다. 1차 점검에서는 국내 거주 외국인 14명이, 2차에서는 12명이 동원됐다.[22]

이보다 더 중요한 것은 세계와 외국인이 갖는 힘이었다. 군인들이 올림픽을 계기로 외국인의 신체를 시선의 주인으로 재형상화하자 세계와 외국인 자체가 리바이어던의 모습으로 변해갔다. 군인들은 계속해서 사회 구성원을 감시·규율·감금·전시하고자 했으며, 이제는 세계와 외국인이 볼 올림픽을 위한다는 명분을 앞세운다는 점이 덧붙었다. 세계의 눈을 내세워 공연을 수행할 배우들이 대본에 따라 행동하도록 습속을 바꾸겠다는 전두환의 다음 언설이 이를 잘 보여준다.

> 우리는 다가오는 88년 올림픽과 86년 아시아 경기대회를 통하여 문화국민으로서의 면모와 긍지를 내외에 과시해야 할 숙제를 안고 있습니다. 올림픽을 개최하는 나라의 국민답게, 그리고 세계 속의 한국으로 부상하는 나라의 국민답게 우리는 세계의 모든 사람들로부터 신뢰와 존경을 받아야 하겠습니다. 이를 위하여 우리는 우리의 생활 도처에 내재되어 있는 무질서 심리를 추방하는 일을 의식개혁운동의 차원에서 적극 전개해 나가지 않으면 안 될 것으로 본인은 확신하는 바입니다.[23]

올림픽이라는 연극을 만들어가는 군인들의 드라마투르기는 구체적이었다. 누군가는 무대에 설 자격을 박탈당하고 감금돼 무대 아래 보이지 않는 곳에 숨죽여 있어야 했고, 다른 누군가는 무대 위의 공연과 전시를 위한 훈련을 명분으로 감시와 규율을 감내해야 했으며, 또 누군가는 무대의 전면에 자리하면서 전시, 더 나아가 과시의 대상이 돼야 했다. 다음 장에서 군인들의 변화된 드라마투르기를 자세히 다루기 앞서 간단히 설명하자면 다음과 같다.

첫째, 연출자들이 보기에 사람이든 경관이든 무대 위에 있어서는 안 될 존재가 있었다. 연출자들이 생각하는 외국인의 눈이 그 기준이었다. 연출자들은 올림픽을 위해 서울의 도심을 재개발했고, 한국전쟁 이후 계속되던 무허가주택을 대대적으로 철거했다.

이 두 사업으로 인해 이주한 이들이 최대 72만 명에 이르는 것으로 추산될 정도다.[24] 연출자들은 무대장치와 배우를 대폭 교체하면서 '가시권'이라는 개념을 사용했다. 가시권이란 많은 사람의 시선에 들어오는 곳, 특히 외국인의 시선에 들어오는 곳을 지칭하는 개념이었다. 한강 주변, 간선도로변(그중에서도 특히 '귀빈로'라 불리던 마포로), 지하철 지상구간 주변, 철로변 등이 이에 해당했고, 연출자들은 이곳을 우선순위로 교체했다. 부랑인이 무대에 나오지 못하도록 감금하는 역할을 맡았던 보사부는 이들을 무대에서 제거하는 이유로 "국가의 성장 면모에 손상을 입히"는 것을 들었다. 한편 법무부는 연출자들의 대본을 따르지 않는 이들을 처벌할 때 이들을 "국위 손상요인"이라 불렀다.[25] 세계와 외국인을 직접 호명하지는 않았지만, 이에 해당한다고 상정하는 사람들의 시선과 평가를 염두에 둔 조치라는 점은 분명하다.

둘째, 어떤 이는 무대 위의 공연과 전시를 위한 훈련을 명분으로 감시와 규율을 감내해야 했고, 어떤 경관은 개조돼야 했다. 법무부와 내무부 등 행정 당국뿐만 아니라 새마을운동, 사회정화위원회, 범민족올림픽추진중앙협의회 등이 수행했던 관제 캠페인은 바로 이 감시와 규율을 위한 것이었다. 앞에서 확인한 바와 같이 피켓을 들고 어깨띠를 두른 수많은 이가 도시 구성원의 일상을 감시하고 습속을 규율하고자 했다. 연출자들은 경우에 따라 모든 사회 구성원에게 감시자의 눈을 장착하려 시도했다. 1985년 1월 28일 대통령은 바깥에서 볼 수 있도록 식당의 주방을 개조하라고 지시했다.[26] 위생이라는 지시문을 실행시키려고 감시의 시선을 활용하고자 했던 것이다. 어떤 곳은 사라지지는 않더라도 외국인의 시선이 닿지 않도록 숨겨져야 했다. 예컨대 1982년 3월, 서울시는 대로변에서 보신탕, 개소주, 토룡탕, 뱀집의 영업을 금지시켰다. 하지만 완전히 문을 닫게 한 것은 아니고, 조그만 골목에서는 영업을 이어 나갈 수 있도록 허용하는 수준이었다.[27] 1983년 9월 20일이 되자 서울시는 사대문(四大門) 안, 호텔과 경기장 주변, 폭 12미터 이상의 도로변에서 해당 점포들이 영업할 수 없도록 했다. '외국인이 혐오하는 식품'을 그들의 눈에 보이지 않게 하려는 목적에서였다.[28]

셋째, 무대의 전면에 자리하면서 과시해야 할 것이 존재했다. 올림픽이라는 공연을 통해 무엇을 전시/과시할 것인가에 대해, 한 필자는 다음과 같이 말했다.

> 올림픽 개최기간을 전후해서 서울을 찾을 세계의 인파는 1만 명이 넘을 참가 선수와 임원 말고도 수십만 명에 달할 것이다. 이들에게 우리는 아름다운 서울과 위대한 한국의 모습을 유감없이 과시해야 한다. 그렇게 하기 위해서는 올림픽 경기를 위한 시설과 진행 준비뿐 아니라 도시계획에서부터 국민과 서울시민의 의식에 이르기까지 실로 혼연일체의 준비와 노력이 경주되어야 한다.[29]

연출자들은 올림픽을 위해 서울이라는 무대를 대대적으로 바꿨다. 그리고 새로이 들어서는 무대장치는 모두 세계와 외국인의 시선을 의식했다. 이들이 한국의 문화와 문명을 평가함으로써 국가의 지위가 상승한다는 문명의 서사극에 부합하도록 말이다. 군인들은 세계와 외국인에게 보여주기도 전에 배우들로 하여금 문명의 서사에 맞춰 노래를 부르도록 지시하기도 했다. 유람선을 타고 한강을 누비는 세상을 미리 노래한 건전가요 〈아! 대한민국〉(1983)이 대표적이다.

6장

배우를 만들다

배역 없는 사람들

1961년의 군인들이 그랬던 것처럼 1980년의 군인들은 한국사회의 구성원 모두를 배우로 만들고자 하지 않았다. 이번에도 군인들은 무대 위에 설 수 없는 이들, 배역을 부여받지 못한 이들을 만들어냈다. 그리고 '외국인'이라는 관객의 존재는 결코 쉽지 않던 오디션을 더욱 어렵게 만들었다. 그로 인해 배역을 얻지 못한 수많은 이가 관객의 눈에 띄지 않는 어딘가에서 웅크리고 있어야 했고, 군인들은 그런 무대 아닌 어딘가에서 들려올 목소리로 인해 관객이 그 존재를 알아차릴까 신경을 곤두세웠다. 부랑인을 포함해 거리에서 생계를 유지했던 이들, 군인들이 보기에 올림픽에 방해가 된다 판단한 온갖 종류의 사람들, 그리고 군인들의 드라마투르기에 반대해온 시민사회의 구성원들이 이에 해당했다.

오디션의 탈락자들

군인들은 1961년부터 부랑인을 포함해 거리의 사람들로 하여금 도시라는 무대에 서지 못하도록 만들고자 했다. 그리고 1975년부터는 무대 아래 어딘가에 웅크린 채 살아가도록 만들려 했다. 군인들은 내무부 훈령 제410호 '부랑인의 신고, 단속, 수용보호와 귀향 및 사후관리에 관한 업무지침'에 근거해 거리의 사람들을 지속적으로 특정 공간에 수용하려 했다. 그리고 이를 "건전하고 명랑한 사회 질서를 확립하고 도시환경을 정화하는 것"이라 포장했다. 대본을 따르는 배우만으로 무대를 채우는 것이 이들의 목표였다.[1]

부랑인을 무대 아래 어딘가에 가두려는 시도는 올림픽을 앞두면서 보다 본격적으로 진행됐다. 1981년 4월 10일, 전두환은 국무총리에게 구걸 단속 및 수용에 관한 지시를 내렸고, 국무총리실, 내무부, 보사부는 같은 달 20~27일과 7월 27일~8월 2일 두 번에 걸쳐 대대적으로 거리의 사람들을 잡아들였다.[2] 공무원과 경찰, 심지어 사회정화위원들까지 가세한 마구잡이식 단속으로 총 7,747명이 입건됐고 2,828명이 수용소로 보내졌다.[3] 앞서 살폈듯이 군인들은 1961년에도 비슷한 작업을 진행했지만 그때와는 상황이 달랐다. 1961년의 군인들은 간척지를 개간하고 결혼을 하도록 거리의 사람들을 강제함으로써 '갱생'을 주제로 한 단막극의 주인공으로 내세웠다. 하지만 1981년의 연출자들에게 그런 단막극은 필요 없었다. 올림픽과 더불어 공연될 문명의 서사극에 이들이 설 자리는 없었기 때문이다.

물론 1981년의 연출자들도 전과 비슷한 단막극을 한 편 만들었다. 1982년 11월 3일 방영된 MBC 드라마 〈탄생〉이 그것이었다. 하지만 드라마는 형제복지원 원장 박인근을 주인공으로 세워 갱생보다 '수용'에 스포트라이트를 비췄다. 주변의 회유와 협박에도 불구하고 부랑인이라 판단한 자를 단호하게 시설로 수용하는 원장을 영웅적으로 그린 것이다. 이는 부랑인들이 무대 아래 어딘가 보이지 않는 곳에 격리돼 있어야 한다는 군인들의 의지를 보여주는 대목이다. 적어도 올림픽이라는 공연이 끝날 때까지는 그랬다.

 1981년 말 보사부는 "88올림픽 등에 대비, 우리나라를 찾는 관광객들에게 깨끗한 인상을 주고 국민들의 불쾌감을 없애기 위해 이제까지 단속에 치우쳐왔던 부랑인 문제를 복지차원에서 해결"할 방침을 발표했다.[4] 당시 '복지시설'은 수용시설을 가리켰으니, 보사부의 발표는 부랑인의 일회성 단속에 그치지 않고 지속적으로 수용할 공간을 마련하겠다는 이야기였다. 실제로 1982년 초 보사부는 거리에 상존하는 부랑인과 걸인 들이 "국가의 성장 면모에 손상을 입히고, 관광객과 국민들에게 혐오감을 불러일으킨다."며 수용시설 확충계획을 만들었다.[5] 그에 따라 9개의 수용시설이 신설됐다. 1983년에는 올림픽 준비를 위해 부랑인 수용시설 2개를 추가 신설했고 시설운영비도 더욱 늘렸다. 거리에서 구걸하는 이들을 더욱 철저히 단속하겠다는 것이 보사부의 계획이었다.[6] 보사부의 방침은 1984년에도 이어져서 수용시설의 수를 이전보다 더욱 늘리고 지원도 확충하겠다고 공표했다.[7] 그 결과, 부산 형제복지원, 대구 희망원, 대전 성지원, 인천 삼영원, 수원 성혜원, 서울 갱생원 등 대도시에는 어김 없이 수용시설이 자리했고,

1981년 7,156명이던 수용자의 수는 1987년 1만 5,437명까지 증가했다.[8]

'거리의 사람들'로 여겨지는 이들이 모여있는 곳 역시 무대에서 사라져야 했다. 대표적인 장소가 종로3가와 서울역 맞은편의 양동지구였다. 서울 도심에 위치한 종로3가는 제2차세계대전이 한참이던 때 미군의 공습으로 인한 화재를 대비해 가옥을 철거한 후 공터로 만든 '소개공지'였다. 해방 이후 '주인 없는 땅'이 된 종로3가는 집을 구할 수 없는 이들의 터전이자 성매매 집결지가 됐다. 그리고 그 끝에 문화재인 종묘가 자리해 있었다. 서울시는 올림픽을 앞두고 종묘 앞의 성매매 집결지를 통째로 공원으로 바꿨다.[9] 한편 양동은 1970년대 후반 대우빌딩을 시작으로 재개발이 시작된 곳으로, 1983년에는 힐튼호텔이 들어섰다. 대우빌딩과 힐튼호텔은 1985년 IBRD·IMF 총회 대회장이 됐다. 그러자 주변 지역이 문제가 됐다. 대통령은 1983년 4월 15일에 "주요 경기장 주변과 대로변 잡상인들은 특정 지역으로" 보낼 것을 지시했다.[10] 무대 정리가 이미 시작되고 있었던 것이다. 연출자들이 보기에 1985년의 IBRD·IMF 총회는 올림픽과 아시안게임의 리허설이었다. 그런 무대에 "사창, 소매치기, 앵벌이, 비렁뱅이, 날치기, 넝마주이, 아편쟁이, 노름꾼, 전과자" 등 '거리의 사람들'이 있어서는 안 될 일이었다.[11] 연출자들은 이들을 상계동 장애재활원, 강서구 대린원, 동부여자기술원 등 수용시설로 보냈다.[12]

연출자들이 사회적 삶의 대본에 따른 연기를 제대로 수행할 수 없으리라 여겨지는 '일탈적'인 도시의 구성원만을 탈락시킨 것은 아니었다. 올림픽이라는 공연은 이전의 공연들보다 훨씬 더 높은 수준의 연기, '국제적' 수준의 연기를 요구했고, 그렇기 때문에 이전보다 훨씬 많은 탈락자를 양산했다. 양동에도 이 '국제적' 요구로 인해 탈락을 경험한 이들이 있었다. 노점을 통해 생계를 꾸려 나가는 이들이 바로 그들이었다. 재개발을 담당한 토지개발공사는 "모든 국민은 인간다운 생활을 할 권리를 지닌다."는 헌법 32조를 따로 언급하며 이들을 무대에서 내보내는 일이 쉽게 정당화될 수 없었음을 보여준다. 하지만 부족한 정당성에도 이들은 강제 이주를 경험해야 했다. IBRD·IMF 총회라는, 올림픽의 리허설과도 같은 행사가 열릴 무대에 걸맞은 "근대적, 국제적 수준의 영업활동"을 할 가능성이 적다는 것이 명분이었다.[13]

이 과정에서 입건·구속된 이들 역시 적지 않았다. 올림픽 개최 결정 이후 법무부는 '올림픽 저해사범'이라는 포괄적인 개념을 만들어냈다. 이는 '국위 손상요인 진단 및 제거'라는 명분으로 연출자들의 서사를 방해하는 이들을 무대에서 제거하려는 조치였다.[14]

검찰은 1982년 3월 10일 '서울올림픽 및 아시아 경기대회 준비 세부 시행계획'을 통해 올림픽저해사범이라는 범주에 해당하는 이들이 누구인지, 그리고 올림픽을 저해하는 범죄란 무엇인지 자세히 정의했다. 이는 다음과 같았다. ① 선수나 관광객을 가장한 공산계열 및 불순세력, 국제테러단 또는 마약조직, 기타 불법 목적을 가진 단체 및 조직원 등 불순세력 및 국제범죄조직, ② 관광객 대상 치기배 및 폭력배, 물품강매, 기타 올림픽 및 관광저해 등의 행위를 하는 관광저해사범, ③ 가짜 부실물품 제조 및 판매, 가짜 문화재 및 모조품 판매, 부정식품 제조·판매, 부당요금 징수, 기타 유통질서 교란 등의 행위를 하는 물가 및 가짜 부실 사범, ④ 관광업소 윤락행위, 유흥업소 공연음란, 외설문서·도화·음반 등의 제조·판매, 마약류 밀조·밀매, 고유의 선량한 풍속을 해하는 퇴폐행위 등을 하는 퇴폐 및 사회정화 저해사범, ⑤ 교통질서 문란, 공중도덕 문란, 행락질서 문란을 조장하는 무질서 조장사범. 검찰은 특별단속반을 만들어 주기적으로 이들을 단속하고, 우범자 리스트를 작성하며, 우범지역을 일제 단속함으로써 위 범주에 해당하는 이들을 무대에서 제거하기로 했다.[15] 실제로 1982년 한 해 동안 56명의 관광사범과 11만 494명의 질서침해사범이,[16] 1985년에는 관광사범 266명과 질서침해사범 1만 3,077명이 단속됐다.[17]

아시안게임이 다가오자 검찰은 본격적으로 무대를 정리해 나갔다. '저해사범'을 단속하기 시작한 것이다. 검찰은 1986년 3월부터 저해사범 단속 결과를 분기별로 보고했고, 6월부터는 매월 보고하면서 점검을 받았다.[18] 정리 대상은 이전과 유사하게 관광저해사범, 질서침해사범, 경기장질서문란사범 등이었고, 여기에 라이센스(휘장권) 없이 아시안게임 관련 상품을 제조·판매하는 이들이 추가됐다. 하지만 검찰이 가장 먼저 단속의 대상으로 꼽은 것은 그들이 보기에 시위와 농성 등 불법 집단행동으로 사회를 교란한다 여겨지는 이들, 즉 '사회안정파괴사범'이라 명명한 이들이었다.[19] 단속은 아시안게임이 종료된 후에도 지속돼, 1986년 1년간 9,027명이 관광사범이라는 이름으로, 1만 7,706명이 질서침해사범이라는 이름으로 단속을 경험했다.[20]

검찰은 1988년에도 어김없이 무대를 정리했다. 서울지방검찰청은 1988년 5월 4일부터 '서울올림픽범죄대책본부'를 설치하고 전담 검사 9명을 배치했다.[21] 그러고는 그해 8월까지 3,345명을 단속해 33명을 구속시켰고 775명을 형사입건했다.[22] 이와 별도로 경찰 소속 치안본부는 1988년 6월 27일부터 '올림픽 대비 경찰 범죄 소탕 70일 작전'이라는 이름으로 2주만에 전국에서 1만 5,677명(강도 178명, 절도 2,695명, 폭력 1만 2,804명)을 검거했고 3,720명을 구속시켰다.[23] 이로도 모자랐는지 검찰총장은 9월 초 '전국올림픽범죄전담 부장검사회의'에서 전국 경찰에 다시금 올림픽 대비 범죄 단속을 지시했다.[24]

억압되는 목소리들

군인들의 탄압 속에서 숨죽여야 했던 야당과 시민사회는 1985년 무렵부터 활동을 재개했다. 김영삼은 1984년부터 민주화추진협의회와 함께, 김대중은 1985년 2월 귀국하며 정치를 재개했다. 두 김씨가 지원했던 정당 신한민주당(신민당)은 창당 후 1개월도 되지 않은 시점(1985년 2월 12일)에 치른 제12대 국회의원선거에서 단숨에 제1야당이 됐다. 그해 6월 말에는 구로동맹파업이 있었고, 8월부터는 청년 단체인 민주화운동청년연합과 종교인 중심의 민주통일민중운동연합이 차례로 대통령직선제 개헌을 주장했다. 1986년 2월부터는 신민당이 직선제 개헌을 위한 서명운동을 시작했고, 5월 인천에서는 5·3 항쟁이 있었다. 숨죽여왔던 야당과 시민사회의 목소리는 이렇듯 계속해서 고조돼갔다.

군인-연출자들은 이러한 목소리를 마주하면서 올림픽을 적극 활용했다. '사회안정'를 앞세우며 올림픽이라는 공연 가운데 자신들이 연출하지 않은 소리가 들려서는 안 됨을, 자신들이 허용하지 않은 배우가 무대에 등장해서는 안 됨을 거듭 강조했던 것이다. 군인들이 아시안게임을 앞두고 시위와 농성 등으로 자신들에게 저항한 이들을 사회안정파괴사범으로 규정하고 단속 대상 리스트의 전면에 배치한 것은 야당과 시민사회의 목소리가 고조되기 시작한 1985년부터였다.

전대통령은 "내년의 평화적 정부이양과 올림픽은 모든 것을 희생해서라도 기필코 달성해야 할 국가적 과제"라고 말하고 "이를 위해서는 사회안정이 무엇보다 중요하므로 불법집단행동과 서민생활을 침해하는 폭력행위에 강력히 대처해야 할 것"이라고 강조했다.[25]

노태우 대표위원도 인사말을 통해 "이제 우리는 평화적 정부이양과 88올림픽의 양대사를 성공적으로 이룩하기 위해 사회안정을 바탕으로 굳건히 나아가야 한다"면서(…)[26]

그러나 올림픽을 앞세워 목소리를 잠재우려는 연출자들의 시도는 성공적이지 못했다. 1987년 6월, 군인들은 결국 직선제 개헌을 받아들였다. 정당성은 시민사회의 목소리에 있던 것이다. 그럼에도 사회안정을 앞세우며 시민사회의 목소리를 잠재우려는 시도는 여전했다. 1988년 4월 28일, 제주지방검찰청은 1988년 5월 1일부터 10월 31일까지를 '서울올림픽 대비 범죄 단속기간'으로 정했는데, 이때도 단속 대상 범죄 리스트의 맨 앞에서는 "시위, 농성 등 불법집단행동"과 "불순세력의 사회교란행위"가 자리하고 있었다.[27] 같은 해 7월 1일 내무장관은 시·도지사들을 불러 모은 자리에서 "올림픽에 대한 그릇된 인식과 국론분열 그리고 자율화에 편승한 집단행동이 잇따르고 있다."면서 이를 '올림픽 저해요인'으로 규정했고, 이어 "지방행정의 역량을 총동원, 이를 해소하라."고 지시했다.[28]

한편 연출자들은 올림픽이 다가오자 '평화구역'이라는 이름으로 무대에서 불온한 목소리와 움직임을 없애고자 했다. 국회는 1988년 7월 22일 임시회에서 123명의 발의로 상정한 '올림픽의 평화를 지키기 위한 법률안'을 가결했다. "올림픽의 평화를 해치는 집회 및 시위행위를 금지"를 골자로 하는 이 법안은 시·도지사들에게 평화구역을 설정할 권한을 줬다. 1987년 6월 항쟁에 이어 노동자대투쟁이 진행되고 있던 시점이라는 것을 고려한다면, 이 법은 올림픽을 명분으로 집회와 시위에 관한 헌법적 권리를 제한하도록 악용될 여지가 다분했다.

올림픽 평화구역은 장기간에 걸쳐 광범위한 공간에서 시행됐다. 서울에서는 1988년 8월 17일부터 10월 31일까지 423개 행정동 중 37개 동을 제외한 시 전역이 올림픽 평화구역으로 지정됐다.[29] 서울 근교의 수원시, 성남시, 과천시, 안양시는 전역이, 현재의 하남시인 광주군 동부읍, 현재의 고양시 덕양구인 고양군 원

당읍과 신도읍, 파주군의 3개 읍과 2개 면도 올림픽 평화구역이 었다. 또한 부산 203개 동, 대구 104개 동, 인천 2개 동, 광주 60개 동, 대전 57개 동, 충남 대덕군 신탄진읍, 경북 경산군 경산읍도 이에 해당했는데, 올림픽 경기장 및 관련자 이동 경로라는 것이 이유였다. 이들 지역은 8월 17일부터 경기 종료 2일 후까지 구역 설정이 유지됐다.

연출자들은 올림픽과 약간의 관련이라도 있다 판단되면 평화구역을 설정했다. 8월 17일~9월 17일까지 충남 천안시, 온양시, 아산군 도고면 전역은 서울에서 가까운 온천 관광지 및 관련 교통로라는 이유로 올림픽 평화구역이 됐다. 여기에 올림픽 성화가 머무는 도시 20개(제주, 부산, 진주, 순천, 목포, 광주, 대구, 포항, 구미, 대전, 전주, 공주, 청주, 충주, 강릉, 춘천, 원주, 수원, 인천, 의정부)와 성화가 지나가는 모든 도로 양측 1킬로미터지역도 8월 17일부터 성화가 지나갈 때까지 올림픽 평화구역으로 지정돼 모든 집회 및 시위가 금지됐다.[30] 성화봉송로는 국토의 구석구석을 누볐다. 1988년 8월 중순부터 약 한 달간 국토 전역이 올림픽 평화구역이었다고 해도 지나치지 않을 정도다(〈그림 16〉).

시민사회의 반발은 당연했다. 군인들이 전부터 올림픽을 명분 삼아 사회안정을 내세웠기에, 올림픽 평화구역은 시민사회의 목소리를 억압하는 수단이 되리라 생각했고 실제로 그렇게 됐기 때문이다. 전국노동운동단체협의회, 민주화실천가족운동협의회 등이 1988년 8월 20일에 작성한 팸플릿에 따르면, 전국적으로 12곳의 파업 현장에서 경찰이 올림픽 평화구역을 이유로 파업을 해산

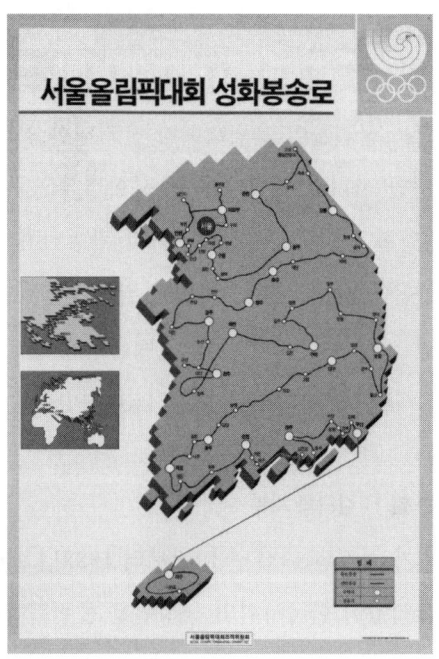

〈그림 16〉 서울올림픽대회 성화봉송로[31]

하고 노동운동 지도부를 구속했다.[32] 또한 학생운동가들은 올림픽 평화구역 선포 이후 군인들이 "노동자들의 단체행동을 탄압하는 데 더욱 광분하여 날뛰고" 있고, 자본가들은 "이에 편승하여 단체교섭을 고의로 미루거나 무성의한 협상 태도로 일관하고 있다."고 고발했으며, 심지어는 올림픽 평화구역 선포가 철거와 노점 단속에도 활용된다고 비판의 목소리를 높였다.[33]

배우가 돼버린 사람들

앞에서 우리는 군인들이 올림픽이라는 거대한 공연을 위해 관료들과 재벌뿐만 아니라 새마을운동, 사회정화운동, 범민족올림픽추진중앙협의회 등 관제 시민사회까지 광범위하게 동원해 연출진을 구성했음을 살폈다. 이렇게 광범위한 연출진을 만든 것은 이들이 동원할 사람들이 그만큼 많기 때문이었다. 다시 말해, 배우로 만들어야 할 사람이 그만큼 많았다는 것이다.

배우를 만드는 법 1: 감시와 처벌

올림픽 개최가 결정된 1981년 10월부터 1988년 9월까지 7년간 연출자들은 끊임없이 한국사회의 구성원을 올림픽이라는 공연을 수행하는 배우로 동원하고 또 이를 명분 삼아 온갖 품행을 감시·규율하고자 했다. 일례로 1981년 12월 내무부는 '올림픽 새마을 7개년 종합계획'을 입안했다. 이는 "친절·근검·정직의 예의민족, 청결·질서·품위의 선진사회, 전통·미풍양속의 문화국민"을 표어로 하고 있었는데,[34] 〈표 1〉은 그 내용을 구체적으로 보여준다. 연출자들은 사회 구성원들이 양치질을 자주 하는지, 옷을 깨끗하게 입는지를 감시하는 수준까지 이르지는 않았고, 계획 자체도 실제로 실행되지는 않았다. 그럼에도 불구하고 올림픽 새마을 7개년 종합계획은 연출자들이 감시와 규율의 대상으로 생각한 범위가 얼마나 넓었는지, 또 얼마나 많은 이를 동원의 대상으로 생각했는지를 잘 보여준다.

구분	세부내용	세부 행동 내용
친절	친절한 태도 친절한 서비스	웃으면서 대화하기 등 7개 자상한 길 안내 등 5개
근검	부지런한 자세 검소한 생활	책 읽는 습성 기르기 등 5개 사치, 낭비 안 하기 등 12개
정직	정직, 성실한 행위 비리, 퇴폐 추방	습득물 신고하기 등 4개 소매치기 없애기 등 5개
청결	단정한 용모 거리 청결 접객업소 환경정비 주거환경 정비	양치질 자주 하기 등 6개 휴지, 꽁초 안 버리기 등 8개 식당, 메뉴정비 등 9개 내 집, 내 점포 앞 쓸기 등 6개
질서	교통질서 거리질서 상거래질서 행락질서 참관질서	교통신호, 차선 지키기 등 8개 차례로 줄 서기 등 8개 상품가격 표시하기 등 8개 음주난무행위 삼가기 등 6개 빈 병 안 던지기 등 6개
품위	단정한 복장 고운 말 쓰기 시간 지키기 정중한 태도	깨끗한 옷 입기 등 5개 존칭어 쓰기 등 4개 약속시간 지키기 등 2개 길거리에 방뇨 안 하기 등 6개
전통	민족정신 살리기 전통문화 보전	사대사상 버리기 등 8개 고적, 사적지 가꾸기 등 6개
미풍양속	인보협동 경로사상	불우이웃돕기 등 4개 웃어른에게 인사하기 등 4개

〈표 1〉 올림픽 새마을운동 국민정신 개혁 실천사항[35]

올림픽 새마을 7개년 종합계획이 아니더라도 사회 구성원을 올림픽이라는 공연의 배우로 호명하고 동원하려는 시도와, 이들이 그럴듯한 연기를 수행하도록 감시하고 규율하려는 시도는 1988년까지 지속됐다. 예를 들어 1988년 초 서울시는 '시민참여운동'이라는 이름으로 104개 직능단체 소속 인원 약 33만 명을 동원해 교육을 실시했다. 교육은 거리, 경기장, 관광지에서 질서를 지키고, 이들 장소에서 휴지를 함부로 버리지 않고 침을 함부로 뱉지 않으며 인사를 잘하고 공손하게 말하는 등 매너를 길러 능숙한 연기를 수행하는 배우가 되라고 요구했다. 그런데 여기서 그치지 않고 자신이 사는 곳 주변을 청소하고 화단을 정비하고 간판과 광고물이 지저분해지지 않도록 관리하며, 건물의 화장실과 옥상까지도 관리하라고 덧붙였다. 나아가 식생활을 바꾸고 아침마다 운동을 하며, 외국어를 공부하고 올림픽을 통한 한국사회의 국제적 지위 향상이라는 서사를 학습하라고 강조한 것까지가 교육의 주된 내용이었다.[36]

수십만 명을 동원해 수행한 훈련의 내용이 이 정도라면, 수백만 명을 대상으로 하는 훈련은 더욱 단순하고 반복적이어야 했다. 그래서 연출자들은 표어를 만들고 스티커를 제작해 이를 도시 곳곳에 퍼뜨렸다. 표어는 올림픽의 배우로 개개인을 동원하고 이들이 질서와 매너를 연기하도록 만드는 데 초점을 뒀다. 대표적으로 "86은 내가 할 일, 88도 내가 할 일", "선수는 경기 메달, 시민은 질서 메달", "올림픽에 나라 크고 나라 크면 나도 큰다", "선진국 시민답게 올림픽 주인답게", "내가 버린 휴지 한 장 나라 얼굴 더럽힌다", "내가 베푼 작은 친절 국익 되어 돌아온다", "선진 시민 따로 없다. 청결·질서·문화시민", "너도 나도 바른 질서 우리 모두 일등 시민", "친절은 내가 먼저 질서는 우리 모두" 등이 있었다. 이런 표어와 홍보 스티커를 배포하는 데 동원된 인원은 아시안게임이 개최된 1986년 한 해에만 약 750만 명이었다.[37]

동원된 인원이 수백만 명이라면, 그들의 손으로 배포된 스티커, 포스터, 팸플릿, 현수막, 전단 등의 숫자는 이를 훨씬 뛰어넘는 것이 당연했다. 범민족올림픽추진중앙협의회에 따르면, 1985년부터 1986년까지 스티커 894만 8,809매, 표어 358만 8,158매, 포스터 116만 860매, 전단 837만 2,143매, 팸플릿 288만 2,673매, 현수막 3,280매가 배포됐다.[38] 1987년부터 1988년 올림픽이 있을 때까지도 이는 계속됐다. 정직·질서·친절을 주제로 한 스티커 1,156만 6,295장이 배포됐고, "서울올림픽 성공을 위한 우리 모두의 실천 운동 유형", "밝은 사회를 위해 우리 모두가 중점적으로 해야 할 일" 등의 전단도 95만 매가 배포됐다. 범민족올림픽추진중앙협의회가 만든 월간지 《올림픽광장》은 1987년 11월부터 12개월간 총 819만 5,000부가 배포됐다. 그리고 정류장 줄 서기, 신호등 지키기, 공중화장실 깨끗이 사용하기, 내 집 앞 청소하기, 고운 말 쓰기, 국가에 대한 자부심과 긍지를 갖고 외국인 대하기 등을 내용으로 하는 캠페인도 총 5,066회나 진행됐다.[39]

텔레비전 역시 동원의 도구로 쓰였다. 1986년 2월 5일부터 1988년 10월 31일 사이 텔레비전을 통한 올림픽 캠페인은 2,978건(KBS 1,334건, MBC 1,644건), 신문을 통한 캠페인이 1,685건(중앙지 980건, 지방지 705건)이었다.[40] 심지어는 만화와 애니메이션 또한 동원의 도구였다. 범민족올림픽추진중앙협의회는 1987년 32권으로 된 만화 시리즈 《달려라 호돌이》를 발간했고, 이 만화는 애니메이션으로도 제작돼 1987년 5월 5일부터 1988년 9월 11일까지 MBC에서 매주 일요일마다 방송됐다. 이 만화/애니메이션은 주인공들이 전 세계의 주요 도시를 돌며 위기를 극복하는 모험 서사이면서, 해당 국가의 사회와 문화를 관찰한 내용도 비중 있게 다뤘다. 주인공들이 방문한 도시들은 각기 문제를 갖고 있었다. 사회주의 국가들은 체제로 인한 문제를 경험하고 있었고, 자본주의 국가들도 인종 문제 등으로부터 자유롭지 않았다. 만화는 올림픽을 통해 국가의 지위를 높인 한국이 언젠가 이들 국가를 앞서 나가리라는 포부를 주인공의 입을 빌려 말했다.[41] 만화와 어린이용 애니메이션마저도 연출자들의 서사가 녹아들어 있었던 것이다.

 군인-연출자들이 배우로 동원할 이들을 훈련하는 데 캠페인과 교육으로 그칠 리 만무했다. 이전부터 해왔던 것처럼 군인들은 감시에 들어갔다. 새마을운동과 달리 단속권과 고발권을 갖고 있던 사회정화위원회는 도시 이곳저곳을 누비며 이른바 '현장계도'를 수행했다. 사회정화위원회 회원들은 어깨띠를 두르거나 피켓을 들고 많은 이가 오가는 거리, 관광지, 상점 등에 감시의 눈길을 보냈다.[42] 이를 위해 동원된 인원의 숫자부터 상당했다. 사회정화위원회에 따르면 1981년부터 1988년까지 감시를 수행하려고 교육받은 이들은 연인원으로 약 1,199만 명이었다. 그리고 1982년부터 1988년까지 거리에서 좌측통행, 정류장에서 줄 서기, 오물 버리지 않기, 차선 지키기, 횡단보도 앞 서행 등을 감시하려고 투입된 이들은 연인원 약 2,460만 명이었다. 관광지에서 쓰레기 치우기, 음주 소란 금지, 공중시설 깨끗이 이용하기, 바가지 요금 없애기, 가격표 게시하기 등을 감시하려고 동원된 사람들도 연인원 총 1,943만 명이었고, 그에 앞서 감시자로서 교육받은 사람들은 연인원 총 2,228만 명이었다. 또한 이들은 서울에서만 1만 톤이 넘는 오물을 수거했고 7만 명이 넘는 이들을 단속했으며, 총 1만 9,000회에 걸쳐 가격 표시·불량상품 추방·청결을 교육하는 데 연인원 612만 명을 동원했다.[43]

1986년부터 연출자들은 감시망을 한층 더 강화했다. 우선 사회정화위원회로 하여금 내무부, 문교부, 체육부, 보사부, 서울특별시, 치안본부, 서울시경, 서울올림픽 조직위원회 등 15개 기관이 참여한 '중앙질서기획단'을 주관토록 했다.[44] 1987년에는 여기에 범민족올림픽추진중앙협의회와 새마을운동중앙본부 등을 추가했다.[45] 그럼으로써 배우로 동원된 한국사회의 구성원 대다수의 일상에 대해 관료기구와 관제 시민사회가 총동원된 감시망이 작동하기 시작했다. 1988년이 되자 사회정화위원회는 관계부처 공무원을 동원해 공항·호텔·경기장·관광지·고속도로·시장·관광기념품 판매점 등을 감시하고, 친절·청결·질서 측면에서 문제가 발생하면 관련 부처로 하여금 공권력을 행사하도록 했다.[46]

이처럼 촘촘한 감시망의 한가운데에 스포츠 경기장이 있었다. 올림픽의 의미가 스포츠 이상이라고는 하나 그 핵심에는 스포츠 이벤트가 있다. 또한 스포츠 이벤트는 텔레비전을 통해 전 세계로 중계되기 때문에, 그 어느 공간보다도 연출자들이 만든 대본에 따른 연기가 선수와 사회 구성원 모두를 통해 이뤄져야 하는 곳이었다. 연출자들이 경기장의 배우들을 감시하는 데 힘을 기울이는 것은 당연했다. 우리는 이미 1983년 프로야구 경기 도중 감독이 심판 폭행 시비로 현장에서 체포되고 구속된 사례를 봤다.[47]

사회정화위원회는 1982년부터 '경기장 질서'를 강조했다. 1980년대 들어 스포츠 경기가 텔레비전으로 중계되는 사례가 대폭 늘어남에 따라 "부정선수 시비, 판정불복 시비, 선수·임원 폭력, 음주 관중 난동 등 무질서한 작태가 공공연히 실황 중계돼 국민의 질서의식에 부정적 영향"을 끼치지 않도록 사전에 이를 차단하고자 한 것이다. 그래서 이들은 경기장 난동에 대해 구속을 원칙으로 하는 '경기장 질서 확립 종합대책'을 만들었다.[48] 그리고 1983년에는 가장 높은 인기를 얻고 있던 프로야구를 감시하려고 잠실경기장에 질서기획단을 설치했다. 1984년 8월에는 축구 등 주요 경기에도 질서기획단을 운영했다.[49]

프로야구보다 더 중요한 감시의 공간은 국내에서 열리는 가장 큰 스포츠 이벤트인 전국체전이었다. 1982년부터 전국체육대회마다 '질서'라는 단어가 계속해서 유통됐다. 1982년 전국체전에는 '경기장질서확립위원회'가 설치됐고,[50] 전두환은 개회식에서 전국체전을 "질서의식을 생활화하는 뜻깊은 다짐의 광장"이라 명명했다.[51] 1983년 소년체전의 표어는 "선진질서, 선진체전, 선진조국"이었고,[52] 같은 해 전국체전의 표어는 "화합된 새 기상, 다져질 새 질서, 펼치는 새 조국"이었다.[53] 사회정화위원회는 1982년 마산에서 열린 전국체전을 시작으로 전국체전과 소년체전마다 차례대로 입장하기, 쓰레기 치우기, 건전한 응원하기, 경기장 난입 금지, 공병 투척 금지, 주류 유리병 지참 금지 등을 감시했고,[54] 도시새

마을운동 또한 감시에 나섰다.⁵⁵ 1982년부터 7년간 감시에 투입된 인원만 해도 약 16만 명이었다.⁵⁶

특이한 점은 전국체전이 끝날 때마다 '질서체전'이었다는 상찬을 연출자들이 반복했다는 것이다. 이들은 1982년 전국체전 이후에는 "경기장, 거리, 상가, 버스터미널, 기차역 등 어느 곳에서도 시민들의 행동엔 흐트러짐이 없었다."고 주장했고,⁵⁷ 1984년 체전 이후에는 "경기장과 거리 어디서도 무질서는 눈을 크게 뜨고도 찾아볼 수 없었다."고 강조했다.⁵⁸ 그럼에도 불구하고 연출자들의 강박증은 사라질 줄 몰랐다. 이미 1983년부터 "경기장 질서에 대한 과민반응"이라는 반발이 나올 정도였다.⁵⁹

이와 같은 동원과 감시가 얼마나 광범위했고 또 일상 속에 깊숙이 파고들었는지는 이를 비판하는 이들의 목소리를 통해서도 잘 드러난다. 1985년 시인 김용택이 쓴 시 〈팔유팔파〉가 대표적이다. 다음은 시의 후반부다.

그나저나팔유팔파오림픽이열리며는그누구의말대로거시기뭣이냐민족사의왼갖질곡과시련을극복하여그종지부를꽉찍을까그럴까우리하늘이저쪽끝에서저쪽끝까지훤하게갤까. 그나저나오림픽이끝나며는저텔레비전속사람들이나왼갖치사와축사속의사람덜은무신소리로안정된선진조국과정의복지를위하여침을튀길까그리고우리덜은무신재미로살끄나무신희망으로와와절망하끄나해가떠도오림픽달이떠도오림픽빛이져도오림픽소값개값되야도오림픽죽으나사나오림픽인디아아아아아그때는참말이제무신절

망으로아아대한민국아아대한민국허며무신재미로살끄나.⁶⁰

시는 성공적인 공연이 국가의 지위를 향상시킨다는 올림픽 캠페인의 서사가 대중의 일상 속에 얼마나 깊숙이 파고들었는지를 보여준다. 한 저항적 언론은 "관제 매스컴을 통해 끊임없이 반복 선전되면서 대중 세뇌의 핵으로 등장하여 대중을 그야말로 '입만 벙긋하면 86·88'을 읊조리는 백치와 같은 존재로 탈바꿈"시켰다고 날카롭게 비판했다.⁶¹

배우를 만드는 법 2: 문명화 과정

노르베르트 엘리아스는 서구 궁정에서 발생한 '문명화된 행위'가 타인의 반응과 시선을 내면화한 데서 출발했으며, 이것이 바로 '문명화 과정'이었다고 통찰했다. 그에 따르면 사려 깊고 절제되며 예의 바르고 매너 있는 행동은 궁정 귀족이 타인의 반응을 응시하고 그 시선을 내면화하면서 시작됐다.⁶² 타인의 시선을 내면화하는 것은 서울올림픽이라는 공연을 앞두고 연출자들이 수많은 이를 동원하면서 발생한 효과였다. 연출자들이 명시적으로 외국인의 시선을 내면화하게 만들려고 하지는 않았더라도, 무대를 정리하는 과정에서 동원된 이들로 하여금 외국인을 연기할 수 있는 시간, 외국인의 시선을 내면화할 수 있는 시간을 만들었던 것이다.

1970년대의 새마을운동은 농촌의 지붕개량이나 마을 인프라 정비 사업 등으로 유명하다. 새마을운동은 1980년대 들어 올림픽의 무대를 정리하고 단장하는 일에 대대적으로 활용됐다. 한 구술자는 당시를 회상하면서 "1980년대는 88서울올림픽이 너무 컸어요. (…) 새마을지도자들이 말도 못하게 동원돼서 전 국토 공원화 사업을 거의 하다시피 했죠."라고 말한 바도 있다.[63] 이들의 역할은 올림픽의 무대인 도시 곳곳을 정리하고 단장하는 일이었는데, 이때 중요한 것은 도시를 일률적으로 정리·단장하는 것이 아니라 외국인의 시선에 맞추는 것이었다. 외국인의 눈을 장착하고 무대 곳곳을 살펴본 후 시선이 닿을 곳에서 무언가는 없애고, 무언가는 감추며, 무언가는 꾸미는 등의 일을 반복하는 것이 이들의 과업이었다.

1982년부터 1985년까지 이들이 한 것은 '무질서하고 불량한' 간판과 광고물을 정리하고 '외국인들이 불쾌해하는' 뱀탕·토룡탕·보신탕집을 이전하는 것 외에도, 이들의 시선이 스쳐 지나갈 수 있는 철도노선·간선도로·고속도로·관광지 주변의 불량주택과 시설물을 정비하는 것, 도심 내 공한지·관광지·고속도로·국도·철도변에 나무를 심고 화단을 만드는 것 등이었다.[64] 1986년부터는 성화봉송로가 새마을운동의 중요한 무대였다. 성화가 지나가는 길 자체보다 성화를 계기로 외국인의 시선에 포착될 수 있는 봉송로 주변의 경관이 중요했다. 이해 새마을운동은 성화봉송로 주변의 주택개량, 담장개량, 도로포장, 소공원 조성, 가로화단 조성, 공한지 나무 식재, 꽃길 조성을 수행했고,[65] 1987년에는 성화봉송로 주변의 주택·담장·고물상·하천·제방 등을 손봤으며, 공원에 화단을 만들고 가로수를 심었다.[66]

사회정화위원회 또한 외국인의 눈을 대리 장착해 감시활동과 더불어 무대 곳곳을 살피고 다듬는 일에 투입됐다. 이들은 1985년부터 매달 20일에 있었던 '질서의 날'에 버스터미널과 관광지 등에 파견돼 감시와 청소를 동시에 수행했다. 1986년 6월 한 달 사이 이들은 관광지·고궁·경기장·공항·성화봉송로 등의 '질서 상태'를 살폈고,[67] 1988년에는 관광지·고속도로휴게소·6대 도시 경기장 및 주변·경기장 주변·관광지 그리고 서울지역의 택시까지 모두 외국인의 시선을 대리해 사전 점검을 실시했다. 이런 활동에 동원된 인원은 최소 130만 명이 넘었다.[68]

범민족올림픽추진중앙협의회도 예외가 아니었다. 이들은 1985년부터 1987년까지 화장실 청소, 가로화단 조성, 부산 수영만 요트경기장 바다 청소, 하천 청소 등을 비정기적으로 수행한 바 있다.[69] 그리고 1987년부터는 주기적인 한강 청소 활동과 성화봉송로의 꽃 식재 작업에 들어갔다. 또한 이들은 1988년 4월 15일부터 올림픽 기간 동안 매월 15일마다 열린 '호돌이의 날' 행사를 주도했다. 수천 명의 회원이 공원·거리·하천·화장실을 청소하고 벽보를 제거하는 활동과 캠페인을 펼쳤고, 이는 KBS와 MBC 등을 통해 실황 중계됐다.[70]

이는 단순한 동원이 아니었다. 청소와 점검은 그 자체로 외국인의 시선을 내면화시키는 시도이기도 했다. 한국사회 구성원들이 지속적으로 문명을 상징하는 친절과 질서를 연기하도록 하려면 무엇보다도 타인의 시선, 즉, 외국인의 시선을 내면화시킬 필요가 있었다. 1983년 불문학자 김화영은 외국인의 시선을 내면화시키고자 했던 연출자들의 시도를 다음과 같이 간파했다.

> 왜 언제부터 우리들의 판단 기준은 사소한 일에서까지 외국인 쪽에 가 있는지 알 길이 없다. 우리는 이토록 우리들 스스로의 독자적 판단능력을 상실해 버렸단 말인가? (…) 무서운 것은 외국인의 눈이 아니라 우리들 자신 속에 신화적으로 날조해서 지니고 있는 '외국인의 눈'이다. (…) 도대체 우리의 행동 하나하나를 시시각각 감시하는 듯한 눈을 가진 '외국인'은 어느 나라 국적을 가진 사람일까? 때때로 나는 그 외국인이 혹시나 상상력과 독자적 판단력을 상실한 한국인 자신의 망령이 아닐까 하고 부질없는 걱정을 하곤 한다.[71]

이는 한국사회의 구성원 대다수가 가상의 외국인의 감시하에 일상을 영위했음을 보여준다.

올림픽을 통해 국제사회에 인상적인 공연을 보여주고자 한다면, 감시를 통한 품행의 교정 외에도 필요한 것이 더 있다. 프랑스의 귀족들을 바꾼 것은 예의와 매너였지만, 이에 앞서 압도적인 화려함이 이들을 베르사유로 이끌었다.[72] 벤야민이 '산보객'이라는 개념을 통해 말했듯, 19세기 이후 자본주의 세계를 살아가는 사람들은 푸코가 말한 감시뿐만 아니라 '구경'이라는 시각적 경험도 수용했다.[73] 여기서 스펙터클은 구경을 넘어 일상의 품행을 인도하는 기제가 된다.[74] 20세기의 권력은 대본에 따르지 않는 동작과 불온한 목소리를 감시하는 것만이 아니라, 역동적인 춤과 아름다운 노래 등 시선을 사로잡는 스펙터클을 통해서도 작동한다.

실제로 1981년 이후 올림픽을 준비하는 7년간 배우로 동원된 이들이 감시 속에서만 일상을 영위한 것은 아니었다. 비유컨대 이 기간은 일종의 '뮤지컬'을 반복해서 구경하는 시간이기도 했다. 한국사회의 구성원들은 스포츠라는 역동적인 몸짓을 반복적으로 봤고, 한국의 발전을 노래하는 건전가요를 반복적으로 들었다. 1980년대에는 이를 3S(Sport, Screen, Sex)라고 부르며 대중의 우민화 수단 혹은 탈정치화 수단이라고 평가했다. 하지만 서울올림픽과 이를 준비하는 과정 전반은 도시화와 산업화 속에서 한국사회 구성원들의 여가에 관한 품행을 인도하려는 스펙터클로 살펴볼 때 보다 다채롭게 해석할 수 있을 것이다.

앞서 본 것처럼 군인들은 1970년대부터 '퇴폐가요'를 없애겠다면서 팝음악을 라디오방송에서 퇴출시키고 이를 민요나 군가로 대체하는 등 여가에 개입하면서도,[75] 다른 한편으로는 공장새마을운동의 일환으로 레크리에이션 프로그램을 보급하고 강사들을 육성했다.[76] 그런데 1980년대의 군인들은 대중의 여가에 더욱 적극적으로 개입했다. 대표적인 사례가 가장 먼저 출범한 프로스포츠인 프로야구리그였다. 프로야구는 1981년 7월 국민 정서 및 국민 여가선용을 주제로 한 청와대 수석회의에서 처음 논의됐고,[77] 그해 11월 대통령의 재가와 더불어 시작됐다.[78] 프로야구리그는 "어린이들에게 꿈과 희망을, 젊은이에게는 낭만을, 국민들에게는 여가선용을!"이라는 캐치프레이즈를 내세웠다. 문제는 대중에게 여가 시간은 생겨났을지 몰라도 여가에 쓸 돈은 거의 없었다는 것이다. 군인들의 노동 탄압 속에서 노동으로 생계를 이어 나가는 이들은 아직 프로스포츠를 지탱할만한 소비력을 갖지 못한 상태였다. 군인들은 삼성, 롯데, 해태 등 재벌기업이 다수의 비용을 감당하는 방식으로 문제를 풀어갔다. 1983년에는 프로축구와 프로씨름이 생겨났고, 1983년 겨울부터는 농구대잔치와 백구의 대제전(배구)을 출범시켰다. 이때부터 사계절 내내 스포츠 경기가 계속됐고, 이들 중 상당수가 텔레비전을 통해 중계되는 일상이 시작됐다.[79]

품행 교정을 위해 스포츠를 보다 적극적으로 활용한 경우도 있다. 산업화 국면에서 으레 발생하기 마련인 노동-자본 간 갈등을 줄이는 데 스포츠가 주는 '열광'을 활용한 것이다.[80] 노동부는 1983년부터 500인 이상 사업장에 운동부 설치를,[81] 100인 이상 사업장에는 분기별 사내체육대회 실시를 의무화했다.[82] 그리고 그해부터 3년간 '노사협조분위기 조성'과 '근로의욕과 생산성 향상'을 목표로 '전국근로자체육대회'를 개최했다.[83] 이와 같은 기조를 보여주는 텔레비전 프로그램이 1984년 11월 11일부터 약 8년간 방영된 KBS 〈행운의 스튜디오〉였다. 〈행운의 스튜디오〉는 일요일 정오라는 황금시간대에 1시간 30분간 방송됐는데, 기업별로 노동자와 연예인 들이 한 팀이 돼 게임을 하면서 노사협조 분위기를 조성하기 위한 것이었다.[84]

범민족올림픽추진중앙협의회는 이번에도 여가에 관한 품행의 인도에 동원됐다. 이들은 1987년 5월 30일 전통놀이를 레크리에이션에 활용하고 서울올림픽 응원가를 보급하려는 목적으로 '여가선용 큰잔치'라는 행사를 열었다.[85] 또한 같은 해 7~8월에는 총 32개 주요 도시를 돌면서 '올림픽 새놀이'라는 행사를 통해 레크리에이션 프로그램을 보급했다.[86]

한편 '건전가요'는 노래를 통해 품행을 인도하고자 하는 시도였다. 건전가요는 이전부터 존재해왔으나, 1979년부터 앨범마다 반드시 한 곡은 들어가야 했다. 1980년대에 들어서면서 건전가요를 주도한 것은 사회정화위원회였다. 이 시기에 만들어진 건전가요로는 정수라의 〈아! 대한민국〉(1983)을 포함해, 김수철의 〈젊은 그대〉(1984), 김연자의 〈아침의 나라에서〉(1985), 인순이의 〈아름다운 우리나라〉(1984), 남궁옥분의 〈서로 믿는 우리 마음〉(1982), 방미의 〈나의 사랑 대한민국〉(1985) 등이 있다.[87] 건전가요를 서구적인 대중음악과 뚜렷이 구별하려 했던 1970년대의 군인들과 달리, 1980년대의 군인들은 구별에 상대적으로 관대했기에,[88] 몇몇 곡은 대중적으로 큰 인기를 얻었다.[89]

하지만 사회정화위원회가 건전가요를 확산시키려고 학교·공장·행정기관·방송국 등에 앨범을 여러 차례 배포했고, 건전가요 합창경연대회를 여는 등의 노력을 했음은 간과할 수 없다.[90] 범민족올림픽추진중앙협의회 역시 1987년 말 건전가요 14곡을 모은 카세트테이프 5,000개를 제작해 산하기관에 배포했다.[91] 한강공원이 완성되기 전부터 한강 개발을 상찬한 〈아! 대한민국〉과 올림픽 주제가를 염두에 두고 만들어진 〈아침의 나라에서〉는 스펙터클의 또 다른 활용법이라고 할 수 있었다.[92] 여가에 관한 품행을 인도하는 것에 더해 올림픽을 더욱 스펙터클하게 만들 '효과음'인

동시에 올림픽이 만들어줄 스펙터클을 찬양하는 '뮤지컬 넘버'였기 때문이다.

7장

무대를 만들다

사라지는 무대 소품들

19세기가 만들어낸 최고의 스펙터클은 박람회였다. 벤야민이 분석한 바 있듯이, 박람회는 근대 도시의 대표적인 판타스마고리아(fantasmagoria)의 공간이었다. 상품이라는 물신(物神)을 순례하는 공간, 주체인 인간이 객체인 상품과 자리를 바꾸고 상품에 압도당하는 공간으로서 백화점 등과 함께 도시를 스펙터클로 만드는 핵심 요소였다.[1] 1889년 파리만국박람회를 조직한 미셸 슈발리에(Michel Chevalier)와 프레데릭 르플레(Frédéric Le Play)는 생시몽주의자였다. 그들은 혁명이 만들어낸 세속화된 세계에서 현실 세계를 초월한 유토피아를 선취하는 공간으로 박람회를 고안했다.[2] 흥미롭게도 올림픽을 창시한 피에르 드 쿠베르탱은 르플레의 제자였다.[3] 쿠베르탱은 박람회에서 올림픽의 아이디어를 얻었고, 1900년 파리올림픽과 1904년 세인트루이스올림픽은 만국박람회의 부대행사 형태로 박람회와 함께 열렸다. 그런 점에서 올림픽은 박람회와 더불어 근대 도시의 스펙터클이었다. 이윽고 1936년 베를린대회 이후 올림픽은 박람회를 능가하는 스펙터클이 됐다.

서울올림픽 역시 올림픽의 역사를 따라 스펙터클이 돼야 했다. 다시 말해 관객들에게 그저 구경거리를 제공하는 것을 넘어 일상에서 경험할 수 없는 무언가를 보여줘야 '성공적인' 올림픽이라는 소리를 들을 수 있다는 것이다. 이를 위해서는 배우들의 능숙한 연기만으로 충분하지 않았다. 다음 인용문은 도시라는 무대가 그 자체로 스펙터클로서 효과를 발휘해야 한다는 연출자들의 생각을 잘 드러낸다.

> 앞으로 곧 맞이할 대규모의 중요한 국제행사에서는 우리의 모든 것이 온 세계에 적나라하게 드러나게 될 것이다. 우리의 거대한 스포츠 경기장을, 우리의 아름다운 강산을, 우리가 그동안 성취한 경제성장을, 우리 국민의 근면성을, 고속도로와 높은 빌딩 숲들을, 고급호텔과 식당을, 그리고 자동차 행렬을 이런 기회에 자랑스럽게 보여줄 수 있을 것이며 그들의 감탄사도 지상을 통하여 크게 알려질 것이고 이를 통해 우리는 자랑과 자부심을 느낄 것이다.[4]

연출자들은 올림픽이라는 공연의 무대인 도시가 한국의 경제발전을 과시하는 스펙터클이 돼야 한다고 생각했다. 배우들이 문명과 문화를 보여준다면, 무대는 경제발전을 보여줘야 했다. 이에 따라 연출자들은 도시를 대대적으로 바꿨다. 어떤 배우는 탈락시키고 나머지는 배우로 동원해 훈련시켰던 드라마투르기는 여기서도 반복됐다. 무대 위의 어떤 부분은 제거하거나 이동시키고, 새로운 무대장치를 전면에 배치해 스포츠라이트를 받도록 만드는 것이 군인-연출자들의 미장센이었다.

불량주택 재개발

앞서 살폈듯이 탈식민과 전쟁을 거친 한국사회는 1960년대부터 급속한 도시화를 경험했다. 그중에서도 서울의 인구성장은 다른 도시들과 비교할 수 없을 만큼 빨랐다. 1960년 244만 명이던 서울 인구는 1970년 550만 명으로 2배 이상 증가했다. 서울의 인구증가분이 전국 인구의 47.8퍼센트를 차지할 정도였다.[5] 서울의 인구증가는 주택문제로 이어졌다. 당시 서울은 폭증하는 인구를 감당할 주택이 부족했고, 있다 해도 이를 구매할 여력이 없는 이들이 다수였다. 그들은 하천부지나 산허리 등 국·공유지에 거처를 마련했는데, 하천부지로는 청계천과 홍제천, 산허리로는 창신동, 신당동, 아현동 등이 대표적이었다. 1966년 380만 명이던 서울 인구 중 1/3인 127만여 명이 약 13만 6,000동의 무허가건물에 거주할 정도였다.[6] 무허가건물 다수는 1980년대까지도 개보수나 신축이 제대로 이뤄지지 않은 상태였다.[7] 서울시는 1960년대 후반부터 이에 대응했다. 1966년 서울시장이 된 '불도저시장' 김현옥 시기의 대책은 무허가주택 양성화, 시민아파트 건설, 도시 외곽 (강제) 이주 등이었다.⁸ 결과는 대실패였다. 시민아파트 건설은 와우아파트 붕괴로 중단됐고, 가장 큰 이주 단지였던 광주대단지는 당사자들의 불만을 사 1971년 당시 최대의 도시봉기였던 광주대단지 사건(8·10 성남[광주대단지] 민권운동)으로 이어졌다. 서울시가 도시 내 정착지로 조성한 미아동, 쌍문동, 사당동, 신림동, 봉천동, 목동 등은 이전과 다를 바 없는 산동네와 하천변이어서 새로운 무허가주택을 양산했다.⁹

1970년을 넘어서면서 도시계획법을 포함해 무허가주택지를 재개발할 수 있는 제도적 기반이 마련됐다.¹⁰ 하지만 실행은 군인들의 계획처럼 되지 않았다. 1971년까지 무허가주택을 없애겠다는 것이 당초 서울시의 계획이었지만, 1980년대 초까지도 여전히 서울시 주택 중 15.5퍼센트는 무허가주택이었다.¹¹ 한 전직 관료는 1980년 무렵의 서울을 다음과 같이 묘사했다.

두 개의 국제행사에 참가하기 위해 또 겸사겸사로 한국을 관광하기 위해 찾아올 수많은 외국인에게 보이기에 서울은 아직도 너무나 보잘것없었다. 인구규모는 이미 900만에 육박하여 지구상 어느 곳에 내놓아도 손색이 없는 대도시였지만 그 시가지 모습은 낡고 초라했다. 중심시가지인 종로·을지로·퇴계로 변에는 낡고 나지막한 건물들이 즐비했고 뒷골목으로 한 발짝 들어가면 무질서와 불결과 악취가 뒤엉켜 있었다. 중심시가지를 벗어나 변두리로 나가면 온 산허리를 온통 메운 무허가건물이 바다를 이루고 있었다.¹²

이러한 상황에서 개최가 결정된 올림픽은 연출자들로 하여금 무대 정리를 더 이상 머뭇거릴 수 없도록 만들었다. 다만 서울의 꽤나 많은 곳에 산재한 산동네를 동시에 정리하기란 쉬운 일이 아니었기에 우선순위를 정해야 했다. 이때 연출자들이 선택한 기준은 역시 외국인의 시선이었다. 연출자들은 관객인 동시에 리바이어던인 외국인이 방문하거나 그들의 시선이 머물 수 있는 곳을 '가시권'이라 지칭하면서 재개발의 우선순위로 삼았다. 올림픽 개최 결정 직후 서울시 재개발 방침의 1순위는 가시권의 정비였고, 연출자들은 이를 위해 합동재개발 제도를 활용했다. 1983년 정부가 합동재개발 제도를 도입해 건설사와 가옥주 들이 재개발을 통해 아파트단지를 만들고 수익을 향유할 수 있게 하자 이에 참여하는 이들이 대폭 증가했다.[13] 하지만 연출자들은 이를 민간에만 맡기지 않았다. 우선적으로 재개발을 해야 할 32개 구역을 정했는데,[14] 이들 지역 모두는 외국인이 볼 수 있는 곳, 즉 가시권이었다. 경기장 주변 3개 구역(가락 1, 가락 2, 오금)과 한강변 3개 구역(옥수 4, 금호 1, 흑석 1), 주요 간선도로변 18개 구역(흑석 2, 금호 5, 방배 1 등), 지하철과 호텔 주변 4개 구역(옥수 7, 신당 1, 구로 2, 대림), 주거환경 불량지역 4개 구역(천호 2, 천호 3, 사당 2, 사당 4)이 그러한 곳이었다.[15]

 1984년 말 기준 76개 불량주택 재개발지역을 보여주는 〈그림 17〉은 재개발지역이 선형으로 배치되는 경우가 많았음을 보여준다. 주요 간선도로나 지하철노선, 한강을 따라 많은 재개발 구역이 자리 잡았기 때문이다. 한강은 유람선에서 눈에 띌 수 있다는 이유로 우선적 재개발 대상지가 됐고,[16] 철로 주변 역시 같은 이

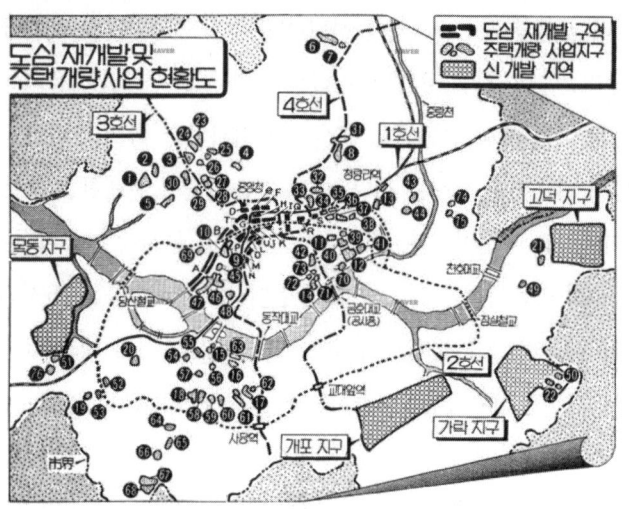

〈그림 17〉 도심재개발 및 주택개량사업 현황도 [17]

유로 우선적으로 정리돼야 했다.[18] 오금동은 올림픽공원 근처라는 이유로,[19] 신당동은 외국인이 투숙하는 신라호텔에서 보인다는 이유로 재개발이 이뤄졌고,[20] 목동은 김포공항과 가까워 항공기에서 내려다보인다는 점 때문에 고려 대상이었다.[21]

물론 이들 지역에서 반발이 없을 리 만무했다. 합동재개발 제도는 1980년대 후반의 이른바 '3저 호황(저달러·저유가·저금리)'과 맞물리며 건설사와 가옥주 들의 호응을 이끌어냈지만, 재개발에 필요한 분담금을 낼 수 없는 가옥주나 세입자는 삶의 터전을 떠나게끔 했다.[22] 게다가 올림픽을 앞두고 재개발이 동시다발적으로 이뤄지면서, 서울에서는 집을 구하지 못해 서울 바깥으로 밀려나는 이들 또한 적지 않았다.

하지만 연출자들은 이에 아랑곳하지 않았다. 올림픽이 열리는 1988년 9월 17일이라는 '데드라인'에 앞서 무대 위의 소품이 최대한 교체돼야 그럴듯해 보인다는 것이 이들의 생각이었다. 연출자들은 재개발의 속도를 올리려고 용역깡패를 동원한 폭력적 철거를 허용했고, 그로 인해 사건사고가 계속됐다. 1986년 한 해에만 5명, 1986년 4월부터 1988년 2월까지 14명이 강제철거 과정에서 사망할 정도였다.[23] 철거로 인해 자신의 뜻과 무관하게 터전을 옮겨야 했던 이들의 숫자는 최대 72만 명에 이르는 것으로 보고되고 있다.[24] 철거민의 삶과 투쟁을 다룬 영화 〈상계동 올림픽〉은 올림픽을 앞두고 상계동에서 쫓겨난 이들이 어렵게 땅을 구매했지만, 성화봉송로 옆이라는 이유로 집을 짓지 못하고 '보이지 않는' 토굴에서 수개월간 지내는 모습을 우리에게 보여주고 있다.

도심재개발

연출자들이 보기에 정리해야 할 소품은 산 위에만 있지 않았다. 군인들이 1960년대부터 새로운 공연의 무대로 삼고자 했던 아파트단지는 1970년대 말까지도 한강을 따라 여의도, 동부이촌동, 반포동, 잠원동, 압구정동, 잠실동에만 늘어서 있었다. 다른 지역의 단지는 규모도 숫자도 적었다. 도심과 떨어져 있어 비교적 뒤늦게 시가지가 조성된 곳에는 '불란서 양옥'이 자리 잡았다. 하지만 이른바 '사대문 안'이라 불리는 도심에 가까워질수록 주택은 1930~1960년대 사이에 유행했던 소규모의 도시형 한옥이 주를 이뤘고, 주택들 사이에는 빌딩이 듬성듬성 들어서 있었다. 1973년 외국인의 시선에 드러난다는 이유로 재개발 대상이 된 소공동부터 도심재개발이 시작됐지만,[25] 1980년대 초반 시점에서 연출자들은 빌딩으로 대체해야 할 소품이 여전히 많다고 판단했다.

도심재개발의 핵심은 낡고 작은 집들의 터를 모아 빌딩을 만드는 것이었다. 1983년 서울시는 2,480동의 노후·불량건물을 124동의 현대적 빌딩으로 바꾸겠다는 계획을 발표했다.[26] 20개가량의 가옥이나 오래된 건물을 하나의 빌딩으로 바꿔가며 도심을 '빌딩 숲'으로 만들겠다는 것이다.[27] 이를 위해 서울시는 공전절후(空前絕後)라 할 만큼 다수의 지역을 한 번에 재개발지구로 만들었다(〈그림 18〉). 그리고 이들 지역의 신축건물에 대해서는 고도제한을 해제하고, 용적률을 기존 670퍼센트에서 1,000퍼센트로 상향했다.[28]

도심재개발에 있어서 연출자들은 외국인의 시선이 닿을 수 있는 큰 도로 주변을 우선적으로 재개발할 원칙을 세웠다. 대표적인 곳이 마포로였다. 〈그림 19〉를 보면 마포에서 도심으로 이어지는 지역은 도심재개발에 있어 중요한 일부를 이루고 있다. 마포로는 을지로, 태평로(각 6개), 의주로(4개)보다 훨씬 많은 13개 지구가 재개발 대상으로 선정됐다.[29] 연출자들이 마포로를 중요하게 여긴 이유는 여기가 김포공항에 도착한 외국인들이 도심으로 향하는 길목이었기 때문이다. 마포로는 이미 1979년 지미 카터 미국 대통령의 방문에 맞춰 한 차례 재개발사업을 진행했고, 이로 인해 '귀빈로'라는 이름이 붙어있었다.[30] 연출자들은 1983년에도 건물 주변에 작은 공원을 만들고 빌딩 외관 디자인에 대한 심의를 규정했는데, 이 역시 '외국인'의 시선과 무관하지 않았다.[31]

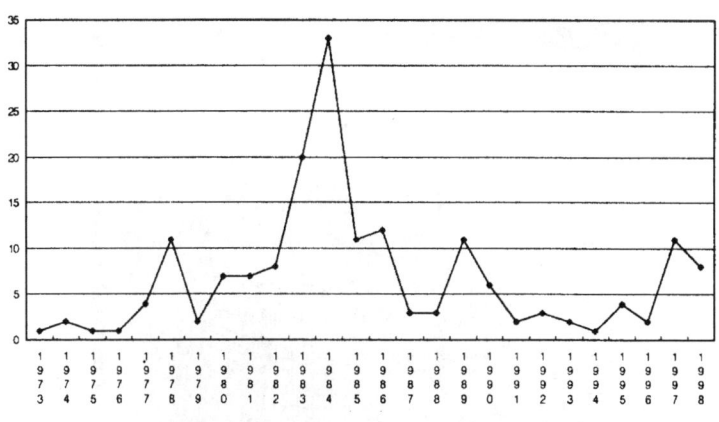

〈그림 18〉 서울 도심재개발 연도별 시행인가 지구 수[32]

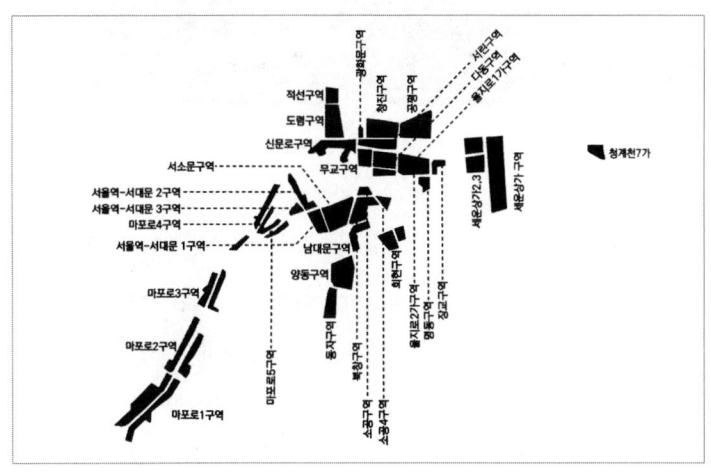

〈그림 19〉 도심재개발사업 구역[33]

　장소 못지않게 중요한 것이 속도였다. 올림픽 이전에 스펙터클한 무대를 만들어야 했기 때문이다. 연출자들은 1986년까지 71개,

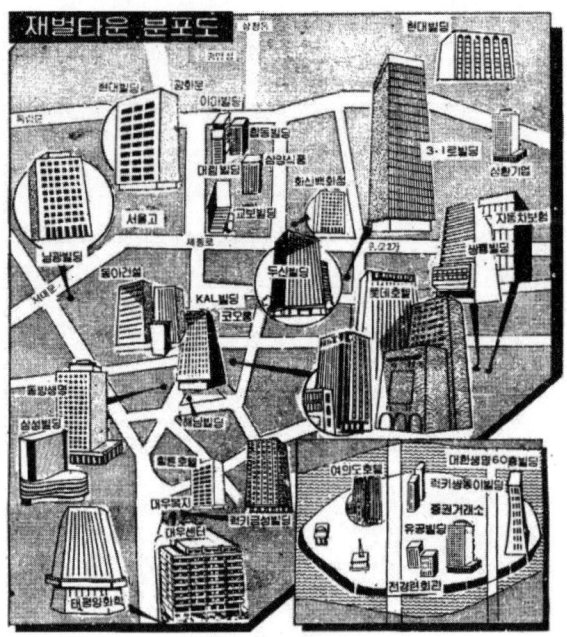

〈그림 20〉 재벌타운 분포도[34]

1988년까지 24개 지구의 공사를 끝내고자 했다.[35] 이를 수행하려면 자연히 재벌의 조력이 필요했다. 땅값 비싼 도심지에 고층 빌딩을 만들 자금력을 가진 것은 재벌뿐이었기 때문이다. 도심재개발이 본격화되자 한 신문은 도심지를 재벌이 과점했다고 평했고,[36] 다른 신문은 〈그림 20〉의 분포도를 보여주며 '재벌타운'이라고 불렀다. 실제로 당시 시행주체 중 80퍼센트 이상이 재벌과 대기업이었다.[37]

그러나 속도를 위해서는 재벌에만 의지할 수 없었다. 연출자들은 토지개발공사와 주택공사에도 시행자 자격을 부여하면서까지 목표를 달성하고자 했다.³⁸ 그 결과 1988년 시점에서 95개 중 93개 지구에 빌딩이 들어섰다.³⁹ 이 수치가 얼마나 놀라운 것인지는 마찬가지로 빌딩 숲을 만들고자 했던 용산과 비교해보면 확연해진다. 서울시는 2000년대 중반 '국제업무지구'라는 야심 찬 계획을 수립한 후 2009년 1월 용산 남일당 건물에서 참극을 빚어가며 무리하게 재개발을 추진한 바 있다. 하지만 20년이 지난 시점에도 용산에는 여전히 빈터가 여기저기 남아있다. 그보다 훨씬 자본이 적었던 1980년대 중후반 시점에서 이뤄진 90퍼센트 이상의 목표 달성은, 올림픽이 열리기 전까지 무대 중앙에 스펙터클을 연출하고야 말겠다는 군인들의 의지 없이는 설명할 수 없다.

새로 들어서는 무대장치들

잠실과 강남의 탄생

앞에서 우리는 군인들이 1970년대 초부터 국제적 스포츠 이벤트를 염두에 두고 잠실지역을 개발했기에, 잠실에 '세계'라는 관객을 상대로 공연할 무대의 성격이 있음을 봤다. 하지만 올림픽 개최가 결정된 1981년 9월 30일 시점에서 볼 때, 1970년대에 만들었던 무대는 업그레이드가 필요했다. 잠실은 분명 이전보다 체계적으로 경관이 설계된 곳이었지만, 그곳의 아파트는 소형 평수 위주로 구성돼 있었다.⁴⁰ 와우아파트 사건과 광주대단지 사건 등 서울시가 내놨던 주택정책이 차례로 실패하는 가운데, 민심을 수

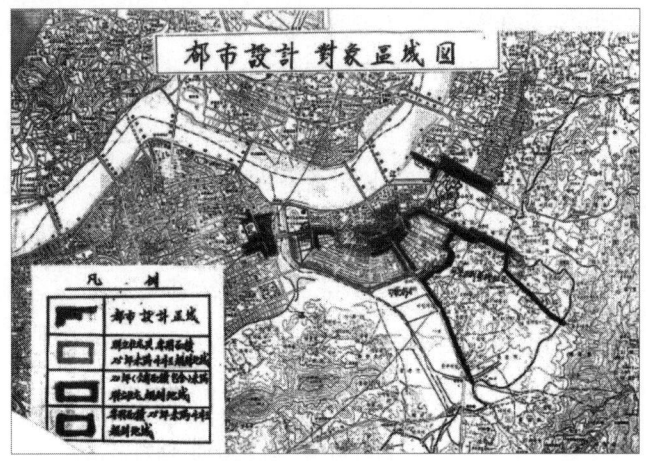

〈그림 21〉 도시설계 대상구역도(잠실지역 주거지 면적 규제 설계안)[41]

습하려고 '서민'들에게 잠실의 아파트를 공급했던 것이다.

연출자들이 올림픽에 맞춰 잠실을 바꾸고자 한 것은 당연한 일이었다. 올림픽의 무대가 될 서울이 한국의 경제발전을 과시하는 스펙터클이 돼야 한다는 게 연출자들의 지론이었기 때문이다. 전두환부터 그랬다. 1982년 6월 23일, 그는 잠실의 경관을 업그레이드하라고 요구했다. "소형 서민아파트가 밀집한 지역이라는 이미지를 불식시킬 수 있도록 준고급 아파트를 배합"하라는 것이 그의 주문이었다.[42] 5일 후 서울시는 잠실 일대를 '올림픽 특별구역'으로 지정하면서 "서민 집단 거주지역화하지 않도록 고급아파트를 적절히 배합"하기로 결정했다.[43] 구체적인 방안은 잠실 일대 주거용 신축건물의 면적을 제한하는 것이었다. 1982년 7월 서울시는 잠실 일대 주거지를 ① 연립주택 및 전용면적 25평 미만 아파트

규제지역, ② 20평 미만 연립주택 규제지역, ③ 전용면적 25평 미만 아파트 규제지역으로 나눴다(〈그림 21〉). 주거 면적을 확장해 거주자들의 사회적 계층을 상승시키고자 했던 것이다.

선수와 임원, 기자 들이 머물 아시아선수촌과 올림픽선수촌 역시 같은 방침에 따라 만들어졌다. 1981년 10월 4일 잠실운동장을 방문한 전두환은 선수촌을 서민용 아파트로 건립하라고 지시한 바 있는데,[44] 이는 얼마 지나지 않아 호화아파트로 지으라는 지시로 바뀌었다.[45] 이에 따라 아시아선수촌과 올림픽선수촌, 올림픽훼밀리타운아파트는 최소 25평에서 최대 68평에 이르는, 국민주택 규모를 훨씬 상회하는 평형으로 구성됐다.[46] 그리고 선수촌아파트는 현상설계를 통해 일관된 높이를 지닌 판상형 단지가 아니라 층고가 서로 다른 모습을 보이도록 만들었다.[47] 보통의 아파트보다 훨씬 나은 모습으로 만들어 한국의 발전을 상징하는 공간을 연출하고자 한 것이다.[48] 실거주자들은 올림픽 기간이 끝나고 나서야 입주할 수 있었지만, 선수와 임원, 기자 들에게 충분한 면적과 미적인 디자인을 지닌 공간을 제공함으로써 한국의 발전을 보여준다는 것이 연출자들의 전략이었다.

잠실의 도로와 가로도 바뀌어야 했다. 서울시는 현재의 한국종합무역센터(COEX, 코엑스) 자리에서 시작해 종합운동장, 잠실역(석촌호수), 올림픽공원, 풍납사거리로 이어지는 도로를 1984년 올림픽로로 개칭하고 도로와 그 주변을 바꿔 나갔다.[49] 코엑스에 해당하는 자리 주변의 건물을 크게 짓는 것, 종합운동장 인근 아파트단지의 외관을 바꾸고 아파트상가에 아케이드를 설치하는 것,

석촌호수 북단에 훗날 롯데월드와 롯데백화점이 되는 대규모 상업시설을 짓는 것, 올림픽공원에 올림픽을 상징하는 거대 조형물을 짓는 것, 그리고 적절한 식재를 통해 올림픽로의 모든 보행로를 공원처럼 만드는 것이 연출자들의 계획이었다.[50]

올림픽 이전에는 '영동(永東, 영등포의 동쪽)'으로 불렸던 잠실 서쪽 지역, 즉 강남 역시 업그레이드의 대상이었다. 연출자들은 당시 강남이 "소비성 유흥·위락 기능이 집중되어 도시발전에 바람직스럽지 않은" 모습을 보이고, "문화 및 집적된 상업 활동은 전무하거나 국지적으로 산재"한 상태라 판단했다.[51] 그중에서도 핵심 도로인 테헤란로는 1984년까지도 주변의 70퍼센트 이상이 개발되지 않은 상태였다. 이에 연출자들은 도시설계 제도를 활용해 경관을 바꾸고자 했다.[52] 우선 보행로 식재를 통해 테헤란로를 올림픽로와 마찬가지로 공원처럼 만들었다. 그리고 도로변 건물 1층에는 미관을 저해하는 업종을 제한하고 문화시설을 대폭 확충했다.[53]

이것만으로는 부족해 보였는지 연출자들은 한국의 경제발전을 상징할 건물 두 개를 급하게 만들었다.[54] 종합운동장 서편에는 당시 한국에서 두 번째로 높은 건물인 코엑스를, 서쪽에는 당시 놀이공원 중 가장 면적이 넓은 롯데월드를 지은 것이다. 두 건물 모두 1985년에 착공돼 3년간의 무리한 공사 끝에 올림픽 개회식에 맞춰 완성됐다. 코엑스는 1985년 3월에 먼저 착공됐고 이듬해에 건축허가를 받았다. 올림픽에 맞춰 개장해야 한다는 이유에서였다.[55] 잠실 롯데월드 역시 올림픽 기간에 개장하려고 '100일 작전'과 '50일 작전'을 반복했고,[56] 이 과정에서 20명 가까운 산재 사망자를 냈다.⁵⁷ 스펙터클한 공연을 보여줘야 한다며 참극을 무릅쓰는 군인들의 드라마투르기는 올림픽을 준비하는 과정에서도 예외가 없었다.

스펙터클의 수도 만들기

조너선 크레리(Jonathan Crary)는 18세기와 19세기 사이에 시각체제의 단절이 존재한다고 말한다. 푸코가 《말과 사물》에서 박물학적 지식을 사례로 이야기했듯이, 18세기 시각체제는 감시하고 분류하며 처벌하는 차가운 이성의 눈으로 대표된다. 하지만 크레리에 따르면 19세기 시각체제는 스테레오스코프(Stereoscope), 소마트로프(Thaumatrope), 페나키스토스코프(Phenakistoscope) 등의 시각유희장치가 보여주듯, 시각 대상이 눈에 영향을 주며 착시와 잔상 등의 효과를 창출한다. 그럼으로써 '인간의 눈=객관성과 이성의 렌즈'라는 도식도 파괴된다.⁵⁸ 이러한 눈의 변화는 도시의 변화와 맞물려 있다. 앞서 언급했듯이 벤야민은 '판타스마고리아'라는 개념을 통해 근대 도시가 환영/환상이라는 시각효과를 일으킨다고 설명했다. 19세기 초반부터 파리에 차례로 생겨난 갤러리, 박람회, 백화점 등이 이를 만들어내는 대표적인 공간이었다.⁵⁹ 이처럼 구경꾼(spectator)과 구경거리(spectacle)로 채워진 대도시 파리는 '19세기의 수도'라고 불렸고,⁶⁰ 이를 두고 데이비드 하비(David Harvey)는 구경거리로 가득한 19세기의 파리를 '모더니티의 수도'라고 규정했다.⁶¹ 이처럼 구경거리는 자본주의 도시에서 핵심적인 요소라고 할 수 있다.

군인들은 1961년부터 도시라는 무대에서 '그럴듯한 공연'을 보여주겠다고 별렀기에, 이들이 만들 도시에는 반드시 구경거리가 있어야 했다. 또한 그럴듯한 공연을 위해 1970년대부터 여가 또한 통제하려 했기에 '여가 선용'을 유도하기 위해서라도 그것이 필요했다. 마지막으로, 올림픽을 계기로 '선진국'에서 온 외국인 관객들을 맞이하려면 올림픽 경기장과 선수촌, 도로와 빌딩 외에도 색다른 구경거리가 여럿 있어야 했다. 이런 필요가 중첩되면서 1980년대 서울에는 박물관, 공연장, 백화점 등 구경거리가 대폭 늘어났다. 이와 관련해 문화공보부는 1983년 2월 '문화올림픽 계획'을 발표했다. 올림픽을 앞두고 공연장, 박물관, 문화재 등의 수를 전례 없이 확대하겠다는 것이었다.[62] 독립기념관, 예술의전당, 국립현대미술관, 국립국악당, 중앙청박물관, 몽촌토성, 풍납토성, 석촌동 고분군, 방이동 고분군, 암사동 선사주거지, 미사리 선사유적 등 1980년대에 문을 연 박물관, 공연장, 유적지 공원은 이 문화올림픽 계획에 기초했다.[63] 이들 중 절대다수는 서울에 자리했고, 그중에서도 다수가 올림픽 경기가 개최되는 잠실 주변에 자리했다.

이런 구경거리가 아시안게임 또는 올림픽을 명분으로 만들어지는 것은 자연스러운 일이었다. 예를 들어 독립기념관은 설계와 시공이 동시에 이뤄진 한편, 건축허가는 착공하고 1년 후에야 받았다.[64] 아시안게임이 열리기 전인 1986년 8월 15일에 완공하기 위해서였다. 예술의 전당 역시 "86 아시안게임과 88 서울올림픽 대회 시 한국 문화 예술 활동을 소개"하려고 만들어졌고,[65] 대학로·

우정로·돈화문로·창경궁로 등은 "시민의 문화의식을 함양시키고 급증하는 대규모 국제행사에 대비"하려고 개조됐으며,[66] 석촌동 고분군·방이동 고분군·풍납토성·암사동 선사주거지 등은 "오랜 역사와 전통을 지닌 문화민족을 자랑"하려고 1988년까지 공원으로 탈바꿈했고,[67] 국립현대미술관·경희궁·서울시립미술관·러시아공사관 등도 올림픽 준비의 산물이었다.[68] 그중에서도 석촌동 고분군, 방이동 고분군, 예술의전당, 국립중앙도서관 등은 넓게 보아 강남에 자리하고 있었다. 다시 말해, 강남은 올림픽을 계기로 구경거리가 가득한 곳이 됐다. 이는 도시계획의 산물이기도 했다. 1983년 서울시는 '3대 도심'을 설정하면서 중추관리지역인 강북도심, 산업과 상가의 중심지인 영등포·여의도 도심과 더불어 문화와 유통을 담당하는 영동(강남) 도심을 개발할 계획을 추진했다.[69]

올림픽은 백화점의 건설에도 영향을 미쳤다. 서울시는 1972년부터 사대문 안에 백화점을 새로이 만들지 못하게 했다. 여의도(1976), 영동(1979), 청량리(1978)에 백화점형 쇼핑센터가 1개씩 신설됐을 뿐,[70] 소비활동의 중심지는 여전히 도심이었다. 1980년대 초까지 영동은 주거 외에 이렇다 할 기능이 없어 '베드타운'이라 불리기 일쑤였다.[71] 이런 영동을 강남으로 바꾸고 소비의 중심지로 만든 것은 올림픽이었다. 올림픽 개최 결정 이후 서울시는 강남과 잠실에 적극적으로 백화점을 만들기로 했다.[72] 1982년에는 잠실에 대단위 쇼핑지구를 계획했고,[73] 1983년에는 올림픽을 위해 강남과 여의도에 백화점을 만들기로 했으며,[74] 1984년에는 총 11개의 백화점을 부도심에 만들기로 했다.[75] 새로이 계획된 백화

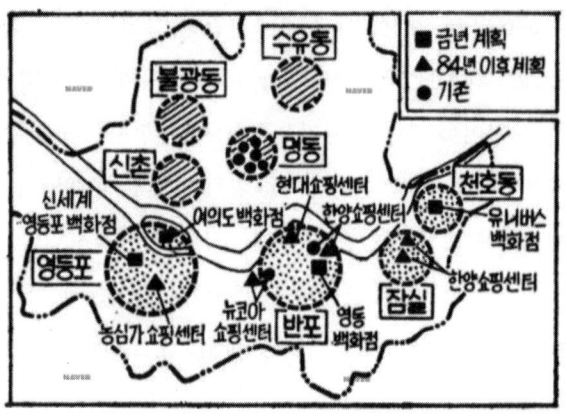

〈그림 22〉 8대 다핵상권 및 유통시설 설치계획(서울시 백화점 설치계획)[76]

점의 대다수는 강남에 위치했다(〈그림 22〉). 1988년 시점에서 뉴코아(반포, 1980), 영동(논현동, 1983), 현대(압구정, 1985), 파르코(압구정, 1985), 그랜드(대치동, 1986), 현대(코엑스, 1988), 롯데(잠실, 1988) 등이 강남에 자리 잡으면서, 올림픽 이후 강남은 도심지보다 더 많은 백화점이 자리한 지역이 됐다.[77]

호텔 역시 올림픽으로 인해 1980년대에 대거 확산됐다. 이미 1979년 단계에서 서울시는 올림픽을 유치하면 여러 호텔을 새로이 만들겠다고 발표한 바 있다.[78] 실제로 올림픽 개최 결정 이후 정부는 자금지원을 포함한 다양한 지원으로 호텔 신축을 장려했다.[79] 그리고 이들 중 상당수는 백화점과 마찬가지로 강남에 자리 잡았다. 그중 하나인 라마다르네상스호텔은 "88 서울올림픽을 개최함에 있어 외빈숙박시설 부족문제를 타개코저 한 정부 정책에 적극 호응"해 호텔을 신축한 것임을 명시했다.[80]

공원이라는 무대장치

올림픽은 20세기 초까지도 박람회에 비해 인기가 적었다. 그랬던 올림픽이 박람회를 능가하는 20세기 최고의 스펙터클이 된 것은 히틀러가 야심차게 준비한 1936년 베를린올림픽부터다. 영화감독 레니 리펜슈탈(Leni Riefenstahl)의 기록영화 〈올림피아(Olympia)〉가 전 세계로 확산되면서, 영상매체와 결합한 올림픽은 박람회보다 훨씬 더 많은 이의 눈을 사로잡는 스펙터클이 됐다.

〈올림피아〉의 1편 〈민족의 제전(Fest der Völker)〉 도입부는 하늘에서 바라본 베를린 올림피아경기장(Olympiastadion)의 경관을 보여준다. 고대 그리스의 신전처럼 수직으로 길게 뻗은 기둥 백 수십 개가 떠받치고 있는 거대한 경기장에 가득한 사람들과 잘 정돈된 경기장 주변의 풍광으로 시선을 사로잡는다. 영화의 후반부는 올림픽 경기장을 출발해 도심을 돈 후 다시 경기장으로 들어오는 마라톤 주자들과 마라톤 시상식, 야간에 뜨겁게 타오르는 성화와 경기장 위로 이중 노출된 오륜기로 마무리된다.[81] 이후 하늘에서 바라보는 올림픽 경기장과 주변의 모습, 마라톤 경기 코스 등은 올림픽의 영상화에 있어 빠질 수 없는 요소가 됐다.

이는 서울의 연출자들에게 영상화될 수 있는 공간을 스펙터클한 경관으로 만들 과제를 부여했다. 이들 공간은 텔레비전을 통해 전 세계로 중계될 것이 분명했기 때문이다. 이미 지어놓은 경기장은 그렇다 치더라도 하늘에서 본 경기장 주변은 달라져야 했고, 새로운 경기장이 들어설 올림픽공원은 더욱더 달라져야 했다. 그리고 마라톤을 통해 드러날 서울의 경관 역시 이전과는 분명 달라야 했다. 연극으로 치자면 이들 공간은 무대의 전면이었다. 관객의 눈에 가장 잘 띄는 공간이었던 것이다. 이런 필요성 속에서 두 개의 프로젝트가 시작됐다. 하나는 올림픽공원이 경기장만 모여 있는 잠실보다 한 단계 더 나은 외관을 보이도록 설계하는 것이었고, 다른 하나는 잠실주경기장 상공을 포함해 서울 하늘 어디건 카메라를 들이대면 영상에 담기는 한강을 바꾸는 것이었다.

1961년의 군인들은 1960년대 후반 잠실과 더불어 몽촌토성 부지(송파구 방이2동)를 국제적 스포츠 이벤트의 무대로 예정했다. 1979년 10월 26일에는 국립경기장 부지 주변 200미터 지역을 '제5종미관지구'로 지정했다.[82] 이에 따라 면적 75평 이상, 2층 이상 건물의 신축만을 허용했고, 도매시장·고물상·전염병원·정신병원·자동차 관련업소·연탄공장·목재소·창고·식품공장·정육점·철물점·세탁소·공장은 이곳에 만들 수 없었다. 지역의 미관을 유지한다는 것이 이유였다.[83] 1981년 5월 7일, 서울시는 이곳을 올림픽을 위한 경기장 부지로 공식화했다.[84] 당초 연출자들은 잠실경기장 근처에 새로운 경기 관련 시설을 만드는 방안을 검토했다. 하지만 잠실은 아파트로 가득차 있어 국가의 경제발전을 상징적으로 보여줄 공간을 만들기에 협소하다는 이유로 올림픽공원을 새로 만들기로 결정했다. 그래서 해당 부지에는 경기 관련 시설뿐만 아니라 "우리의 역사적 전통과 문화를 부각"시키고자 몽촌토성을 복원하고 공원을 함께 조성하기로 했다.[85] 이 지역에는 백제 유적인 몽촌토성이 존재해왔지만, 이는 소수의 역사학자들만 알고 있었다.[86] 이곳에는 약 1,650세대가 살고 있었는데, 주민들 또한 토성의 존재를 인식하지 못한 채 일반적인 언덕으로만 알고 있었다.[87] 1981년에 몽촌토성을 문화재로 지정해 달라는 요청이 제기되자 두 달 만에 사적(史蹟) 지정이 결정됐고,[88] 1982년 7월에는 사적 제297호로 지정됐다.[89] 정부는 사적 지정 후 1983년 9월부터 6개월간 올림픽공원의 기본설계에 들어갔고, 1984년 8월부터 공사를 시작해 1986년 6월 말에 마무리했다.

그럴듯한 공연을 약속하고는 이를 명분 삼아 누군가에게 비극을 안겨다주는 데 거리낌 없는 군인들의 드라마투르기는 여기서도 재현됐다. 거주민에 대한 보상과 이주, 몽촌토성에 대한 발굴조사가 이뤄지기도 전에 공사를 시작했던 것이다.[90] 이곳에는 공사 시작 시점에 총 385동 712세대가 살고 있었다.[91] 이들은 1984년 9월 19일부터 10월 2일 사이 8회에 걸친 시위를 통해 이주대책 마련을 요구했다. 1984년 6월 15일 당시 서울시가 제안한 철거민 대책은 집주인에 한해 1985년 6월(가락지구), 1986년 3월(월계지구), 1986년 7월(목동지구)에 입주가능한 시영아파트를 제공하는 것이었다. 6개월 이상 살 집을 따로 마련해야 했기에 거주자들이 '선입주 후철거'를 요구하는 것은 당연했다. 하지만 서울시의 입장은 단호했다. 방침에는 변함 없으며, 협의에 응하지 않으면 아파트 입주권을 박탈하고 주모자를 범죄자 취급하겠다는 것이었다. 비닐하우스 거주민에게는 어떠한 보상도 해줄 수 없다는 기조도 고수했다.[92] 결국 공사 중에도 수십 가구가 여전히 남아있었고, 모든 집이 철거된 것은 완공을 불과 3개월 앞둔 1986년 3월이었다.[93]

연출자들은 스펙터클을 위해 올림픽공원에 두 개의 특별한 장치를 마련했다. 첫 번째는 몽촌토성 주위의 인공호수였다. 몽촌토성 발굴 당시 토성에 해자가 있었음을 확인하기는 했지만, 정확한 고증은 불가능했다.[94] 그럼에도 불구하고 설계를 맡았던 이들은 이곳에 호수공원을 만들었는데, 이는 몽촌토성의 해자를 복원하려고 진행한 것이 아니었다. 설계자들은 서독 경제발전의 상징인 동시에 올림픽의 상징으로 주목받았던 1972년 뮌헨올림픽의 올림픽 공원(Olympiapark)을 모방했다고 보는 것이 타당하다.[95] 서울올림픽의 스펙터클을 만들려고 역대 올림픽 무대 중 가장 스펙터클이 도드라졌던 무대를 모방했던 것이다.

두 번째는 '평화의 문'이었다. 1984년 초 시점에서 올림픽공원 북측 광장의 이름은 '세계선린공원'이었고, 그곳에 조형물을 만들 계획은 존재하지 않았다.[96] 그러나 대통령의 지시로 4월부터 이곳에 조형물을 만들기로 결정했다. 디자인은 건축가 김중업이 맡았는데, 너비 24미터, 폭 72미터로 낮고 긴 모양을 한 그의 초안은 군인-연출자들에 의해 거부됐다. 훗날 서울올림픽 조직위원장이 된 박세직은 에펠탑을 사례로 들며 "서울올림픽의 장대한 드라마와 역사성을 기념하는 건축물로는 약간 빈약"하다고 평가했다.[97] 군인들은 주변 경관과 관계없이 하늘을 향해 우뚝 솟은 거대한 조형물로 스펙터클을 연출하고 싶어 했다. 군인들의 압력으로 2차 시안은 높이와 너비가 각 90미터이고 폭이 130미터인, 20층 건물 높이의 거대 조형물로 제안됐다.[98] 비용 문제 및 주변 경관과의 조화 문제로 비판이 계속되자 연출자들은 1986년과 1987년 두 차례에 걸쳐 크기를 줄였고,[99] 서울올림픽에 동구권과 서구권이 모두 참여하자 '세계 평화의 문'으로 이름을 바꿨다.[100] 그럼에도 평화의 문은 한국의 경제발전을 상징적으로 보여주는 데 방점이 찍혀 있었다.

올림픽공원과 더불어 매우 중요한 또 하나의 스펙터클 장치는 바로 한강이었다. 올림픽은 일정한 수심을 유지하면서 공원 기능을 하는 오늘날의 한강을 만든 계기였다. 20세기 중반까지 존재했던 한강의 나루터와 백사장에 관한 사진과 기록은 서울올림픽을 계기로 한강의 모습이 완전히 바뀌었음을 보여준다. 당시 연출자들은 한강이 올림픽이라는 공연에 부적절하다고 생각했다. 연출자들은 한강 역시 서울이 제대로 된 사회적 삶의 공연 무대가 아님을 보여주는 상징으로 여겼다. 당시 서울시 부시장은 올림픽 개최가 결정됐을 당시 "도시의 품격, 호텔 등 숙박, 교통, 위생, 미관이라든지 친절한 서비스 등 하나도 자신 있는 게 없고" 걱정거리만 있었다고 말했다. 한강은 그중에서도 서울의 도시공해와 수질오염을 적나라하게 보여주는 공간이었다.[101] 연출자들은 당연히 한강을 바꾸고자 했다. 올림픽 개최가 결정된 지 불과 4일 후인 1981년 10월 4일, 전두환은 잠실을 순시하던 중 강 건너 뚝섬 유원지에 포플러나 수양버들을 심으라고, 또 성수대교 북측을 재개발하라고 지시했다.[102] 그러고 나서 한 달 보름 후 그는 골재 채취와 공원 조성 등을 골자로 한 한강개발사업을 정식으로 지시했다.[103] 전두환은 그 이유를 다음과 같이 밝혔다.

내가 한강을 종합적으로 개발해야겠다고 생각한 것은 올림픽대회의 서울 유치가 결정된 직후부터였다. (…) 그때 제일 먼저 결심해야 했던 것이 한강종합개발사업이었다. 각종 경기장을 비롯하여 많은 올림픽 관련 시설이 한강 주변에 배치되도록 계획되고 있었다. 뿐만 아니라 한강은 발전하는 한국의 모습을 보여줄 수 있는 상징적 의미도 있었다. 올림픽 개막행사의 시작이 한강에서 펼쳐지도록 계획되어 있었고 강변도로는 마라톤 코스로 지정되어 있었다. '한강의 기적'을 세계에 선보이기 위해서는 강물이 깨끗해야 하고 주변경관도 아름답게 정비해야 했다.[104]

연출자들의 피라미드 맨 위에 있던 전두환은 '기적'을 전 세계의 눈앞에 보여주는 장치, 스펙터클을 보여주는 장치로 한강을 선택했다. 한강종합개발사업은 거대한 하수관을 매설해 서울의 하수가 한강에 흘러들지 않게 하고, 수심을 일정하게 유지해 유람선을 운행하며, 고수부지를 공원으로 만들고, 강변에 대규모 도로를 만드는 것 등을 골자로 했다.[105] 한강 역시 올림픽이라는 공연 일정에 맞춰야 했기에 공사는 매우 급하게 진행됐다. 착공은 1982년 9월 28일이었지만 설계안은 1983년 5월에 나왔다. 아시안게임 개막에 맞춰 새로운 한강을 보여주려고 설계도 마치기 전에 공사를 시작했던 것이다.[106] 실제 공사는 1987년 말까지 계속됐지만,[107] 준공식은 아시안게임을 일주일 앞둔 1986년 9월 10일에 열렸다.

또한 한강은 마라톤 코스의 핵심 구간이 됐다. 군인-연출자들은 마라톤 중계를 통해 한국의 경제발전을 스펙터클하게 보여주고자 했다. 그래서 서울올림픽 조직위원회는 당초 "서울의 발전상을 전 세계에 보여주려는 계획"에 기초해 도심의 빌딩 숲을 핵심 코스로 만들고자 잠실에서 을지로를 왕복하는 마라톤 코스를 구상했다. 하지만 환경청이 도심의 대기오염 문제로 불가하다는 입장을 피력하자,[108] 대체 코스로 개발한 것이 잠실에서 올림픽대로를 통해 여의도를 왕복하는 한강 중심의 마라톤 코스였다.[109] 물론 마라톤 코스 근처에도 정리해야 할 소품은 연출자들의 눈에 여전히 존재했다. 마라톤 코스에 인접한 동작구 흑석동과 마포구 도화동 그리고 중계카메라에 포착될 가능성이 있는 한강 건너편의 성동구 옥수동과 금호동은 모두 재개발돼 아파트단지로 바뀌었다.[110]

4부

동시 상연
: 서울 올림픽의 안과 밖

한국사회의 구성원들은 군인들의 올림픽 연출에 어떻게 반응했는가? 올림픽을 비판하는 이들은 없었는가? 비판하는 목소리들은 무엇을 비판하고자 했는가? 올림픽을 다르게 연출하고자 한 이들은 없었는가? 이들은 어떤 올림픽을 꿈꿨는가? 그리고 연출자들은 그러한 목소리들에 어떻게 대응했는가? 완전히 귀를 닫았는가, 아니면 귀를 기울였는가? 또한 연출자들이 목소리들을 무마하려고 채택한 방법은 무엇이었는가?

8장

목소리들이 울려 퍼지다

극장 바깥에서 들려오는 목소리들

 군인들은 1961년부터 '메가폰'을 독점하려는 노력을 계속했다. 이들은 목소리를 독점하는 데 성공한 듯 보였지만, 1972년 유신에도, 1980년 광주의 참극에도 불구하고, 오히려 바로 그런 비극들 때문에 다른 목소리들을 완전히 사라지게 할 수 없었다. 그리고 다른 목소리들이 1980년대 중반 들어 소리를 높이기 시작하면서 올림픽이라는 공연은 예상치 못한 방향으로 흘렀다.
 1980년의 군인들은 김대중, 김영삼 등 유력 정치인의 활동을 금지시키면서 공연의 연출자는 오로지 자신들이어야만 한다는 의지를 드러냈다. 그들은 '민주한국당', '한국국민당' 등의 관제 야당 역시 자신들이 정한 대본에 따라 연기하도록 만들었다. 이러한 작업을 통해 군인들의 대본을 따라 읽는 목소리를 제외한 어떤 목소리도 극장 안에서 들릴 수 없게끔 만들려 했다. 마찬가지로 대학생들의 목소리를 대학 안에, 성직자들의 목소리를 교회 안에 가두고자 했다. 하지만 목소리들은 그곳 밖으로 나가 극장 안으로 새어 들어갔다. 목소리들에 담긴 내용은 크게 세 가지였다. '민주', '민중', '민족'이 바로 그것이었다.

민주의 소리

목소리가 본격적으로 극장 안에 들리기 시작한 것은 1983년 말부터였다. 이 시기에 1970년대 학생운동을 주도했던 이들은 '민주화청년연합'(1983)을, 김영삼과 김대중을 따르던 정치인들은 '민주화추진협의회'(1984)를, 1970년대 노동운동을 주도했던 이들은 '한국노동자복지협의회'(1984) 등을 만들었고, 대학가에서는 1984년부터 총학생회가 부활했다. 대학생, 지식인, 종교인, 정치인, 노동자 들이 스스로 목소리를 낼 조직적 기반을 만든 것이다. 1985년 2월 총선거에서는 김영삼과 김대중이 몸담은 신민당이 관제 야당들을 무력화하고 제1야당이 됐다.

이후 민주화를 요구하는 목소리는 점점 고조됐다. 야당·시민사회·노동계는 1972년 유신헌법과 함께 사라졌던 대통령 직접선거제 부활을 요구했고, 1986년 2월부터는 '개헌을 위한 1,000만 서명운동'을 시작했다. 이후 야당의 목소리가 약간 수그러들자 5월 3일 인천에서 대학생·시민사회·노동계가 대규모 시위를 통해 목소리를 높였다. 1987년 초 군인들은 신민당에 내각제 개헌을 제안했지만 거절당했고, 올림픽을 명분으로 내세우며 발표한 4월

13일 호헌조치는 6월에 이르러 전국적인 대규모 시위로 이어졌다. 이 목소리를 외면할 수 없었던 군인 노태우는 6월 29일에 대통령 직선제를 수용했다.

이와 같이 군인-연출자들이 배제하려던 목소리들은 올림픽에 대해서도 지속적으로 이의를 제기했다. 이들의 목소리는 참극을 빚으며 정치권력을 차지한 군인들이 자신들에게 부족한 정당성을 보충하려고 올림픽을 개최한다는 비판부터, 올림픽을 통해 시민들을 탈정치화하려는 사기극이라는 문제 제기에 이어, 전 세계에서 올림픽을 보러 올 관객을 고려하면 민주화가 선행돼야 한다는 논점에 이르기까지 다양했다. 올림픽을 비판하는 목소리는 1981년 10월부터 들리기 시작했다. 10월 23일 서울대학교 학생들은 "88올림픽 유치는 국민을 수탈하여 국제적 고립을 회피하려는 전술이다!"라는 구호를 외쳤고, 같은 날 이화여자대학교 학생들도 "올림픽 개최는 공산권 불참과 적자손실밖에 얻지 못할 것이다!", "올림픽 개최는 정치적이고 허무일 뿐이다!"라며 비판했다.[1] 연세대학교 학생들이 1983년에 작성한 한 팸플릿은 올림픽을 다음과 같이 비판했다.

> 군부에 적개심을 가지고 있는 국민에게 자신의 정당성을 부여받지 못하고 있음을 느낀 전두환 정권은 철저한 대외종속에 의해 경제잉여를 선진 자본주의국에 빼앗기고 있는 이 상황에서 86아시안게임, 88올림픽 및 IPU총회를 유치하여 자신의 국제적 지위를 인정받기 위해 엄청난 외화를 소비하여 회원국 대표들에게

매춘과 매수를 일삼았으며, 그로 인한 국민들의 강한 반발을 무마하기 위해 환상적 구호와 엄청난 물량의 선전 공세에 전력을 기울이고 있다.[2]

군인들을 비판하는 목소리가 본격적으로 나오기 시작한 1983년 무렵부터, 학생들은 '3S론'을 통해 올림픽에 대한 입장을 정리했다. 주권자인 국민을 우민화·탈정치화시킨 뒤 "정치, 경제는 자기들 맘대로" 하려고 1980년대 들어 스포츠·영화·성산업을 발전시켰다는 것이 이들의 입장이었다.[3] 이들은 올림픽을 포함한 3S 정책이 "민중들의 정치적 각성을 희석시키고자 하는 정책의 산물"이고, "민중들을 생각도 사상도 없는 기계부속품으로 전락시키는" 도구이며, "대학살, 반민주성, 반민족성, 반민중성을 은폐하기 위한 것"이고, "기반이 없는 현 정권의 정통성을 대외에서 인정받고자" 만든 정책이라고 비판했다.[4]

군인들이 연출한 올림픽을 비판하는 대신, 올림픽을 이용해 군인들을 비판하는 이들도 있었다. 김영삼은 1985년 《워싱턴포스트(The Washington Post)》와의 기자회견을 통해 직선제 개헌 실패로 정국이 불안하면 올림픽 개최도 위태로울 것이라 주장했고,[5] 김대중 역시 1986년 3월 23일 '개헌추진 부산지부 결성식'에 모인 군중 앞에서 "민주회복이 있어야 전 국민의 참여와 협력 속에 안보도 되고, 국민을 위한 경제발전도 되고, 88올림픽도 성공"한다며 올림픽을 민주화의 명분으로 활용했다."[6] 올림픽이 다가올수록 민주화를 말하는 이들이 올림픽을 활용한 사례도 늘어났다. 예컨대 문익환,

지학순, 함세웅, 이돈명, 송건호, 장기표 등 종교계와 시민사회 인사들이 주축이 돼 1985년에 만든 '민주통일민중운동연합'은 올림픽을 앞두고 양심수 석방을 요구하며 다음과 같이 말했다.

> 만약 양심수의 석방이 이루어지지 않는다면, 우리는 올림픽을 전후하여 인권을 사랑하는 전 세계의 평화애호세력과 연대하여 미국, 노태우 정권의 폭력성을 폭로하고 사랑스런 우리의 조국 땅에서 몰아내기 위해 함께 투쟁할 것이다.[7]

시민사회는 연출자들이 올림픽 평화구역이라는 명분으로 다른 목소리를 잠재우려는 시도에도 적극 반대했다. 이들은 평화적인 집회와 시위는 올림픽을 방해하지 않으며, 오히려 다양한 목소리가 들려야 "세계적으로 고문, 폭력, 양심수 구속 등 비민주적인 인권탄압국으로 알려진 우리나라의 국민들의 성숙한 민주역량을 세계만방에 과시하는 절호의 기회"가 될 수 있다고 주장했다.[8] 이들은 집회 및 시위의 자유를 포함한 국민의 기본권이 보장된 나라가 '선진국'으로 평가받고, 세계 이곳저곳에서 올림픽을 보러 올 외국인들도 주로 '선진국'에서 온다는 점에 착안했다. 그 위에서 이들은 다양한 목소리가 공존하는 무대야말로 진정한 올림픽의 스펙터클을 만들 수 있다고 주장했던 것이다.

민중의 소리

1980년대 중반은 대학생과 시민사회 구성원들의 목소리가 커지는 동시에, 이들의 말과 입장에 이론이 더해진 시기였다. 1980년대 초반 대학생들의 입장은 비교적 동질적이었다. 학생운동 세력의 일반적인 인식은 전두환 정부가 '반(反)민족·반민중·반민주의 파쇼체제'이며, 이것이 바로 한국사회의 구성원들이 겪는 문제의 근원이라는 '삼민론'으로 요약할 수 있다. 하지만 1985년부터 대학생들을 중심으로 '사회구성체론'이라 불리는 이론을 둘러싼 분기가 시작됐다.⁹

한 그룹은 한국을 '국가독점자본주의 사회'로 규정하면서 독재정권과 독점자본(재벌)으로 구성된 지배층이 민중을 착취·수탈하고 있다고 봤다. 그리고 이는 노동계급을 포함한 사회 기층의 민중이 독재를 청산한 뒤 민중·민주적인 정권을 수립함으로써 해결할 수 있다고 믿었다. '반제반파쇼민족민주투쟁위원회(민민투)'에서 'CA(Constituent Assembly, 제헌의회)', 'PD(People's Democracy, 민중민주)' 등으로 이름을 달리하며 명맥을 유지한 이들이 이에 해당했다. 한편 다른 그룹은 한국을 '반봉건 사회'로 정의했고, 미제국주의 세력의 후원 하에서 군인 등 지배세력이 한국 사회의 기층 구성원을 억압·착취하고 있다고 봤다. 따라서 이들은 각계각층의 사람들이 먼저 미제국주의 세력을 청산해야 문제가 해결된다고 생각했다. 그들은 '반미자주화반파쇼민주화투쟁위원회(자민투)'에서 'NL(National Liberation, 민족해방)' 등의 약칭으로 불리면서 조직을 이어 나갔다.¹⁰

민중을 말한 쪽은 주로 전자에 해당하는 이들이었다. 이들이 가장 문제시한 것은 외국인들에게 스펙터클한 공연을 보여줘야 한다며 불량주택에서 거주하는 이들을 포함해 가난한 이들을 무대에서 치워야 할 소품 취급하는 연출자들의 미장센이었다. 민중을 말하는 이들은 올림픽을 명분으로 외국인이 리바이어던과 같은 모습을 드러내는 데에도 비판적이었다. 하지만 더욱 이들이 날카롭게 비판했던 것은 외국인을 리바이어던으로 만들었던 군인-연출자들이었다. 비판의 시작은 1983년부터 진행된 목동신도시 재개발이었다. 당시 목동 일대는 1960년대 말 도심지에서 쫓겨난 이들이 정착한 곳이었는데, 서울시는 올림픽을 앞두고 김포공항에 이착륙하는 비행기에서 내려다보인다는 이유로 이 지역을 통째로 개발하기 시작했다. 게다가 서울시가 140만 평에 달하는 부지를 최소 20평 이상의 중대형 아파트의 택지로 설정하면서, 철거로 이주해온 원주민은 사실상 재정착이 불가능해졌다. 이에 1984년 여름부터 100여 회에 걸쳐 시위가 계속됐다.[11] 비판의 요지는 서울시가 높은 분양가에 더해 고액의 채권을 구매하기로 한 이들에게만 분양권을 주며 폭리를 취한다는 것이었다.[12] 목동 개발로 인한 수익이 1조 원을 넘을 것이란 이야기가 나돌 정도였는데,[13] 시민사회에서는 그 이유를 막대한 올림픽 재원을 마련하기 위해서라고 해석했다.[14]

앞서 살폈듯 외국인의 눈에 보이는 곳, 즉 가시권을 위주로 한 재개발이 본격화되고 1983년 10월 국제의원연맹(IPU) 총회를 시작으로 국제 행사가 있을 때마다 노점상 단속이 반복되자, 민중을 말하는 이들은 올림픽을 가난한 이들의 생존권을 빼앗는 이벤트로 규정했다. 이들은 무대를 향해, 또 연출자들을 향해 "86·88은

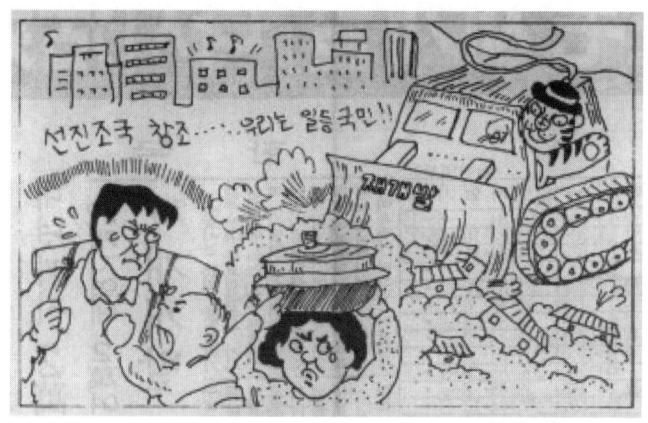

〈그림 23〉 올림픽 재개발 비판 팸플릿[15]

누구를 위한 것인가", "86·88에 오는 외국인만 사람이고, 서민들은 사람들도 아닙니까?" 같은 질문을 소리 내 외쳤다.[16] 이들이 그린 〈그림 23〉은 올림픽을 명분으로 무소불위의 권력을 휘두르는 리바이어던을 불도저에 탄 호돌이로 형상화했다. 아래 인용문은 민중을 말하는 이들의 목소리를 보다 명확히, 또 구체적으로 전해 준다.

한낱 외국인에게 잘 보여야 한다는 이유로 도시빈민들의 소중한 삶터를 짓밟고 임대주택 쟁취를 요구하는 철거민들을 감방으로 처넣고 있다. 이 땅의 빈민형제여! 88 올림픽은 우리에게 과연 무슨 의미가 있는가? 노점상, 철거민은 이 땅의 국민이 아닌가? 어찌하여 코쟁이, 파란 눈의 눈요기를 위하여 이토록 짓밟혀야만 하는가?[17]

민중을 말하는 이들은 민중이 주체적으로 자신의 삶을 연출해 나가지 못하는 이유가 군인들과 재벌이 결탁해 민중을 착취하고 수탈하기 때문이라고 생각했기에, 올림픽 역시 같은 맥락 속에서 파악했다. 이들에게 올림픽은 재벌의 돈벌이를 위해 독재정권이 만든 이벤트였다. PD 계열의 핵심 단체 중 하나였던 '인천지역민주노동자연맹(인민노련)'은 한 팸플릿에서 다음과 같이 주장했다.

그동안 서울올림픽을 위해 독재 정권과 독점 재벌이 수행한 활동상을 간단히 확인해보자. 군부독재와 독점 재벌은 3,400억 원을 투입하여 잠실의 주경기장, 올림픽 타운을 지었다. 저 웅대한 축구장이며 현대식 수영장, 선진국에 전혀 손색없는 시설을 지어놓고 노태우와 정주영, 김우중은 한국의 발전상을 만세계에 자랑하고 있다. 한국 노동자와 민중의 피땀을 짜낸 자신들의 빛나는 솜씨를! (…) 이 '민족의 영광', '선진국에로의 도약'이라는 화려한 구호 아래 저들은 우리 민중에게 어떠한 고통을 강요하였던가? 사상 유례없는 국제행사인 올림픽을 위한 '환경미화'를 한답시고, 정부는 5월 말부터 강력한 집중 단속을 펴 7월 1일까지 노점을 완전히 근절하겠다고 방침을 정한 바 있다. (…) 이처럼 전국에서 올림픽 때문에 기본 생계조차 위협받고 있는 노점상은 무려 50만 명. (…) "성냥갑만한 집이라도 있었으면 좋겠어요."라고 우리의 어린 소녀가 호소하고 있을 때, 독재 정권은 '외국인들의 눈에 나면 안 된다'며 산동네의 성냥갑만한 집들을 대대적으로 부숴 왔다. 부쉈을 뿐 아니라, 그 땅을 건설 재벌에게 헐값에 팔아먹었다. 이런 반민중적 범죄가 서울의 200군데에서 자행되어 왔다니! (…) 한국의 독점 재벌에게 서울올림픽은 절호의 장사판이 된다. 전세계의 이목이 집중되는 '88올림픽 공식 지정상품!' 물건을 팔아먹는 장사라면 못할 짓이 없는 자본가들에게 지구촌 167개국의 안방 구석구석까지 동시 중계되는 올림픽, 이 얼마나 위대한 '장사판'인가.[18]

이러한 인식하에서 1987년 이후 이들은 올림픽 개최를 반대하기 시작했다. 1987년 7월 9일 연세대생 이한열의 장례식 당시 서울시청 광장에 모인 군중은 시청 건물에 게양된 태극기를 조기로 바꿔 달고, 올림픽기는 내려서 없애버렸다.[19] 또 1988년 6월 초, 숭실대학교 인문대 학생회장이던 박래전은 분신을 앞두고 유서를 통해 "88올림픽이라는 화려한 전광판 밑에는 군화발에 짓눌려 신음하는 우리의 부모, 형제, 자매들이 있다."면서 "반민중적 올림픽을 결사반대"할 것을 동료들에게 요구했다. 그리고 그의 장례식에서는 올림픽 마크가 담긴 깃발이 불태워졌다(〈그림 24〉).

어떤 이들은 무대와 연출 모두 달라져야 한다는 목소리를 냈다. 헌법은 올림픽보다 위에 있으며 빈민 역시 도시라는 무대에 대한 권리를 소유한다고, 리바이어던의 절대권력은 그럴듯한 공연을 위해 누군가를 무대 바깥으로 밀어내는 것이 아니라 그 누구도 무대 바깥으로 떨어지지 않고 자신만의 공연을 연출할 수 있도록 행사돼야 한다고 주장한 것이다. 일례로 1985년 당시 '한국교회사회선교협의회'는 팸플릿에 불도저를 탄 호돌이를 그린 한편으

〈그림 24〉 박래전 열사 장례식에서 불태워지는 호돌이 깃발[20]

로 "모든 국민은 인간으로서의 존엄과 가치를 가지며, 행복을 추구할 권리를 가진다. 국가는 개인이 가지는 불가침의 기본적 인권을 확인하고 이를 보장할 의무를 진다."는 헌법 제10조 전문을 게재했다. 또한 협의회는 올림픽을 위해 예정된 32개의 재개발 프로젝트에 대해 "정부는 우리에게 대책을 세워줄 의무가 있다."고 단언했다.[21]

민족의 소리

또 다른 그룹, 한국을 반봉건 사회라 규정한 이들 역시 군인들이 한국사회의 구성원 다수를 착취·억압하고 있다고 봤다. 하지만 이들 군인은 미국이 주도하고 일본이 이에 편승해 있는 제국주의적 국제질서가 만든 한반도 분단구조하에서 안보논리를 내세워 독재권력을 행사하고 있다는 것이 이들의 해석이었다. 따라서 문제의 원인은 군인들에게 입지를 만들어주고 있는 분단구조였고, 이 뒤에는 미국과 일본 주도의 제국주의적 냉전구조가 있었다. 따라서 이들은 분단구조의 변화와 '외세'의 배제가 문제의 해결책이라고 주장했다.

그래서 이들이 목소리를 냈을 때 가장 전면에 등장한 단어는 '민족'이었다. 이와 더불어 '미제 축출', '양키고홈' 같은 슬로건도 자주 활용했고, '자주'와 '통일'이 문제를 해결하는 길이라고 강조했다.[22] 반대로 북한은 문제해결의 중요한 파트너였고, 남북통일은 한국사회가 당면한 문제를 해결할 방편으로 상정되기 시작했다. 숫자로 봤을 때 이들은 1987년 이후 학생운동 세력에서 주류를 점했다.

이렇게 민족을 말하는 이들이 보기에 군인-연출자들도 문제였지만, 그런 연출자들 뒤에 자리 잡은 외국인이야말로 더 큰 문제였다. 이들에 보기에 외국인은 사실상 '미국인'에 다름없었다. 그리고 이들 미국인은 올림픽을 통해 자신들에게 스펙터클한 공연을 보여달라고 연출자들에게 요구한 자들이었고, 한국사회의 구성원들을 광대 취급하는 자들이었다. 그래서 민중을 말하는 이들에게는 호돌이가 리바이어던의 형상이었지만, 민족을 말하는 이들에게는 미국을 상징하는 독수리가 리바이어던의 형상이었다 (〈그림 25〉).

이들이 서울올림픽에 가한 비판은 크게 두 가지였다. 첫째, 서울과 평양에서 공동으로 개최되지 않고 서울에서만 개최되는 올

〈그림 25〉 전국대학생대표자협의회 팸플릿의 삽화[23]

림픽이 분단 상황을 전 세계에 알리는 공연이 돼 분단구조를 공고화한다는 것이다. 둘째, 올림픽이 한국사회의 구성원, 특히 여성들을 광대로 전락시킬 뿐만 아니라 1980년대 미국에서 시작된 에이즈(AIDS)를 한국에 확산시킨다는 것이다. 전자, 즉 '남북공동올림픽'에 대해서는 뒤에서 들여다보고, 여기서는 후자의 주장을 보다 구체적으로 살펴본다.

민족을 말하는 이들 중에서도 여성단체는 1961년 이후 본격화된, 미군을 상대로 한 기지촌과 일본인 관광객을 상대로 한 '기생관광' 등의 성매매가 '외화벌이'라는 명목으로 군인들에 의해 지원되고 확산됐던 사실에 주목했다.[24] "이 땅의 가난한 딸들을 외국인에게 팔아 이익을 보려는 소수의 지배권력"이 "동방예의지국으로 이름났던 우리나라"를 "동양의 사창굴로 전락"시켰다는 것이 이들의 판단이었다.[25] 이와 관련한 문제제기는 1985년부터 시작됐다. 이들은 미국의 스포츠잡지인《더 스포팅 뉴스(The Sporting News)》의 1985년 9월 30일자 별책부록인《Korea: How the host country is preparing for the Games of the 24th Olympiad》속의 한 사진에 주목했다. 그들은 백인 남성 관광객들 옆에서 한복을 입고 시중을 드는 여성들의 사진이 "기생파티를 연상"시키며, 이는 "손님 대접이라면 빚을 져서라도 호화판 잔치를 벌이고 게다가 필요하다면 여성을 상품으로 전락"시키겠다는 연출자들의 의지를 보여준다고 비판했다.[26]

이후 이들은 올림픽이 외국인을 위해 한국의 여성들을 광대로 만드는 이벤트라며 비판의 목소리를 높였다. 서울올림픽이 2조 3,000억 원에 달하는 총 사업비에 비해 9,000억 원이라는 예상 수입으로 인해 엄청난 적자가 예상되고 있는 가운데, 그들은 "올림픽의 적자를 메꾸기 위한 비책이 바로 '밑천 없이 하는 장사' 매춘업"일 것이라고 판단했다.[27] 또한 미국 성인잡지에서 서울 성매매 관광을 기사화한 것을 근거로 "이 나라의 여성을 한낱 매춘부로 바라보는 미국과 이를 조장하는 현 정부"를 강하게 비판했다.[28] 이러한 비판 끝에 이들은 "기생관광이야말로 화려한 올림픽 축제의 본 모습"이라면서, 서울올림픽을 "외세에 예속되고 찌들은 예속 올림픽"이자 여성들을 수탈하는 "수탈올림픽"이라고 정의했다.[29]

민족을 말하는 이들에게 미국과 미국인은 단순히 연출자 위에 군림하는 무례한 관객에 불과하지 않았다. 에이즈라는 새로운 질병을 한국으로 이동시킬 수 있는 위협적 존재이기도 했다. 미군과 미국 남성 관광객이 특히 위험하다 여겨졌다. 민족을 말하는 이들은 에이즈 감염자의 65.4퍼센트가 미국인이고, 미국 에이즈 환자의 94퍼센트는 남성이며, "미군이 주둔하거나 미국인 관광객이 많이 드나들고 매춘관광이 활개 치는 나라일수록 여성 감염자의 숫자가 많다."고 주장했다.[30] 그렇기 때문에 "마구잡이로 들어오는 올림픽 관광객, 올림픽 선수단, 외국 군대 등이 퍼뜨릴 AIDS에 일차적으로 매춘 여성들이, 나아가 온 국민의 생명이 죽음의 위기에 직면에 있"다는 것이 이들의 판단이었다.[31]

마지막으로 이들은 올림픽을 앞두고 연출자들이 실시한 에이즈 대책이 군림하는 관객으로서의 미국의 지위를 확인시켜줄 뿐만 아니라 위험을 더욱 가중시킨다고 비판했다. 그들은 연출자들이 성매매 여성에게 수시로 검사를 실시하고 보균자는 강제 격리시키면서도, 정작 에이즈 전염의 주범인 외국인은 올림픽을 원활하게 개최한다는 이유로 아무런 검사 없이 입국을 허락한다고 봤다. "AIDS의 근원인 양놈들에게는 단속을 하지 않고, 그 피해자인 한국 여성들은 단속하겠다는 것은, 바로 오늘날 이 땅의 집권자들이 얼마나 사대주의에 썩어버렸는지 단적으로 보여"준다는 것이다.[32] 이들의 주장은 에이즈를 원천봉쇄하려면 "출입 외국인에 검역 필증을 요구"해야 한다는 데까지 나아갔다.[33]

극장 안을 내파하는 목소리들

목소리는 극장 바깥에만 있지 않았다. 연출자들은 1987년 무렵이면 '세계적인' 예술가들이 무대를 장식할 수 있도록 해야 한다는 생각에 이르렀고, 몇 개 지점에서 이를 실행에 옮겼다. 한국의 예술가들은 이에 반발했다. 이들은 올림픽이 '한국적'이라는 형용사가 붙은 존재들을 세계에 선보이는 자리여야 마땅하다고 항변했다. 그리고 연출자들이 스펙터클을 위해 '세계적'이라는 형용사가 붙은 존재만을 무대에 허용하고 있음을 비판했다.

시작은 1987년 여름 올림픽공원에서 개최된 부대행사 '국제야외조각심포지움'이었다. 이 행사는 미리 계획된 것은 아니었다. 올림픽공원에 에펠탑처럼 웅장한 조형물을 놓아 스펙터클을 연출하려던 계획을 실현하지 못한 군인들은 조각 전시를 통해서라도 스펙터클의 결여를 만회하려 했다.[34] 연출자들은 파리에 거주하던 한국인 화가와 조각가, 그리고 이들이 추천한 외국인 평론가들에게 행사의 조직과 운영을 일임했다.[35] 그리고 이들의 추천으로 16개국 17명(한국인 2명 포함)의 조각가가 1987년 7월 3일부터 8월 20일 사이 한국에서 작업하고 올림픽공원에 작품을 설치하기로 했다. 그런데 행사가 시작된 지 며칠 만에 410명의 미술인이 "서울올림픽조직위원회에 대한 미술인 공개질의서"를 발표하며 문제를 제기했다. 이들은 프랑스에 체류 중인 한국인 작가에 의존한 기획 과정이 불합리하고 출품 작가의 선정 과정과 작품 수준에 의문이 있으며, 90억 원이라는 전시성 예산이 과도하고 행

〈그림 26〉《여성신문》 수록 삽화 "오랑캐의 잔치"[36]

사가 몽촌토성을 훼손한다고 비판했다.[37] 이윽고 이들은 '서울올림픽 현대미술제 변칙운영 저지를 위한 범미술인 대책위원회'를 조직했고, 7월 14일과 8월 14일 두 번에 걸쳐 성명서를 발표하며 이 행사가 "비주체적"이고 "비문화적"이며 "관료적"이라고 비판했다.[38] 〈그림 26〉은 해당 행사에 대한 예술인들의 불만을 보여준다.

이와 같은 목소리는 연출자들이 이전까지 경험해보지 못한 것이었다. 극장 바깥에서 새어 들어오는 게 아니라 극장 안에서 들리는 목소리, 연출진 내부의 목소리였기 때문이다. 군인들은 이런 목소리를 극장 바깥의 소리 대하듯 할 수 없었다. 서울올림픽 조직위원회는 범미술인 대책위원회와 미술계 관계자들을 만났고 기자회견을 통해 입장을 해명했다. 몽촌토성을 훼손할 수 있는 조각은 위치를 옮겼고,[39] 1988년 여름에는 '국제현대회화전'과 '한국현대미술전'을 개최해 예술가들의 반발을 무마하고자 했다.[40] 그런데 이 두 이벤트가 더 큰 반발을 불렀다. 국제현대회화전의 초대 작가 158명 중 한국 작가는 21명이었는데, 그중 18명이 서양화가였고 한국화가는 3명에 그쳤다. 게다가 서양화가는 전부 추상화가였다. 한국현대미술전도 마찬가지였다. 161명의 초대 작가 중 한국화가는 14명이었고, 이들 모두 추상화가였다.[41] 이에 한국화가들은 '세계현대채묵전'이라는 별도의 이벤트를 요구했으나 실현되지 못했다.[42]

미술가들은 '올림픽 미술제전 비주체성 시정을 위한 범한국화추진위원회', '88세계현대미술제 및 한국현대미술전람회 작가선정 백지화추진위원회'를 만든 후 각기 1,072명과 1만 1,128명의 서명을 받으며 수차례 성명을 발표했다. 한국화가들은 올림픽이 민족문화를 세계에 알리는 이벤트여야 함에도 불구하고 전통회화를 무대에서 배제했다고 비판했다. 한편 백지화추진위원회는 "세계인의 이목과 초점이 서울로 집중되는 상황에서 세계 속에 한국 미술"을 알려야 함에도 출품작이 "권위주의적 편견과 편파성"에 따라 선정됐으며, 선발 기준이 "민족정신을 무시하고 전통문화의 뿌리를 송두리째 짓밟"았다고 비판했다.[43] 여기에 '민족미술협의회', '미술대학생 대책위원회' 등 예술계 속 극장 바깥의 목소리가 가세했다. 민족미술협의회는 이들 이벤트가 "국민을 기만하는 문화정책"이라면서 "민족문화의 자주화 회복"을 주장했다. 미술대학생 대책위원회 역시 출품작이 서양화, 그것도 추상화에 치우쳤다는 점을 들어 한국미술이 서양미술의 아류임을 보여주는 "문화식민지적 발상에서 비롯된 사대주의적 행사"이자, "군부독재 정권의 반민족적, 반민중적 문화정책 중 하나"라고 비판했다.[44]

이와 유사한 일이 1988년 봄에 대중음악계에서도 재연됐다. 1985년 말, 서울올림픽 조직위원회와 MBC는 박건호가 작사한 〈아침의 나라에서〉를 '서울올림픽 노래 가사'로 선정했다. 여기에 작곡가 길옥윤에게 작곡을,[45] 이듬해 가수 김연자에게 노래를 의뢰해 탄생한 곡이 동명의 〈아침의 나라에서〉였다. 〈아침의 나라에서〉는 이미 1986년 아시안게임 개막식에서, 그리고 1988년 2월 캐나다 캘거리에서 열린 동계올림픽 폐회식에서도 공연됐다. 이미 올림픽 공식 주제가로 공식화된 상황임에도 연출자들은 노래를 교체했다. 1987년, 올림픽 개회식을 총괄한 국문학자 이어령은 〈아침의 나라에서〉가 너무 "한국적"이고 "세계적이지 않다."는 이유로 이를 변경해야 한다고 건의했다.[46] 서울올림픽 조직위원회는 올림픽은 전 세계인이 주목하는 행사이므로 세계인이 공감할 수 있는 노래가 필요하다는 입장을 발표하며 교체를 공식화했다.[47]

이후 서울올림픽 조직위원회는 음반사 폴리그램(PolyGram)과 계약을 체결했고,[48] 폴리그램은 아카데미 음악상을 3회 수상한 작곡가 조르조 모로더(Giorgio Moroder)에게 곡을 의뢰했다. 모로더는 영화 〈탑건〉의 주제가 〈Take My Breath Away〉를 함께 작업했던 톰 휘틀록(Tom Whitlock)에게 작사를 의뢰했다.[49] 미학자 김문환은 휘틀록의 가사를 번역해 한글 가사를 만들었고, 노래는 유럽에서 약간의 인지도를 갖고 있던 코리아나(Koreana)가 불러 1988년 6월 21일 공개했다.⁵⁰ 이에 대중가요계와 연예계는 크게 반발했다. 한국연예협회는 주제가 교체를 취소하지 않으면 서울올림픽에 일체 참가하지 않겠다고 선언했다. 6월 29일 한국연예협회 창작분과위원회는 "우리의 노래로 88올림픽의 막을 올려라!"는 성명과 더불어 "올림픽을 주최한 나라들은 한 번도 외국인이 만든 노래로 서막을 장식하지 않았다."는 사실을 지적했다.⁵¹ 인민노련은 이를 두고 "외국 것, 미국 것이라면 간도 쓸개도 다 빼 줄 작자들!"이라며 비판의 소리를 높였고,⁵² 〈아침의 나라에서〉를 부른 가수 또한 "창피하다 못해 분노가 치민다."고 소리를 높였다.⁵³

    연출자들은 이에 대해서도 대응해야 했다. 극장 안에서 들리는 연출진의 목소리였기 때문이다. 〈손에 손잡고〉는 예정대로 서울올림픽 개막식의 대미를 장식하는 공식 주제가로, 〈아침의 나라에서〉는 폐회식의 식전 공연에서 연주됐다. 비록 대응은 달랐지만, 세계를 향해 스펙터클을 보여주는 것이 지상 과제라고 생각했던 군인-연출자들 특유의 미장센은 이전과 다를 바 없었다. 이들은 누군가를 희생시키고 소외시키는 일을 반복했고, 계속해서 논란과 비판, 저항과 반발을 불러일으켰다.

9장

또 다른 올림픽들이 개최되다

빈민올림픽

 군인들의 드라마투르기에 저항하는 젊은이들은 1960년대부터 존재했고, 이들 중 일부는 저항의 수단으로 연극을 선택했다. 이들은 그럴듯한 공연을 위해 무대에서 쫓겨나는 사람들의 이야기를 대본으로 만들었다. 그리고 다른 한편으로는 가면극, 풍물, 전통무용, 판소리, 민요 등 전통예술을 다양하게 활용했다. 이렇게 해서 1970년대에 시작돼 1980년대에 본격화된 공연이 '마당극'이었다.[1] 저항의 수단이었던 마당극은 그럴듯한 무대장치도, 정해진 객석도 없이 거리에서 공연하는 경우가 많았다. 무대와 객석의 경계도, 관객과 배우의 경계도 흐릿했으며 누구나 공연에 참여할 수 있었다. 그런 점에서 마당극은 민중을 말하는 이들과 민족을 말하는 이들 모두의 드라마투르기를 가장 잘 보여주는 장르였다. 자신들만의 드라마투르기를 발전시켜온 대학생과 지식인 들이 올림픽이라는 공연에 대한 나름의 기획안을 갖는 것도 자연스러운 일이다.

앞에서 이미 살폈듯이 민중을 말하는 이들은 올림픽과 관련해 가장 크게 목소리를 냈다. 1985년 무렵부터 시작해 시간이 갈수록 이들의 목소리는 커져갔다. 이들의 목소리를 먼저 모은 것은 올림픽 전부터 서울에 좀처럼 발붙이지 못하던 이들과 함께한 종교인들이었다. 이른바 '사회선교' 활동을 벌여오던 이들 가톨릭계와 개신교계 단체는 1985년부터 1986년에 걸쳐 '천주교도시빈민회'와 '기독교도시빈민선교협의회'라는 연합조직을 만들었다.[2] 하지만 가장 중요한 것은 역시 당사자들이었다.

올림픽으로 인해 터전을 잃은 이들이 직접 목소리를 모으기 시작한 것은 1983년부터였다. 1983년 봄, 목동 일대가 중대형 아파트단지로 재개발된다는 발표가 있고 나서, 현실적으로 아파트를 살 수 없는 세입자를 중심으로 대책위원회가 만들어졌다. 이들은 1985년 3월 철거 완료까지 "남에게 잘 보이려고 하는 외관 단장"은 줄이고 "추워서 떠는 자식들 내의라도 사입히라" 등의 구호와 더불어, 1984년 8월 27일 양화대교 점거 농성 등 100차례 이상 시위를 조직했다.[3] 이들의 시위는 1985년 봄부터 시작된 사당동의 재개발사업에 영향을 줬다. 사당동 역시 세입자를 중심으로 대책위원회가 만들어져 1987년 11월까지 정부의 철거정책에 지속적으로 항의하고 이주대책을 요구했다. 이들의 활동은 1986년부터 시작된 상계동 재개발에도 영향을 미쳐, 이곳에서도 세입자대책위원회가 조직돼 정부와 서울시에 주거대책을 마련하라고 지속

〈그림 27〉 사당동 철거민들의 임대주택 요구 집회 [4]

적으로 요구했다.[5] 마침내 1987년 7월, 이 세 지역의 세입자대책위원회가 '서울시철거민협의회'를 결성하며 목소리를 한데 모으기에 이른다.[6]

한목소리를 내기 시작한 이들이 요구한 것은 공공이 관리하는 장기 혹은 영구임대주택이었다.[7] "살아야 할 거주지가 인간 생활에 있어 가장 우선적이고 기본적인 권리"임을 전제할 때, 그리고 도시빈민의 생활수준 및 그의 향상, 적정 주거수준, 생활 터전의 입지, 생활 편의시설 등을 고려했을 때, 실현할 수 있는 수준의 주거정책은 임대주택이라는 것이 이들의 판단이었다.[8] 이들은 1988년부터 "도시빈민 생존권을 보장하라!"는 구호와 더불어, "분양권은 필요 없다. 임대주택 보장하라!"는 구호를 함께 말하기 시작했다.[9]

올림픽을 앞두고 반복해서 수행된 노점 및 행상 단속 역시 노점으로 생계를 이어가는 이들이 목소리를 내도록 만들었다. 서울 도심에서 노점을 하는 이들은 1985년 IBRD·IMF 총회를 앞두고 실시된 단속을 계기로 '노점상 생존권대책위원회'를 만들었고, 이는 1986년 말의 '도시노점상 복지연합회'와, 1987년 10월의 '도시노점상연합회' 그리고 1988년 10월의 '전국도시노점상연합회'로 발전했다.[10] 이들 역시 1988년에 들어서면서 자신들의 목소리를 하나로 모아 발언을 시작했다. 노점상들은 1988년 4월 18일 '노점상의 생존권과 올림픽에 관한 공청회'에서, 국민의 생존권은 모든 법에 우선하고 노점상이 올림픽에 방해될 일이 없으므로 강제철거를 중단해야 하며, 국가라면 응당 노점상에게도 의료혜택과 주거대책을 마련해야 할 의무가 있다고 주장했다. 이들은 더 나아가 '노점상보호법'을 통해 자신들이 도시라는 무대에 설 권리가 있음을 인정하라고 요구했다. 노점상보호법은 노점상의 합법화, 기존 노점의 영업권 인정, 노점신고제, 노점상 조직의 합법화, 빈곤에 대한 지원, 1가구 1노점 원칙 등을 골자로 했다.[11]

이처럼 재개발로 터전을 잃은 빈민들과, 단속으로 생계수단을 잃은 노점상들은 곧 이야기할 민족을 말하는 이들과는 다른 올림픽을 꿈꿨다.[12] 예를 들어 도시노점상연합회는 1988년 4월 18일자 소식지 사설에서 "있는 자와 없는 자가 똑같이 기쁜 마음으로 동참하게 하는 것만이 우리가 경제건설을 이룩하여 올림픽을 개최하는 목적에 부합될 것"이라고 주장했다.[13] 평화와 화합을 말하는 올림픽의 본연에 맞춰, 도시에서 생계를 유지하는 이들에 대한 관용과 화합을 요구한 것이다.

〈그림 28〉 노점상 올림픽 문화제 홍보물[14]

    1988년 9월 17일은 서울올림픽 개회식이 있던 날이었다. 연출자들은 미국의 시청자들을 염두에 두고 오전에 개회식을 시작했다. 같은 날 오전 9시, 전국도시노점상연합회는 경희대학교 노천극장에서 '노점상 올림픽 문화제'를 개최했다. "반민중적 올림픽에 맞서" 노점으로 생계를 이어가는 이들이 "한자리에 모여 서로 어우러지는" 자리를 마련한 것이다. 그로부터 4일 후인 9월 21일 오전 9시 30분부터는 '도시빈민 한가위 올림픽'이 한성대학교 운동장에서 열렸다. 올림픽을 앞두고 재개발로 인해 삶의 터전을 잃은 이들이 모인 서울시철거민협의회가 개최한 이벤트였다. 물론 이들 이벤트는 올림픽과 결코 비교할 수 없는, 아주 작은 규모의 체육대회였다. 하지만 그 의미가 규모에 비례한다고 할 수는 없을 것이다.

남북공동올림픽

민중을 말하는 이들은 올림픽 자체를 반대했지만, 민족을 말하는 이들은 그렇지 않았다. 민족을 말하는 이들의 비판은, 응당 주연배우가 돼야 할 민족의 구성원이 관객이자 리바이어던이었던 외국인을 위한다는 명목으로 들러리에 그치거나 무대에 오르지 못한다는 데에 방점이 찍혀 있었다. 민족을 강조하는 이들이 꿈꾼 올림픽은 민족 구성원 모두가 주인공이 되는 동시에, 외국인을 두려워하지 않는 공연이었다. 구체적으로는 남북한의 수도인 서울과 평양에서 열리는 '공동올림픽'이 이들의 아이디어였다.

시작은 1988년 3월 서울대학교 총학생회선거였다. 정·부 후보자였던 김중기와 유제석은 3월 29일 유세에서 "민족대단결을 위한 남북한 청년학생 체육대회"를 제안했고,[15] 이를 "김일성대학 청년에게 드리는 공개서한"이라는 제목으로 공식화했다. 그 내용은 다음과 같다.

이번 88올림픽은 한민족이 하나로 어우러지고 인류의 평화에 봉사해야 하는 평화대제전이 되어야 함에도 불구하고 반도의 남단에서만 반쪽으로 진행되어 이 땅에 분단의 아픔을 딛고 일어서려는 우리의 가슴을 더욱 아프게 하고 있습니다. (…) 이제 저희 88년 서울대학교 총학생회장, 부학생회장 후보 기호 2번 김중기·유제석은 북한의 김일성대학 청년학도 여러분께 '민족화해를 위한 남북한 국토종단 순례대행진'과 '민족단결을 위한 남북한 청년학생체육대회'를 제안합니다.[16]

두 사람의 제안이 남북한의 올림픽 공동 개최를 의미하는 것은 아니었다. 하지만 이들의 제안은 대학가에서 '공동올림픽 개최론'으로 재구성·재생산됐다. 4월 6일 서울대 총학생회장 당선자 전상훈은 발대식에서 남한과 북한 청년·학생의 체육대회뿐만 아니라 남한과 북한의 올림픽 공동 개최도 주장했다.[17] 4월 16일에는 서울지역대학총학생회연합이 '한반도 평화와 조국의 자주적 통일을 위한 국민대토론회'에서 "서울올림픽에 참가하고자 하는 세계 각 나라와 평화 애호민에게 보내는 공개서한"이라는 글을 통해, 올림픽이 평화 실현으로 이어지도록 공동올림픽 개최를 전제로 올림픽 참가 의사를 표명해달라고 국제사회에 요청했다.[18]

공동올림픽이라는 의제는 1988년 5월부터 대학생을 넘어 시민사회 전반으로 확산됐다. 5월 11일, 함석헌과 문익환 등 시민사회의 지도자들은 서울과 평양의 올림픽 공동 개최를 의제화했다.[19] 5월 15일 서울대생 조성만이 명동성당에서 할복하기 전 "올림픽은 어떠한 일이 있어도 남한과 북한이 같이 참여하여 민족화해와 민족통일을 이루는 기반이 되어야만" 한다고 쓴 유서 또한 여론을 확산시켰다.[20] 5월 18일에는 야당 총재 3명(김영삼, 김대중, 김종

〈그림 29〉 공동올림픽을 주장하는 대학생들의 플래카드[21]

필)이 올림픽은 "민족의 저력을 과시하고 분단 민족의 통합의 계기가 되어야 한다."고 발표했다.[22] 셋 중에서 공동개최론 자체를 지지한 것은 김대중 혼자였지만 말이다.[23] 5월 19일 '민족화합공동올림픽추진 불교본부' 발족, 21일 개신교 목회자들의 공동올림픽 촉구 성명, 28일 종교 및 사회단체 68개의 '남북공동올림픽 및 6·10학생회담 촉구' 성명 등 민족을 말하는 이들이라면 누구나 5월 내내 서울과 평양의 공동올림픽을 입에 담을 정도였다.[24]

민족을 말하는 이들이 제안한 공동올림픽 개최안은 다음과 같았다. 올림픽의 개막식과 폐막식은 서울과 평양에서 번갈아 개최하거나 각각 개최한다. 올림픽 조직위원회는 따로 구성하되 공동위원회를 만든다. 선수·임원·취재진뿐만 아니라 응원단과 관광객 등 모든 사람이 서울과 평양을 자유롭게 오가도록 왕래를 보장한다. 이를 위해 도로·철도·항공편을 연결한다. 개최비는 공동으로 부담한다. 선수들은 남북 단일팀으로 출전한다.[25]

그렇다면 이들은 왜 서울과 평양이 동시에 올림픽의 무대가 돼야 한다고 주장한 것일까? 그들이 내세우는 근거는 크게 두 가지였다. 첫째, 민족을 말하는 이들은 올림픽이라는, 전 세계의 관객을 상대로 한 공연이 서울에서만 상연됨으로써 "한반도 내에 두 개의 국가가 있다는 것"을 세계에 널리 알린다고 봤다. 이를 바탕으로 두 나라가 UN에 동시 가입하면 한반도가 영구적으로 분단 상태에 머무른다는 것이 이들의 주장이었다.[26] 이들은 북한이 서울올림픽에 참가하더라도 "서로 경쟁의식을 가지고 목에 핏대를 세우면서 응원하게 될 것"이고 이 또한 "남과 북은 별개"임을 전 세계에 알려, "이질감과 적대의식은 팽배해지고, 긴장은 고조"될 것이라고 강조했다.[27] 또한 서울에서만 올림픽을 하다 보니 테러 방지나 올림픽 안전 등을 이유로 한·미·일 합동군사훈련을 실시하고, 이것이 한반도에 긴장 및 대결 분위기를 심화시킨다고 덧붙였다.[28]

둘째, 민족을 말하는 이들은 서울만을 무대로 하는 올림픽이 분단 상황에 편승해 권력을 유지하는 군인들이 지속적으로 권력을 유지할 명분을 준다고 봤다. 앞서 살폈듯이 이들은 군인들이 권력을 손에 쥘 수 있었던 것은 한반도의 분단과 군사적 대결 때문이라고 생각했고, 이 분단과 대결은 미국이 조장했다고 간주했다. 그런 점에서 군인들은 자신들의 이익에 따른 시나리오를 바탕으로 전 세계에서 공연을 벌이는, 미국이라는 거대한 연출자로부터 위임받은 조연출이라는 것이 이들의 생각이었다. 그렇기에 이들은 군인들이 올림픽을 성공시키면 그들이 계속해서 미국이 만든 시나리오에 따라 조연출 역할을 할 것이고, 한국사회의 구성원들은 분단 상황에 편승한 군인들 아래서 계속 억압당할 것이라고 봤다.[29]

이들은 올림픽이 서울과 평양에서 동시에 개최된다면 다음과 같은 결과가 나올 것이라고 주장했다. 첫째, 전 세계의 관객에게 민족의 단결을 보여주고 통일 분위기를 조성한다. 둘째, 올림픽을 계기로 한 자유로운 왕래로 남북간 오해와 불신을 없애고 화해 분위기를 만든다. 셋째, 한반도의 군사적 긴장을 완화하고 평화 분위기를 형성한다. 분단을 명분으로 군인들에게 탄압받던 이들이 다시 목소리를 높인다. 넷째, 서울에서만 올림픽을 여는 바람에 들어가는 군사비나 치안유지비 등 불필요한 경비가 절감된다.[30] 마지막으로, 분단 상황에 놓인 서울이라는 불안한 무대에서 올림픽을 열겠다고 여러 나라를 초청하느라 이곳저곳 구걸하다시피 하는 외교도, 외국인이라는 관객을 위해 민족의 구성원을 들러리 세우는 일도, 군인들이 광주에서 저질렀던 참극에 대한 조사를 막으려고 스펙터클을 활용하는 것도 막을 수 있다는 게 민족을 말하는 이들의 주장이었다.[31]

10장

서울올림픽이라는 마당놀이

초대받은 자들의 '열린' 무대

'마당놀이'는 앞서 소개한 마당극과 비슷하지만 똑같다고는 할 수 없는 공연의 한 장르다. 판소리 형식을 차용하고 원형 무대를 사용하며 관객과의 소통 또한 활발하다는 점에서는 마당극과 크게 다르지 않아 보인다. 하지만 마당놀이는 1981년 MBC가 제작해 문화체육관에서 첫 공연을 가졌고 이후 각 도시의 체육관을 돌며 공연을 이어왔다. 21세기 들어서는 국립극장이나 상암월드컵경기장에 마당놀이 전용 극장을 만들어 공연하기도 했다. 길거리에서도 공연이 이뤄지기에 관객을 특정할 수 없는 마당극과 달리, 마당놀이는 폐쇄된 공간에서 조명과 음향장치를 활용해 정해진 관객 앞에서 공연을 선보인다. 그런 점에서 마당놀이는 마당극과 비슷해 보이지만 결코 같지는 않은, 더 화려한 동시에 덜 개방적인 공연 장르다.

비유하자면 서울올림픽은 마당놀이와도 같았다. IOC에 소속된 167개 회원국 중 161개 국가가 참가했고, 1980년과 1984년 두 차례에 걸쳐 발생한 수십 개국의 불참 사태는 발생하지 않았다. 이를 위해 연출자들이 사회주의권 국가들과 지속적으로 접촉한 결과, 올림픽 이후에는 이들 국가와 국교를 수립하기까지 했다. 미국과 소련 사이에 커다란 벽을 세우고 '친미'라는 이름의 반원형 극장에서 공연을 하리라던 예상과 달리, 벽을 허물고 원형 무대에서 공연을 벌였던 것이다. 그렇다고 무대를 완전히 개방한 것은 아니었다. 누군가는 극장에 들어올 수 없었고, 그들의 외침도 극장에서는 들리지 않았다.

이를 구체적으로 살펴보자. 올림픽을 거대한 스펙터클로 만들려고 준비 단계부터 무던히 애썼던 군인-연출자들이었지만, 이들이 통제할 수 없는 변수가 있었다. 집단적인 올림픽 불참(보이콧)이었다. 서울올림픽 이전에 열린 세 번의 하계올림픽에서는 보이콧이 있었다. 1976년 몬트리올올림픽에서는 남아프리카공화국과의 스포츠 교류 금지 규정을 어긴 뉴질랜드의 참가 허용에 반발한 아프리카 26개 국가가 집단으로 올림픽 참가를 거부했다. 1980년 모스크바올림픽에서는 소련의 아프가니스탄 침공에 대한 항의로 미국을 포함한 62개 국가가 참가를 거부했다. 마지막으로 1984년 로스앤젤레스올림픽에서는 소련을 포함한 사회주의 국가들이 불참했다.

친미 국가의 수도 서울에서 열리는 올림픽 역시 사회주의 국가들의 불참이 예상되는 상황에서, IOC는 이를 방지할 여러 장치(보이콧에 대한 책임 강화, IOC 명의의 올림픽 초청장 발송 등)와 더불어 공동 개최를 의제로 한 남북한회담을 약 2년간 개최하면서 북한이 사회주의 국가들 사이에서 여론을 형성하지 못하도록 했다.[1] 그러는 사이 군인-연출자들은 서울이라는 무대에서 사회주의 국가라는 관객을 맞이하려고 준비했다. 1983년 9월 1일 소련 공군이 대한항공 007편을 격추한 사건이 벌어져 소련을 비판하는 티셔츠들이 이태원에서 판매되자 정부는 이를 금지했고[2] 추도식에도 관여하지 않았다.[3] 1985년에는 동독의 카타리나 비트를 포함한 사회주의 국가의 피겨 스케이팅 선수들을 서울에 초청했고,[4] 타 종목 세계대회에도 계속해서 사회주의 국가 선수단을 초청했다.[5] 그러는 사이 연출자들은 국내외 스포츠 이벤트를 계기로 소련뿐만 아니라 헝가리, 폴란드, 체코, 동독, 유고슬라비아 등 사회주의 국가의 정치인과 스포츠인 들에게 비공식 공연 초대장을 보냈다. 그 결과는 IOC에 가입한 167개국 중 161개국의 참가였다.

이는 연출자들이 바랐던 대로 올림픽을 하나의 거대한 스펙터클로 만드는 데 매우 큰 도움이 됐다. 대다수의 국가가 올림픽에 참가한다는 것도 의미 있었지만, 사회주의 국가의 예술가들이 올림픽에 앞서 열린 여러 문화 및 예술 이벤트에 참여함으로써 '볼거리'를 선사했기 때문이다. 연출자들을 필두로 한국의 많은 이가 '서구'를 선망의 대상으로 삼았기에, 그들의 문화예술 역시 예외는 아니었다. 동구권의 문화예술은 서구와 같은 정도라고는 할 수 없겠지만, 서구의 예술을 보고 흉내 내기 시작한 지 불과 수십 년

밖에 되지 않은 한국의 문화예술인들과 청중의 입장에서는 최소한 호기심의 대상이 되기에 충분했다.

  1987년 여름과 1988년 봄에 개최된 국제야외조각심포지움과 올림픽을 한 달 앞두고 막을 연 국제현대회화전에는 총 45명 이상의 사회주의권 국가 출신 작가들이 참가했다. 비구상미술 작품만을 전시했던 이들 예술 이벤트에 출품된 사회주의권 예술가들의 작품은, 리얼리즘 미술은 발달했을지 몰라도 추상화를 포함한 비구상미술은 그렇지 않으리라는 예상과 전혀 달랐다. 체제가 강조하는 리얼리즘 미술을 거부하던 작가들이 발전시켜온 작품들은 서구 예술가들의 그것과 크게 다르지 않았기 때문이다.[6] 조각과 그림은 한결같이 '서구적'이었고, 이로 인해 연출자들은 전부터 선망해왔던 서구를 보여주는 다수의 작품을 스펙터클의 무대장치로 활용할 수 있었다.

  음악은 반향이 더 컸다. 서울올림픽을 앞두고 공연을 가진 볼쇼이 발레단과 모스크바 필하모닉 그리고 모스크바 방송합창단 등은 전문가를 넘어 대중 사이에서도 큰 관심을 불러일으켰다. 《조선일보》와 《동아일보》는 이들의 공연이 결정되자마자 소식을 1면 기사로 다뤘고,[7] 이들이 입국한 후부터는 단원들의 일거수일투족을 기사화했다.[8] 입장권은 금세 매진됐고 대통령까지 관람했다. 한 신문이 "서양 음악의 꿈은 이제 그만 접어두고 음악적 주체성을 찾아야" 한다고 말할 정도로, 소련의 음악가들은 엄청나게 주목받았다.[9] '세계 정상'이라는 수식어가 붙은 이들 예술단 앞에서 한국 전문가들의 저자세가 문제시될 정도였다.[10] 그리고 이들 예술단의 내한은 냉전의 벽을 넘었다는 의미를 넘어, 세계 최정상급 예술단이 찾을 정도로 한국의 국제적 지위가 상승했다는 증거로 해석되기까지 했다.[11]

한편 올림픽 개막식은 그야말로 스펙터클을 보여주는 데 초점을 맞췄다.[12] 1986년 아시안게임 당시 임시로 만든 계단을 올라 불을 붙여야 했던 9미터 높이의 성화대는 22미터 크기의 성화대로 대체됐다. "경기장 규모에 비해 크기가 왜소"하다는 것이 이유였다. 성화대는 이전의 그 어느 대회보다 높고 컸으며, 관중에게 시각적 충격을 주고자 도르래를 활용해 발판을 수직 상승시킨 뒤 점화하는 방식을 택했다. 이에 더해 한국의 발전을 상징했던 63빌딩 꼭대기에도 높이 8미터의 성화대를 따로 설치했다. 그리고 개막 공연 중에는 '전쟁고아'와 '해외입양'으로 악명 높던 한국의 이미지를 바꾼다는 의미에서 올림픽 개최가 결정된 1981년 9월 30일에 태어난 아이로 하여금 굴렁쇠를 굴리게 했다.[13] 개회식의 하이라이트는 주제가 〈손에 손잡고〉 공연이었다. 운동장 한가운데에 선 그룹 코리아나는 믿기 힘들 정도로 서구적인 목소리로 노래를 부르기 시작했다.[14] 무대 아래에서는 1972~1984년 올림픽 마스코트 동물들이 무대 주위를 돌았고, 육상 트랙 위에서는 12개국의 전통무용단이 각국 무용을 선보이기 시작했다. 탈냉전과 화합을 상징하는 퍼포먼스로 기획됐지만, 이는 또 다른 효과를 창출했다. '전통적' 퍼포먼스를 수행하는 무대 아래의 외국인과 '현대적' 퍼포먼스를 수행하는 무대 위의 한국인이 대비되면서 한국의 '현대성(modernity)'을 돋보이게 한 것이다.

대회 일정의 마지막을 장식하는 종목은 마라톤이었다. 코스는 잠실주경기장을 출발해 테헤란로, 선릉로, 남부순환로, 강남대로, 고속터미널을 거쳐 올림픽대로를 통해 여의도로 향했다. 여의도, 마포대교, 강변북로, 반포대교를 차례로 지난 후에는 압구정을 거쳐 주경기장으로 돌아오게끔 돼 있었다.[15] 앞서 살폈듯이 이 코스의 목적은 한국의 발전을 선명하게 보여주는 데 있었다. 실제로 경기 중계는 강남의 넓은 도로와 강남 아파트단지를, 동작대교 입체교차로와 푸른 잔디와 꽃으로 장식된 한강 고수부지를, 한강철교 주변의 입체교차로를, 63빌딩을, 한강변의 유람선을, 요트와 윈드서핑을 즐기는 사람들을 차례로 보여줬다.[16]

스펙터클은 물론 세계라는 관객을 위한 것이었지만, 이에 열광한 쪽은 세계의 열광을 기대한 한국인이었다. 식민지의 기억을 가진, 제국의 권력에 의해 감시·전시당했던 이들이라면 연출의 주체가 돼 무언가를 과시할 수 있는 상황에 대해 남다른 감상을 지니게 마련이다.[17] 그런 무대의 연출에 세계 최정상의 발레단과 오케스트라를 보낸 소련이 조역자로 보이는 것도 인지상정이었다. 문제는 미국이었다. 올림픽이 열리기 전부터 육상스타였던 칼 루이스를 포함한 미국 선수들은 한국 언론에 불손한 태도를 보였고, 한 수영 선수는 보석 절도를 저질렀으며, 방송국 NBC의 직원들은 한국을 비하하는 내용이 담긴 티셔츠를 제작한 사실이 차례로 알려졌다. 그러자 반미감정이 대폭 상승했고,[18] 9월 28일 미국과 소련이 대결한 남자 농구 준결승전에서는 관중이 일방적으로 소련을 응원하는 일까지 벌어졌다. 미국 정부가 나서서 항의할 정도였다.[19] 이는 냉전과 반공의 벽으로 반원형 극장 안에서 미국을 관객 삼은 공연을 반복해오던 한국인에게 전대미문의 사건이었다. 당황한 정부와 여당은 물론 야3당까지 이에 관한 성명을 발표해 반미-친소감정 표현의 자제를 국민에게 호소할 정도였다.[20]

서울올림픽이 '스포츠공화국의 대중조작'에 활용될 수 있음을 개최 전부터 경계했던《한겨레신문》은 폐회 직후 올림픽이 '동서화합의 큰 계기'가 됐다고 평가했다.[21] 마찬가지로 개최 직전에 서울올림픽을 비판한 저작《스포츠와 정치》를 출간했던 언론인 고광헌 또한 올림픽이 민족화합의 계기가 됐다고 말했다.[22] 서울올림픽은 반원형 무대를 원형 무대로 바꾸고 훌륭한 조명과 음향시설을 갖춘 마당놀이와도 같았다. 물론 연출자들이 초대하지 않은 이는 들어갈 수 없는 극장 안의 마당놀이였지만 말이다.

앵콜요청금지: 평양 세계청년학생축전

민족을 말하는 이들이 바랐던 것처럼 서울과 평양에서 남북공동올림픽이 열리지는 못했지만, 결과적으로 서울올림픽은 민족을 말하는 이들의 목소리에 더 큰 힘을 실어줬다. 사회주의권 국가들이 서울올림픽이라는 거대한 스펙터클의 조연 역할을 충실히 해줬기 때문이다. 민족을 말하는 이들은 사회주의권 국가들과의 교류가 만들어낸 스펙터클에 힘입어 북한과의 교류 역시 같은 효과를 불러일으키리라고 힘줘 주장할 수 있었다. 민족을 말하는 이들은 1988년 6월 10일과 8월 15일, 두 차례에 걸쳐 '남북학생회담'과 '남북청년학생회담'이라는 이름으로 북한과 교류를 시도했다가 좌절한 바 있었다.[23] 하지만 올림픽이 있은 후 이들의 시도는 전보다 더욱 과감해졌다. 1989년 3월 18일에는 작가 황석영이, 3월 25일에는 문익환 목사가 차례로 북한을 방문했다.[24]

이러한 상황에서 가장 큰 이슈는 평양이 준비한 또 다른 공연, 즉 '제13회 세계청년학생축전(World Festival of Youth and Students)'이었다.[25] 북한 당국은 1985년 제12회 모스크바축전 당시부터 차기 대회 유치를 계획해 1987년 2월에 제13차 축전의 유치를 최종 확정했다. 그리고 1989년 7월 1~8일을 대회 기간으로 정했다.[26] 평양이 왜 세계청년학생축전을 개최하고자 했는지에 대해서는 여러 해석이 가능하지만, 일각에서는 서울올림픽이 성공했을 경우 발생할 남한의 지위 상승과 북한의 지위 하락을 방지하기 위해서라고 해석했다. 이는 설득력이 있는 설명이었다. 세계청년학생축전은 정치토론회, 문화예술 행사 등으로 이뤄졌다는 점에서 올림픽과 성격이 다른 이벤트였지만, 평양의 연출자들은 평양 전체를 거대한 스펙터클을 위한 무대로 바꿔 나갔다. 김일성은 "평양을 세계 1등급의 현대 도시로 가꾸겠다."고 말했고,[27] 이에 따라 평양은 무대가 되기 위한 대대적인 준비 과정을 거쳤다.

수십 층 규모의 호텔 3~4개가 동시에 지어졌고, 15만 명을 수용하는 당시 세계 최대의 경기장을 포함한 3개의 대규모 경기장도 건설됐으며, 대규모 전시시설과 공연시설 3~4개도 함께 만들어졌다. 대동강변은 한강처럼 조성됐고,[28] 광장과 공원을 갖춘 거리가 대폭 늘어났다. 1988년에는 '200일 전투'라는 이름으로 인원과 물자가 준비 작업에 대거 투입됐고, 이벤트 홍보를 위한 동원 역시 매우 광범위하게 진행됐다.[29] 평양의 연출자들은 제13회 세계청년학생축전의 기록영화도 남겼다. 영화는 평양 창광거리의 고층 아파트와 고려호텔, 105층의 류경호텔, 대동강의 인민대학습당과 주체사상탑, 광복거리의 고층 아파트, 릉라도5·1경기장 등 연출자들이 스펙터클을 위해 준비한 무대장치를 보여주면서 시작한다.[30] 여기서 평양의 연출자들 역시 서울의 연출자들이 그랬던 것처럼 평양이라는 무대를 볼 외국인을 다분히 의식했음을 알 수 있다.[31]

제13회 평양 세계청년학생축전에는 공식적으로 180개국 2만 2,000명이 참가해, 평양의 연출자들은 이 행사가 올림픽에 비견될 만한 메가이벤트라고 홍보할 수 있었다. 민족을 말하는 이들은 평양 세계청년학생축전 개최 소식을 듣자 크게 환영했다. 그들은 남한 청년들이 평양의 이벤트에 출연함으로써 서울만을 무대로 했던 올림픽으로 인해 세계의 관객들에게 분단이 기정사실화되는 사태를 방지할 수 있고, 서울의 군인들이 쌓은 벽을 넘어 올바르게 북한을 이해할 수 있으며, 남북간 신뢰와 단합을 높일 수 있고, 여러 나라 청년들과 친선을 도모할 수 있을 것이라고 기대했다.[32] 이에 1988년 12월 26일 전국대학생대표자협의회(전대협)는 북한 조선학생위원회의 초청을 수락했다.[33]

1988년 서울올림픽을 성황리에 마친 군인-연출자들은 자신감을 갖고 있었다. 노태우 대통령과 정원식 문교부장관은 1988년 말 초청을 받은 대학생들의 평양행과 남북 학생 교류를 허용하겠다는 입장을 거듭 밝혔다.[34] 하지만 1989년 3월 문익환 목사 방북 이후 입장이 바뀌었다. 6월 들어 서울의 연출자들은 누구도 평양 무대에 참가할 수 없다고 두 차례나 못을 박았다.[35] 실제로 대학생 대표로 참가한 임수경이 6월 21일 제3국을 거쳐 평양에 들어간 후 8월 15일에 판문점을 통해 귀국하자, 정부는 그 자리에서 임수경을 체포한 후 구속했다.[36] 서울의 연출자들은 북한이 '적'이므로 절대 교류해서는 안 된다는 냉전적 사고 때문에 평양의 스펙터클에 대한 참가를 억압한 것이 아니었다. 그랬다면 처음부터 허용하지 않았을 것이다. 게다가 1989년 7월 1일 릉라도5·1경기장에서 열린 개막식에 모습을 드러낸 서울 사람은 임수경만이 아니었다. 본부석에는 연출자 중 한 사람이었던 박철언과 강재섭이 앉아있었다. 그리고 이들은 대학생 임수경과 달리 어떤 처벌도 받지 않았고, 평양 무대에 선 일원이었다는 사실 자체를 부인했다.[37]

연출자들이 민족을 말하는 이들을 다르게 대우한 이유는 이들이 다른 공연을 꿈꾸며 목소리를 낸다는 사실에 있었다. 올림픽 이후에도 연출자들은 계속해서 한국사회의 구성원들이 자신들이 만든 대본대로 연기하기를 바랐다. 그리고 그들과 다른 공연을 만들어가려던 이들의 목소리를 계속해서 차단하고자 했다. 1988년 여름부터 치안본부는 민족을 말하는 이들이 "사회불안을 조성할 가능성이 높다."고 판단했고, 노태우 대통령은 "저마다 판문점에 가서 북한과 만나겠다는 풍조를 만들면 북측이 우리 사회의 혼란을 조성"한다고 주장했다.[38] 민족을 말하는 이들의 목소리가 연출자들이 작성한 대본을 따른 연기를 방해해 공연을 어지럽힌다는 것이다. 또 다른 이유는 평양의 무대가 자칫 서울의 스펙터클에 대한 '앵콜공연'이 될 수도 있다는 점이었다. 서울의 공연 무대는 사회주의 국가들의 참가로 반원형 무대에서 원형 무대로 바뀌었고, 이로 인해 연출자들이 꿈꾸던 스펙터클도 현실이 됐다. 그런데 남한의 대학생이 평양의 공연 무대를 서울과 유사하게 만들어버리면 평양의 연출자들이 꿈꾸는 스펙터클이 현실이 될지도 모르며, 그렇다면 서울에 왔던 사회주의권 국가의 관객들이 다시 평양으로 눈을 돌리고 객석을 옮길 수 있다는 것이 군인-연출자들의 생각이었다.[39] 서울의 연출자들은 평양의 스펙터클이 서울의 앵콜공연이 되지 못하게 만들고자 했고, 그랬기에 앵콜을 외치는 이들의 목소리를 잠재우고자 한 것이다.

평양의 앵콜공연을 거부한 서울의 연출자들은 그 대신 서울에서 앵콜공연을 열고자 했다. 그래서 마련한 이벤트가 서울올림픽 1주년을 기념해 1989년 9월 26일부터 10월 4일까지 열린 '세계한민족체육대회'였다.[40] 군인들은 서울올림픽에 사회주의권 국가들이 대거 참여하면서 서울만이 '세계적' 공연 무대가 될 것이 확실해진 1988년 7월부터 세계한민족체육대회를 준비했다.[41] 올림픽이 끝나자 연출자들은 미국과 일본뿐만 아니라 중국과 소련 등 그간 왕래가 불가능했던 사회주의 국가의 재외동포 스포츠인들을 서울에 초청하고자 했다. 정부는 이를 위해 중국·소련 정부와 접촉했고, 중국과 소련의 참가자들에게 1인당 200달러와 왕복항공권을 마련해줬다. 이렇게 해서 209명의 재미동포, 200명의 재일동포, 144명의 재소동포, 145명의 재중동포가 참여한 무대가 만들어졌다.[42] 이를 통해 연출자들은 이제 서울이 전 세계의 한민족을 모아 무대를 만들 수 있음을, 서울은 평양이 만들 수 없는 무대를 만들 수 있음을, 서울과 평양은 비교할 수 없는 지위를 가짐을 보여주고자 했던 것이다.

연출자들은 민족을 말하는 이들의 '앵콜요청'을 금지함으로써, 그리고 평양은 만들지 못한 앵콜공연을 서울에서 상연함으로써 극장 안의 목소리를 자신들이 통제할 수 있다는 자신감을 갖게 됐다. 그러자 연출자들은 북한과 체육교류를 시작했다. 1990년 9월 베이징아시안게임에서는 남북 공동응원이 조직됐고,[43] 같은 해 10월과 11월에는 남북통일축구대회가 개최됐다.[44] 그리고 1991년 4월에 일본에서 개최된 세계탁구선수권대회와 6월에 포르투갈에서 개최된 세계청소년축구대회에는 남북 단일팀을 구성해 참가했다.

이는 민족을 말하는 이들이 주장하는 바를 수용한 것처럼 보인다. 하지만 연극론적 관점에서 본다면 민족을 말하는 이들의 목소리를 통제하는 장치이기도 했다. 민족을 말하는 이들은 1988년부터 서울과 평양 사이의 자유로운 왕래와, 평양에서 열리는 공연에 직접 참가하게 해줄 것을 요구했다. 이들은 서울올림픽을 전후해 조성된 탈냉전이라는 무대에 직접 서고자 했던 것이다. 그러나 연출자들은 이를 '사회혼란'이라고 표현했다. 그들은 스포츠인과 관계자 등 정해진 배우만이 무대에 오르도록 했고, 객석이 응원으로만 채워지도록 만들고자 했다. 남북간 스포츠교류와 단일팀은 무대에 오를 이들과 객석에서 민족을 말하는 이들의 목소리를 통제하는 가운데, 탈냉전의 스펙터클을 상연하고자 한 연출자들의 포스트올림픽 드라마투르기를 잘 보여준다.

커튼콜: 올림픽의 여운과 임대주택

올림픽 이후 목소리를 높인 것은 민족을 말하는 이들만이 아니었다. 민중을 말하는 이들 역시 목소리를 전보다 더욱 높였다. 이를 위해 계속해서 모임을 만들어 나갔다. 노점상올림픽과 빈민올림픽을 개최한 이들은 종교계의 도시빈민 단체들과 함께 1988년 8월 '반민중적올림픽반대와민중생존권쟁취도시빈민공동투쟁위원회'를, 몇 개 단체를 더해 1989년 2월 '전국도시빈민연합' 준비위원회를 만들었다.[45] 그리고 11월 마침내 '전국빈민연합'을 결성했다.[46]

민족을 말하는 이들에게 앵콜공연이 평양 세계청년학생축전이었다면, 민중을 말하는 이들에게는 1989년 6월 14일부터 20일 사이 개최된 '아시아 도시빈민 서울대회'가 그러했다. 행사에 참가한 이들은 말레이시아, 인도, 태국, 파키스탄, 필리핀 등 아시아 10개국 대표단과 세계주거문제협의회(HIC), UN 아시아태평양경제사회위원회, 서독가톨릭원조단체 미제리올 등 3개 단체의 대표 총 95명이었고, 행사의 내용은 서울의 재개발 및 철거 현장 방문과 토론, 문화예술 이벤트 등이 주를 이뤘다.[47]

한강, 강남, 을지로와 광화문 일대의 고층 건물이 서울올림픽이

〈그림 30〉 아시아 도시빈민 서울대회 포스터[48]

라는 공연의 무대였다면, 하월곡동, 신정동, 난곡동, 문정동 평화촌, 서초동 비닐하우스촌 등 올림픽을 앞두고 재개발과 철거를 경험하거나 재개발 위기에 처한 곳들이 아시아 도시빈민 서울대회의 무대였다.[49] 폐막식에서 참가한 김수환 추기경은 누구나 삶의 자리를 확보할 수 있는 권리를 인정받아야 한다고 말했고, 참가자들은 이를 헌법으로 명시해야 한다고 선언했다.[50] 평양의 앵콜공연을 방해했던 연출자들이 이 또한 그대로 두고 볼 리 없었다. 폐막식 이후 연세대학교에서 개최가 예정된 대동제 도중 경찰이 들이닥쳐 모인 이들을 해산시키고 10여 명을 연행했다.[51] 이처럼 연출자들이 민중을 말하는 이들의 목소리들에 대해 보인 반응은 민족을 말하는 이들에 대한 것과 유사했다. 목소리들의 요구에 따른 앵콜공연도, 또 다른 공연도 이뤄지지 못하게 하는 것, 다만 자신들이 연출한 공연에서만 요구를 일부 수용하는 것이 이들의 전략이었다.

평양의 앵콜공연을 요구하는 목소리에 대해 서울의 앵콜공연으로 대응한 군인-연출자들은, 무대에 대한 권리를 요구하는 목소리에 대해서는 매우 협소한 자리를 내주며 스펙터클의 일부만을 경험케 하는 방식으로 대응했다. 연출자들이 내준 것은 세계라는 관객에게 과시할 만한 스펙터클의 무대장치였던 서울이 아닌, 스펙터클의 흔적만을 느낄 수 있는 서울이었다. 공연을 체험할 기회는 줬지만, 그래봤자 커튼콜 정도를 허용했던 것이다.

먼저, 노점상에 대해서는 중앙 및 지방정부의 통제하에 제한적으로만 영업을 허가했다. 올림픽이 끝난 1988년 11월 1일, 내무부는 〈노점상 종합대응대책〉을 발표했다. 노점상을 지자체에 등록시키고, 민중을 말하는 이들이 만든 조직이 아닌 연출자들이 만든 조직하에 두어 이들을 통제하는 것이 핵심이었다.[52] 그런데 1989년 6월이 되자 정부는 7월 1일부터 대대적으로 노점 단속을 시작했다. 노점상이 "느슨해진 사회기강"을 틈타 대폭 증가했고 올림픽의 무대가 된 서울을 더럽히고 있다는 등의 이유에서였다.[53] 두 달 사이 단속된 노점은 전국 2만 6,754개로, 전체 노점의 약 45퍼센트였다.[54] 민중을 말하는 이들이 "대탄압"이라 부를 정도였다.[55] 이윽고 연출자들은 '노점상규제관리법'을 통해 서울이라는 무대의 일부를 허락했다. 법안의 골자는 노점상의 절대금지구역, 상대금지구역, 허용지역을 각각 설정하고 노점상의 크기와 자격 등을 규제하는 것이었다. 또한 직업훈련과 취업알선, 생활보호대상자 지정 등을 통해 노점상의 직업 이동을 유도하고 이를 바탕으로 노점 수를 관리하겠다는 것이 연출자들의 생각이었다.[56]

무대의 일부만을 허용하는 연출자들의 포스트올림픽 드라마투르기는 올림픽을 앞두고 이뤄진 대대적인 재개발로 인해 철거민이 된 이들에 대한 대응에서 보다 분명하게 드러난다. 우리는 앞서 민중을 말하던 이들이 장기 혹은 영구임대아파트를 요구했음을 살폈다. 그런데 이는 민중을 말하는 이들만의 주장이 아니었다. 서울올림픽을 앞두고 진행된 재개발과 철거, 그리고 1980년대 후반 시작된 3저 호황으로 인한 유동자금의 부동산시장 유입은 1987~1988년 사이에 주택 부족 문제를 심화시켰다. 부동산 가격은 폭등했고 부동산 투기는 문제를 더욱 심각하게 만들었다. 매매가의 폭등은 전월세로 이어졌고 영세 세입자들이 연이어 목숨을 끊는 상황이 벌어졌다. 부동산 문제는 연출자들에게 '체제의 위기'로 인식될 정도로 심각했다.[57] 게다가 당시 국회는 이른바 '여소야대'였고, 올림픽의 연출자 노태우가 꾸린 정부는 야당에 주도권을 잃은 상태였다. 게다가 노태우가 1987년 대통령 선거 당시 공약했던 '중간평가'는 1989년 상반기로 예정돼 있었다.[58]

1989년 1월 시점에서 대통령과 경제수석 등 포스트올림픽의 연출자들은 '사회안정'을 위해 대책이 필요하다는 입장을 공유했다. 이때 선택된 것이 영구임대아파트였다. 이 시점에서는 민중을 말하는 이들뿐만 아니라 보수언론과 국책연구원도 나서서 장기 혹은 영구임대아파트를 문제의 해결책으로 여기고 있었다.[59] 노태우는 1989년 2월 24일 대통령 취임 1주년을 기념하는 행사에서 영구임대주택 정책을 발표했고, 3월 30일에는 서울 강북구 번동에 들어설 첫 영구임대주택 착공식에 직접 참석했다.[60] 정책의 골자는 1989년 2월 4일 발표된 주택 200만 호 공급계획에 포함됐던 장기임대주택 60만 호 중 25만 호를 영구임대로 바꾼다는 것이었다. 이는 6대 도시 생활보호대상자 23만 가구에 의료부조자, 보훈대상자 등을 합한 숫자였다.[61] 발표에 따르면 국가가 건설비의 85퍼센트를 부담함으로써 입주자는 저렴한 보증금과 월세를 지불하며 장기간 거주할 수 있었다.[62] 연출자들은 올림픽 이후 시행된 돈암동과 동소문동 철거로 밀려난 사람들에게도 일부 입주를 허용함으로써 민중을 말하는 이들의 목소리를 반영하는 제스처를 취했다.[63]

하지만 임대아파트 공급이 모든 빈민에게 스펙터클의 무대였던 서울에서 살 수 있을 만한 자리를 온전히 보장하는 조치였는가 하면 그렇지는 않았다. 문제의 주된 원인은 대규모 재개발과 철거였지만, 입주 자격을 지닌 이들은 철거민이 아니라 생활보호대상자였다. 철거민이 생활보호대상자가 될 수는 있었지만, 모두에게 적용되는 것은 아니었다.[64] 철거로 인해 시급하게 집이 필요한 이들을 위해 만든 정책이 아니었던 것이다. 1991년, 정부는 임대주택 공급량을 25만 호에서 19만 호로 축소했다. 수요가 적다는 이유에서였다. 수요가 적은 이유는 입주대상자가 매우 제한적인데다, 아파트를 기존 생활권에서 멀리 떨어진 신도시에 주로 지었기 때문이다.[65] 정부 내에서조차 임대주택을 확대해야 한다는 의

견이 존재했지만,[66] 연출자들은 정반대를 선택했다. '3당 합당'을 통해 거대 여당을 만들었고, 주택 가격 상승이 둔화됐으며, 임대주택 정책의 발표 이후 민중을 말하는 이들의 목소리가 줄어들자 더는 정책을 확대할 이유가 사라졌다고 판단한 것이다.[67]

연출자들의 관심은 민중을 말하는 이들의 목소리를 반영하는 것이 아니라, 가장 가난한 이들에게 아파트라는 현대적 주거 공간을, 올림픽의 무대장치를 제공하는 '자선의 스펙터클'을 연출하는 데 있었다.[68] 그랬기에 이들은 신도시 어딘가에 임대아파트를 만들 때 앞으로 어떤 결과가 발생할지를 전혀 계산에 넣지 않았다. 《월간 말》의 한 기자는 올림픽을 앞두고 4~5평의 조그만 공간에서 살아가던 도시 빈민의 공간을 30평 이상의 고층 아파트로 바꾼 연출자들을 비판하면서, 고층 아파트를 '올림픽 공식 주거'라 불렀다.[69] 임대아파트 공급은 빈민으로 하여금 스펙터클한 무대장치로서의 올림픽 공식 주거를 좁은 평수로나마 체험하게 해주는 기회인 셈이었다. 4~5평의 공간에서 살던 이들에게 7~8평의 임대아파트는 이전보다 나은 주거 형태였다. 하지만 그들은 올림픽 공식 주거에 살기 시작한 중산층이 체험한, 한국의 국가적 지위 상승과 맞물린 개인의 사회적 지위 상승은 물론, 그에 따른 자부심을 전혀 체감하지 못했다. 임대아파트 거주자들은 중산층이 거주하는 신도시의 한복판에서 각종 차별과 낙인에 시달려야 했고, 올림픽 공식 주거의 스펙터클을 구석에서 지켜봐야 했을 뿐이었다.

결론

연극이 끝나고 난 뒤
: 서울올림픽과 88년 체제

스스로를 연출하는 배우들

 군인-연출자들은 극장을 지켜냈다. 그들은 올림픽이라는 스펙터클을 존립의 근거로 여기면서 대본이 허용치 않은 목소리와 움직임 모두 통제하려 했으나, 결국 1987년 6월 이후 거리에서 외치는 이들의 목소리를 받아들이기로 합의했다. 하지만 군인들은 올림픽의 무대 서울이 자유로운 형식으로 상연되는 마당극의 무대가 되지 못하게 했고, 자유로운 듯하지만 극장이라는 한정된 공간에서 상연되는 마당놀이만을 허용했다. 자신들이 오랫동안 계획해왔던 서울올림픽이라는 스펙터클은 예정대로 상연한 대신, 민족을 말하는 이들과 민중을 말하는 이들이 꿈꾸던 공연은 이뤄지지 못하도록 하는 데 성공한 것이다. 그리고 이를 통해 한국사회의 구성원들이, 또 '세계'라 불리는 관객들이 극장 안에서만 스펙터클을 경험하도록 만드는 데도 성공했다.

군인들이 그토록 강조했던 그럴듯한 공연은 올림픽과 더불어 어느 정도 현실이 됐다. 누군가는 올림픽 때문에 무대에 설 자리를 잃었지만, 누군가는 이 스펙터클을 가까이서 경험했고 그것이 일상생활에서도 계속되기를 원했다. 이제 서울올림픽의 드라마투르기는 1988년을 넘어서면서 사회 속으로 확산됐다. 1980년대 내내 배우로 동원됐던 이들이 스스로 자신들의 사회적 삶을 연출하고자, 그리고 많은 도시가 서울올림픽의 스펙터클을 재연하고자 노력하기 시작했다.

재생산되는 스펙터클

앞서 살폈듯이 올림픽은 주택문제와 함께 도래했다. 연출자들은 중산층에게 아파트를 대규모로 공급함으로써, 구체적으로는 중산층이 입주할 아파트가 주를 이루는 신도시를 개발함으로써 문제를 해결하려고 했다.[1] 노태우 대통령은 임대아파트 공급을 선언하기 20일 전인 1989년 2월 4일에 무대에 서서 말했다. 전국적으로 200만 호의 주택을 공급하겠다고, 그리고 서울 주변에 50만 가구가 이주할 수 있는 신도시를 만들겠다고. 평촌, 산본, 중동, 일산, 분당이 신도시가 들어설 부지로 선정됐다.[2] 부산 해운대, 대구 수성구, 인천 연수구, 광주 상무지구, 전주 효자동 등 다른 도시에도 1990년대 들어 신도시 내지 신시가지라 불리는, 더 나은 공원과 문화시설을 갖춘 공간이 만들어졌다.

신도시는 올림픽의 무대장치를 그대로 복제하고 확산시킨 공간이었다. 설계, 즉 무대 만들기의 기술이라는 측면에서도 그랬고, 무대에 올라선 배우들의 감상 역시 다르지 않았다. 군인-연출자들은 '외국'에서 훈련받은 전문가에게 설계를 의뢰하고 토지개발공사와 대한주택공사 등 공기업을 활용해 대규모 주거지를 조성해왔다. 1970년대의 잠실, 여의도, 이촌동, 반포, 1980년대의 과천, 목동, 상계동 등에 구축된 아파트단지는 대부분 외국에서 공부한 전문가들의 설계에 기반한 것으로, 연출자들은 이곳을 "88 서울올림픽뿐만 아니라 증가되는 외국과의 교역에서 생기는 많은 외국인이 방문할 수 있는 장소"로 봤다.[3] 그런데 이것만 가지고 스펙터클을 과시하기는 어려웠다. 연출자들은 한국의 경제성장을 보여줄 수 있는 무대장치를 추가로 배치해 올림픽의 무대 서울 전체를 스펙터클로 만들고자 했다. 이에 따라 앞서 살핀 것처럼 테헤란로, 코엑스, 롯데월드, 아시아공원, 올림픽공원, 국립중앙도서관, 국립국악원 등 고층 빌딩, 백화점, 호텔, 도서관, 공연장, 공원 등이 올림픽을 앞두고 차례로 서울에 자리 잡았다. 그중 대다수가 들어선 영동은 1980년대 중반까지 베드타운으로 불렸으나,[4] 올림픽을 계기로 문화와 소비의 중심지 강남이 됐다. 이 같은 변화 속에서 서울시는 1988년 2월 '강남북균형개발계획'을 처음으로 입안했고,[5] 1990년 1월에는 '강남북균형발전종합대책'을 발표했다.[6]

한편 1989년부터 시작된 신도시들은 강남과 달리 처음부터 스펙터클의 요소를 갖추도록 설계됐다. 토지 사용을 계획적으로 설계한 후,[7] 아파트뿐만 아니라 문화·소비·레크리에이션 시설을 모두 갖추도록 한 것이다. 분당신도시에는 "공공시설과 복지시설을 적절히 수용하며, 대단위 상업·유통시설을 유치하여 서울의 상업·업무 기능을 부분적으로 수용"하고, "도소매 유통센터, 금융·업무시설 부지 확보와 대규모 중앙공원의 배치로 충분한 녹지대와 레크리에이션 부지를 계획에 포함"시키기로 결정했다.[8] 이제 분당은 '선진국 수준의 도시'라 불리게 됐다. 올림픽의 연출자들이 세계로부터 인정받으려고 만들었던 무대장치를 처음부터 갖춘, 외국인에게 보여줄 수 있는 스펙터클이었던 것이다.[9] 실제로 외국인이 이곳에 방문하는가와는 상관없이 말이다.

이들 신도시가 올림픽을 위한 스펙터클의 복제물이라는 것은 거주자들이 가진 서사를 통해서도 드러난다. 우리는 앞에서 서울올림픽의 연출자들이 배우를 훈련시키고 무대를 꾸미면서 '문명의 서사극'을 연출하고자 했음을 봤다. 식민과 전쟁으로 인해 제대로 공연을 펼치지 못했던 서울을 훈련된 배우와 화려한 장치로 가득한 무대로 바꾼다는 것, 아주 다르게 탈바꿈한 서울을 전 세계의 관객에게 보여주고 한국의 국제적 지위를 상승시키겠다는 것이 연출자들의 꿈이었다. 연출자들이 생각한 문명의 서사는 약간의 변형을 거치며 한국사회의 구성원들에게 확산됐다. 한국사회의 구성원들, 특히 서울올림픽을 거치면서 중산층으로 올라선 계층의 사람들은 연출자들이 확산시키고자 한 문명의 서사를 변형시켜 자신과 가족의 발전/문명 서사를, 자신들만의 드라마투르기와 미장센을 만들어 나갔다.

시작은 1986년 아시안게임이었다. 1986년 아시안게임에서 한국 선수단은 처음으로 일본보다 높은 순위를 기록했고 중국과 거의 대등한 수의 메달을 획득했다. 그러자 언론인과 지식인 들은 이를 한민족의 서사와 연결시켰다. 오랫동안 동아시아의 주변부에 있던 역사 그리고 식민지배의 역사를 가진 한국이 이제 식민지배자(일본)를 넘고 과거의 패권국(중국)과 어깨를 나란히 한다고 본 것이다.[10] 1988년 서울올림픽 또한 마찬가지였다. 고려대학교 총장을 지내다 전두환 정부의 압력으로 사임했던 김준엽은 올림픽을 "6·25전쟁이 있은 뒤 최대의 체험"으로 규정하면서,[11] 연출자들의 서사를 원본에 가깝게 반복했다.

우리 민족의 우수성을 재확인하고 선진국의 문턱에 서게 된 문화민족으로서의 자신감을 만끽하면서 온 겨레는 감격의 눈물을 흘렸다. 더욱이 1936년 베를린 올림픽 마라톤에서 손기정 씨가 우승하여 억압된 우리 민족의 피를 끓게 한 기억, 그리고 그의 가슴에 단 일장기를 말소함으로써 일제에 항거한 동아일보가 무기정간당한 쓰라린 추억을 가지고 있는 나로서는 여간 감개무량한 것이 아니었다.[12]

이러한 문명의 서사가 특히 소구력을 가졌던 쪽은 중산층 사회 구성원이었다. 이들은 공연을 열기에 부적절하다 여겨졌던 서울이 그럴듯한 무대로 탈바꿈하는 과정을 체험했고, 모두가 그렇지는 않았더라도 대개는 새로운 무대에 자신의 자리를 가질 수 있었다. 그러기에 식민과 전쟁을 경험했던 한국의 국제적 지위 상승이라는 서사는 이들의 경험과 쉽게 접속할 수 있었다.

1980년대 중반부터 연출자들은 경제성장의 결과 중산층이 한국사회에 확산됐다고 선전했다. 이때 연출자들은 경제력을 기준으로 중산층의 범주를 정의했다. 1988년 경제기획원은 '최저생계비의 2.5배 이상 소득, 자가 혹은 전세주택 소유자, 안정된 직업 소유자, 고졸 이상 학력' 등으로 중산층을 정의했다. 하지만 한국사회의 구성원들은 연출자들의 기준으로 중산층을 정의하지 않았다. 1990년 초 어느 여론조사의 응답자들은 중산층을 "여유로운 생활을 하는 사람", "자택소유자", "자가용 소유자", "잘사는 사람", "먹고살 만한 사람", "평범한 사람" 등 다양하게 정의했다.[13] 이처럼 막연한 정의에 기초해서는 명확한 정체성을 형성하기 어려운 게 당연하다. 그래서 당대의 여러 통계는 한국사회에 중산층이 꽤나 많다고 선전했던 연출자의 생각(36.4퍼센트)보다 많은 구성원이 스스로를 중산층으로 생각했음(61.5퍼센트)을 보여준다.[14]

　중산층이 이렇게 막연할 수 있는 자신의 지위를 확인하려고 활용한 것이 바로 문명의 서사였다. 이를 우리는 1989년과 1990년 등장해 큰 반향을 얻으면서 텔레비전 드라마로도 만들어진 소설 《말로만 중산층》과 《우리는 중산층》을 통해 확인할 수 있다. 소설 속 주인공들은 중산층의 지위 확인에 있어 서사가 차지하는 중요성을 보여준다. 《말로만 중산층》의 주인공 남편은 중산층이면 적어도 자가용 한 대쯤은 있어야 한다며, 주변 사람들과 달리 자신의 지위에 대해 의심을 품는다. 이에 아내는 "역사의 수레바퀴를 누가 감히 거꾸로 돌려요? 지엔피가 올라가고 생활수준이 날로 향상되는 우리 앞날을 누가 가로막아요?"라는 질문으로 자신의 가족이 지닌 지위를 확인한다.[15] 직장상사 또한 "과거에 비해서 우리가 현저하게 잘살고 있다는 사실을 자네는 부정하는 건가?"라는 질문과 함께 중산층에 속한다는 정체성의 원천이 바로 발전의 서사에 있음을 보여준다.[16] 《우리는 중산층》의 주인공 또한 "팔팔올림픽도 얼마 안 남았고, 이렇듯 지엔피 쑥쑥 올라가고 물자 풍성해져 풍요를 구가하면서 선진국 대열에 올라설 날도 내일 모레"인 한국사회에서 "자가용 가졌겠다, 남부럽지 않게 집 한 채 장만"한 자신이야말로 중산층에 속한다고 주장한다.[17] "식민통치와 전쟁이 남긴 상실과 파괴, 그리고 가난의 사무친 경험"[18] 속에서 부를 일군 이들이, 한국전쟁 등으로 인한 극도의 가난을 극복했다는 자부심을 지닌 이들이 바로 중산층이라는 것이다.[19]

일상생활의 미장센

올림픽 이후 신도시의 중산층 구성원들은, 즉 올림픽 이후의 일상에서 발생하는 공연의 배우들은 연출자들이 만든 서사에 자신들의 서사와 정체성을 덧붙여 일상의 공연을 직접 연출하고자 했다. 특히 두드러지는 것이 미장센에 대한 의지였다. 군인-연출자들이 무대에 오를 자격이 있는 이들을 가려내고 무대와 어울리지 않는 장치는 철거하며 도시 전체를 올림픽의 무대장치로 만들어내는 과정에서 만들어진 것이 올림픽의 미장센이었다면, 중산층은 이를 변용해 자신들만의 미장센을 만들어냈다.

올림픽의 스펙터클을 닮은 신도시에 자리 잡은 이들에게, 신도시라는 무대를 구성하는 핵심적인 요소 중 하나는 무대로서 부적절하다 여겼던 '과거'와의 차별화였다. 신도시는 현대적이고 서구적인 동시에,[20] 질서정연하면서도 충분한 녹지를 갖춘 경관으로 규정된다. 신도시의 거주자들은 자신들의 무대를 계획에 따라 조성돼,[21] "정돈된" 경관을 갖추고 있고,[22] "깨끗하고" "잘 정리되어 있는" 공간으로 정의했다.[23] 반대로 신도시 바깥 지역은 "낡고" "지저분하고" "어수선한" 공간으로 규정했다.[24] 올림픽 당시 연출자들이 없애고자 했던 형용사와 전면에 내세우고자 했던 형용사가 그대로 재활용되고 있는 것이다.

그리고 이는 일상적 공연에 대한 배우들의 자의식과도 관련 있었다. 신도시 거주자들은 자신들을 다른 지역 거주자에 비해 "덜 싸우고, 법도 더 잘 지키"는 사람들로 규정했다.[25] 《우리는 중산층》의 주인공에게 신도시와 대조를 이루는 경관은 "홍제동 산비탈 무허가촌"으로,[26] 이는 법과 질서를 지키는 현재와 날카롭게 대비된다. 일상에서 이뤄지는 공연에 남다른 질서가 존재한다는 것, 더 능숙하게 연기를 펼친다는 것이 이들의 자의식이었다.[27] 이처럼 공연이 이뤄지는 무대와 연기에 대한 자부심을 가졌기에, 게다가 이를 자신들의 힘으로 이뤄냈다고 생각했기에, 중산층은 스스로 공연을 상연하고 미장센을 연출하고자 하는 의지를 키웠다. 이러한 의지가 드러난 첫 번째 장소가 바로 집 안이었다. 자신의 집 내부를 '질서정연'하게 만들고자 하는 의지가 올림픽 이후 두드러졌던 것이다.

박해천에 따르면 집 내부의 미장센에 대한 중산층의 욕망은 올림픽을 전후해서 나타났다. 그는 식자층을 겨냥한 잡지 《샘이깊은물》에 1980년대 중반부터 연재됐던 '볼 만한 집치레'라는 코너에 주목하고, 이를 통해 거실을 박물관·갤러리·극장처럼 만들고자 하는 미장센의 전략(중산층의 욕망)을 읽어낸다.[28] 또 그는 미장센에 대한 중산층의 욕망을 동시대적으로 읽어내고 이를 상업적으로 활용한 이들이 있었음을 보여준다. 가전회사 금성사(현 LG)는 1989년 청담동에 110평의 스튜디오를 아파트와 동일한 모습으로 만들었다. 그리고 이곳에서 전자제품과 함께 생활하는 '연기'를 통해 새로운 제품을 개발했다. 이제 전자제품은 "일상생활의 미장센"을 연출하는 무대장치 혹은 소품이 됐다는 판단에 따른 것이었다. 대우전자 역시 〈신대우가족〉이라는 연속극 스타일의 광고를 통해 전자제품이 일상적 공연의 미장센에 어떻게 활용될 수 있는지를 보여줬다.[29] 이들 가전제품 기업은 일상생활의 미장센(인테리어)에 대한 중산층의 욕망을 읽어낸 것이다.

미장센에 대한 중산층의 욕망은 신도시의 경관과 관련해서도 드러난다. 신도시라는 무대에는, 질서정연한 무대 위에서 능숙하게 연기를 수행하며 차별화된 일상의 공연을 수행하는 중산층의 자기 정체성에 어울리지 않는 무대장치와 배우들이 존재했다. 1989년 신도시 조성 발표와 거의 동시에 발표된 임대아파트와 그 거주민이 이에 해당한다. 앞서 살폈듯이 임대아파트 주민들이 중산층으로 구성된 인근 아파트 주민들로부터 차별과 낙인의 대상이 됐다는 사실은 1990년대 초반부터 현재까지 지속적으로 보고되고 있다.[30]

중산층 아파트 거주민들은 자신들의 아파트와 임대아파트 사이의 통행을 차단하려고 울타리를 설치하는가 하면, 자신들의 자녀와 임대아파트 거주민의 자녀가 서로 다른 학교를 다니도록 학교를 분리시키기도 했다.[31] 자녀가 분리되지 않은 학교에서는 임대아파트에 거주하는 학생을 일컫는 멸칭이 존재하며,[32] 위장전입 등의 방법으로 자녀를 임대아파트 거주자와 다른 학교에 보내고자 지속적으로 노력하는 모습도 발견됐다. 일례로 1995년 개교한 분당신도시의 한 중학교는 임대아파트 인근에 위치한다는 이유로 입학생 수가 계속해서 감소하다 2025년 폐교되기에 이르렀다.[33] 중산층 아파트 주민들은 이들 임대아파트 거주자들이 게으르고 비생산적이며 청결하지 못하기 때문이라고 말한다.[34] 낙인으로 인해 임대아파트에 거주하는 아이들은 친구를 집에 데려오지 않으며, 대중교통을 이용하면 인근 아파트 단지 앞에서 내려 집으로 걸어가기도 한다.[35]

누군가는 이러한 낙인이 자연발생적인 현상 아닌가라고 질문할 수 있다. 도시화 과정에서 경제적으로 부유한 주택 소유자가 경제적으로 어려운 세입자와 같은 지역에 사는 일은 일상적이었다. 자가주택 소유자의 자녀와 세입자의 자녀가 같은 학교에 다니는 것도 자연스러웠다. 하지만 신도시에서는 중산층이 이 모든 것을 기피하기 시작했다. 이는 신도시에 거주하면서 생겨난 특유의 드라마투르기에서 비롯했다고 봐야 할 것이다. 신도시 주민은 대부분 자신이 수행한 노력의 결과로 잘 꾸며진 무대에서 질서정연한 일상생활을 영위한다고 자부하는 경향을 갖고 있다. 그리고 이와 같은 자부심은 자신의 공연을 계속해서 조직하고 미장센을 연출하고자 하는 욕구로 이어졌다. 그리하여 무대에 어울리지 않는 배우와 무대장치를 기피하기에 이르렀다고 볼 수 있다.

올림픽이 만들어낸 효과 중 주요한 것 한 가지는 이것이다. 올림픽은 서울이라는 무대를 대대적으로 바꿨을 뿐만 아니라 변화에 서사를 부여했다. 다시 말해 1988년 서울올림픽은 새로운 아파트단지와 더불어 공원·쇼핑센터·고층 빌딩·호텔·미술관·공연장 등 세계에 보여줄 무대장치를 창출하는 데 그치지 않고, 이들 무대장치에 한국전쟁으로 파괴된 국가의 복구와 경제발전의 상징이라는 서사를 부여했던 것이다. 그리고 이와 같은 서사는 신도시의 아파트에서 일상을 영위하는 이들에게 정체성의 재료가 됐다. 신도시의 질서정연한 경관은 가난했던 과거를 탈피한 증거인 동시에, 질서정연한 일상생활을 영위하는 자신들의 이미지가 투영돼 있다. 신도시의 주민들은 이러한 정체성과 자신감에 기초해 한편으로는 자신의 집안을, 다른 한편으로는 신도시의 경관을 연출하고자 했던 것이다. 그에 어울리지 않는 이들과는 일상을 공유하지 않으려는 방식으로 말이다.

순회공연: 대전엑스포와 월드컵, 계속되는 극장도시

올림픽을 연출했던 군인들의 드라마투르기가 한국사회에 미친 또 다른 영향은 메가이벤트의 순회공연이다. 이는 군인들이 1964년 도쿄올림픽을 눈앞의 교본으로 삼으면서부터 예정된 것이었다. 일본의 연출자들이 1964년 올림픽을 도쿄에서 열고 1970년 만국박람회(엑스포)를 오사카에서 열었던 것처럼, 한국의 연출자들 역시 1988년 올림픽을 서울에서 연 데 이어 1993년 엑스포를 대전에서 개최함으로써 일본의 대본을 반복하고자 했다.

1963년 도쿄의 연출자들에게 편지가 날아들었다. 국제박람회 기구 조약을 비준해달라고 요청하는 편지였다. 이를 계기로 도쿄의 연출자들은 또 하나의 스펙터클을 준비하기 시작했다. 만국박람회를 일본에서 개최하고자 한 것이다. 1964년 아시아 최초의 올림픽을 개최하며 아시아의 최선두에서 "근대화의 길을 착착 걷고 있는 일본"을 주제로 한 공연을 국제사회에 선보이고자 했던 도쿄의 연출자들은, 1970년이라는 시점에 맞춰 또다시 문명의 서사극을 세계에 보여주려 했다. 그리하여 1970년 박람회의 목적은 "일본 산업 수준에 대한 세계의 인식을 바꾸는 것"이었다.[36] 1968년 서독을 제치고 세계 2위의 GDP를 자랑하는 일본의 산업과 기술을 테마로 한 공연을 펼치고자 했던 것이다. 박람회 장소로는 오사카가 선정됐다. 스펙터클은 도쿄 아니면 불가능하다는 의견도 있었지만, 올림픽의 무대로 집중 개발된 도쿄와 다른 지역 사이의 격차를 줄여야 한다는 여론이 훨씬 큰 영향을 미쳤다.[37] 그로 인해 대회장은 쉽게 개발할 수 있다고 여겨진 오사카부 북부의 센리(千里)에 설치됐다.[38] 박람회장은 77개 참가국의 산업 수준을 비교하는 한편, 스미토모, 미쓰이, 히타치, 도시바 등 일본 대기업의 기술 수준을 체험케 함으로써 관람객이 일본 산업과 기술의 스펙터클을 경험하는 데 초점을 맞췄다.[39] 박람회장 주위에는 1960년대 초

완공된 센리뉴타운(千里ニュータウン)이 제2차세계대전 이후 오사카의 발전을 상징하는 현대적 도시를 보여주는 무대장치로서 자리 잡고 있었다.[40]

서울의 연출자들은 엑스포의 용도를 잘 알고 있었다. 그랬기에 통상산업성장관의 주도하에 일본 산업의 발전상을 보여줬던 오사카엑스포와 마찬가지로, 서울의 연출자들 역시 상공부장관의 주도하에 한국 산업의 발전상을 보여주고자 했다.[41] 올림픽과 더불어 국제적 지위를 상승시킨다는 문명의 서사를 이어 나가고자 한 것이다. 서울의 연출자들은 거기서 그치지 않았다. 그들은 오사카엑스포가 서사뿐만 아니라 드라마투르기 또한 이어 나갈 수 있음을 발견했다. 엑스포를 명분으로 다시 한번 무대를 준비하고 배우를 훈련시킬 수 있음을 간파한 것이다. 그랬기에 서울의 연출자들은 도쿄의 연출자들과 마찬가지로 올림픽을 목전에 둔 1988년 9월부터 엑스포를 구상하면서, "1988 서울올림픽으로 형성된 범국민적 화합과 단결의식을 지속적으로 고취"하고 "올림픽 개최역량을 경제, 문화 선진화의 에너지로 응집"한다는 명분을 내세웠다.[42] 올림픽이 끝난 후에는 엑스포를 명분으로 지속적으로 배우를 동원하고, 이를 바탕으로 엑스포라는 스펙터클을 공연하며, 이를 통해 국제사회 내 지위를 향상시킴으로써 문명의 서사를 이어 나가겠다는 것이 연출자들의 목표였던 것이다. 약 50개 국을 초청해 관람객들이 산업 수준을 비교하도록 하고, 약 15개의 대기업이 한국의 기술 수준을 체험하도록 박람회장을 설계한 것 역시 오사카와 닮아있었다.[43]

그런데 엑스포의 테마가 조직위원장의 교체로 인해 산업과 무역에서 과학기술로 바뀌었다. 그리고 과학기술 관료들은 대덕연구단지와의 연계를 고려해 대전에 박람회장을 설치해야 한다고 주장했다. 한편으로는 올림픽으로 인해 다양한 무대장치를 갖춘 서울과 그렇지 못한 지역 사이에 확연해진 격차를 좁히려면 수도권 바깥에서 엑스포를 개최해야 한다는 목소리가 힘을 얻던 상황이었다.[44] 1988년만 해도 서울 혹은 주변 도시가 유력했던 개최지는 대전으로 최종 결정됐다.

서울의 연출자들이 경기장 건설과 개폐회식 등 공연만을 위해 쓴 직접비용은 약 5,684억 원이었다. 하지만 무대를 만들고 배우를 훈련시키려고 쓴 비용은 약 2조 3,735억 원이었다. 후자가 전자를 압도한 것이다. 대전엑스포 역시 마찬가지였다. 1990년 기준으로 엑스포의 직접비용은 약 4,000억 원이었지만, 무대와 배우를 만들려고 투여된 비용은 약 1조 6,100억 원이었다.[45] 당시 대전이 연 평균 약 1,500억 원 정도의 지역개발예산을 받아왔음을 고려한다면,[46] 전례 없는 거액의 비용이 엑스포 준비에 투여된 것이다.

대전시는 이 비용을 무대 만들기에 집중적으로 투자했다. 일례로 서울이 무대 연출을 위해 한강을 개발했던 것처럼, 갑천을 포함해 엑스포 대회장 주변의 하천을 개보수했다. 생활하수관을 매설하고 너른 고수부지를 공원으로 만들었으며 바닥을 준설했다. 대전의 연출자들은 엑스포 대회장 앞의 수심이 깊지 않자 임시로 댐을 만들어 수심을 확보한 후 대회 기간 중에 유람선을 운행했다. 그럼으로써 올림픽의 무대장치였던 한강을 갑천에서 재현하고자 했다.⁴⁷ 대회장 근처에는 두 개의 대형 공연장이 새로 들어섰다.⁴⁸ 이를 통해 엑스포 대회장은 세계에 보여줄 만한 스펙터클의 무대가 됐다.

대전의 연출자들은 서울의 연출자들처럼 고층 빌딩을 세우거나 낡고 작은 집들을 아파트로 대체하는 식으로 무대장치를 도시 전체에 설치하지는 않았다. 왜냐하면 아파트와 고층 빌딩이 들어설 신도시가 대전엑스포 대회장 바로 옆에 계획돼 있는 상태였기 때문이다. 1985년 신도시로 지정된 둔산은 1989년 초 노태우가 발표한 수도권의 신도시들보다 몇 달 앞서 공사에 들어갔다. 당연히 이곳 또한 다른 신도시와 마찬가지로 올림픽의 스펙터클을 복제하는 공간으로 설계돼, 대규모 아파트단지와 더불어 풍부한 공원·고층 건물(정부청사·시청)·백화점·공연장·미술관 등이 들어설 예정이었다.⁴⁹

그래서 대전의 연출자들은 서울에서 내려오는 거액의 예산을 도로 만들기에 집중적으로 사용했다. 대전을 동서로 가로지르는 한밭대로와 대전 북쪽 끝에서 대회장을 이어주는 갑천도시고속도로가 새로 만들어졌고, 대전 동남부의 구도심에서 대회장을 이어주는 동서로, 대전 서남부에서 대회장을 이어주는 유등천변도로, 대전 서부에서 대회장을 이어주는 계룡로 등이 확장됐다. 그 사이 정부는 서울과 대전을 이어주는 경부고속도로를 6차선에서 8차선으로 확장했다. 대전의 곳곳에서, 그리고 대전의 외부에서 대전으로 오는 교통의 흐름을 원활하게 한 것이다.⁵⁰

도로 중심 개발의 혜택은 대회장 바로 옆에 있는 둔산신도시의 주민들에게 돌아갔다. 주민들은 엑스포를 앞두고 지어진 공연장, 대전의 한강이 된 갑천 등의 생활 인프라는 물론, 엑스포를 위해 만들어진 도로로 인해 쉽게 구도심을 오가며 생활할 수 있었다. 그로 인해 둔산신도시의 주민들은 여느 신도시들보다 빠르게 정착할 수 있었다. 반면 대전의 구도심은 신도시가 완성되지 않았던 1990년대 중반부터 이미 낙후됐다는 평가를 받았다.[51] 올림픽을 통해 신도시 강남을 탄생시키고 불평등 또한 확대했던 서울의 연출자들처럼, 대전의 연출자들 또한 신도시와 더불어 불평등을 키웠다. 신도시 주민들의 미장센 역시 다르지 않아서, 1994년 둔산신도시에 개교한 어느 초등학교는 임대아파트 옆에 자리한다는 이유로 입학생이 계속 감소해 2027년 폐교를 앞두고 있다.[52]

대전의 연출자들은 1993년 대전엑스포를 앞두고 5년 전 서울의 연출자들이 그랬던 것처럼 주민들의 일상을 동원하고자 했다. 연출자들은 "대전시민 질서의식 세계로 과시!", "참여하는 EXPO 세계 속의 선진 위생", "엑스포 개최 시민으로서 이래서야 되겠습니까?", "EXPO 개최지 시민으로서 부끄럽지 않습니까?" 같은 표어를 대량으로 유통시켰다. 서울올림픽과 마찬가지로 공연의 관객이 될 세계를 의식하며 대본에 따른 연기를 수행하도록 만들고자 했던 것이다. 또한 배우들 스스로 외국인의 시선을 장착한 채 서울을 감시하도록 했던 '호돌이의 날'과 마찬가지로, '꿈돌이의 날'을 통해 외국인의 시선으로 대전을 바라보도록 했다. 거리를 청소하고 가로수와 화단을 가꾸는 일 또한 시민들의 몫이었다.[53]

2002년을 기점으로 순회공연에 변화가 찾아왔다. 연출자들의 드라마투르기가 바뀐 것이다. FIFA월드컵 개최가 결정되고 약 1년이 지난 1997년, 정부는 '월드컵문화시민운동'을 조직하고 1개 중앙조직과 10개 도시지부를 설치했다. 1999년부터는 KBS 프로그램 〈좋은나라 운동본부〉를 통해 시민들을 배우로 동원하려는 노력을 본격화했다. 이 시기를 대표하는 것이 청결로 유명한 공동개최국 일본과의 비교를 염두에 두며 전국의 공중화장실을 고치고 "아름다운 사람은 머문 자리도 아름답다."는 표어와 더불어 사용자들의 화장실 사용 습속을 고치는 캠페인이었다.[54] 또한 2000년을 전후해 '훌리건'이라 불리는 폭력적 관중이 일으킨 소요가 국제적인 이슈가 되자, 2002년의 연출자들은 더욱더 '질서'에 유난히 관심을 보였다.[55] 그리고 마침내 2002년 월드컵이 시작되자 연 인원으로 약 2,700만 명의 한국 관중이 응원하러 거리로 쏟아져 나왔다. 그런데 이 많은 인원이 이렇다 할 사고 없이 거리 응원을 마치고 쓰레기를 직접 치우자, 그 모습이 외신들의 주목을 끌었고 찬사까지 받았다.[56] 1988년의 연출자들이 선망의 대상으로 여겨왔던, 한국 사회 구성원들의 일상을 감시하는 리바이어던으로 승격시켰던 그 세계 앞에서 배우들이 거리와 광장에서 훌륭한 연기를 펼쳐 보였던 것이다.

이는 극장과 거리의 경계를 허무는 계기가 됐다. 1988년 서울의 연출자들은 거리와 광장을 공연의 공간이 아니라 무질서한 목소리의 공간으로 봤고, 올림픽의 무대 서울을 극장으로 만들어 목소리를 차단하려 했다. 그런데 2002년 광장에서 수행된 연기는 거리에서도 훌륭한 연기가 가능함을 증명했다. 이로 인해 거리와 광장은 목소리들에 대해 전보다 더 개방적으로 변했다.⁵⁷ 그러나 극장과 거리의 경계가 사라졌다는 것은 거리나 광장에서도 질서와 청결을 연기해야 하며, 그렇지 못하면 목소리가 내용과 관계없이 정당성을 상실할 수 있음을 의미한다. 달리 말하자면, 극장과 거리의 경계가 허물어지면서 이제 한국사회의 구성원들은 세계라는 관객을 언제나 염두에 두면서 일상을 살아가게 된 것이다.

한국사회의 구성원들이 언제 어디서든 연기를 수행할 수 있다는 감각이 공유되면서, 이제 메가이벤트는 배우 만들기에 상대적으로 관심을 덜 기울이고 있다. 1988년의 연출자들처럼 스펙터클을 위해 중앙과 지방정부는 물론, 관제 캠페인 아래 수백만 명을 동원하는 일도 사라졌다. 그럼에도 불구하고 세계라는 관객을 의식하며 이들에게 무언가를 보여줘야 한다는, 또는 외국인이 보기에 부끄러운 무언가는 새로운 것으로 대체해야 한다는 '무대적 무의식'은 여전히 우리 안에 깊숙이 자리 잡고 있다.

2010년대에 접어들며 도시의 연출자들에게 중요한 과업은 스펙터클한 공연을 위해 거액의 예산을 중앙정부로부터 받는 일이 됐다. 1993년 대전의 연출자들이 서울에서 대규모 예산을 받아 활용한 이후, 메가이벤트의 연출자들은 예외 없이 큰돈을 요구했다. 2012년 여수엑스포를 위해 건물을 짓고 대회를 운영하는 데 쓴 비용은 약 2조 230억 원이었지만, 2개의 고속도로 노선과 1개의 고속철도 노선 등 사회간접자본에 쓴 비용은 약 10조 220억 원에 달했다.⁵⁸ 2018년 평창동계올림픽 역시 대회 운영과 경기장 건설에 약 4조 8,000억 원이 들었지만, 서울에서 강릉으로 향하는

고속도로 노선 하나만 약 9조 원이 소요됐다. 여기에 두 개의 고속철도 노선이 추가됐다.[59]

이제 메가이벤트를 개최하는 도시가 국가 전체를 상징한다고 생각하는 이도, 단 한 번의 스펙터클로 국가의 지위가 극적으로 상승한다는 서사를 믿는 이도 드물다. 그런 점에서 극장국가는 종언을 고했는지 모른다. 하지만 여전히 많은 도시가 올림픽이나 엑스포 같은 공연을 통해 많은 자원을 중앙으로부터 얻어내고 이를 토대로 무대를 바꾸려는 노력을 지속하고 있다. 세계라는 관객에게 무언가를 보여줘야 한다는 무대적 무의식이 여전히 우리를 관통하고 있는 것이다. 그런 점에서 극장도시는 계속되고 있다.

88년 체제의 탄생

1980년대를 말함에 있어 가장 중요한 개념 중 하나는 '87년 체제'다. 권위주의적 발전국가체제의 종언과 제6공화국을 탄생시킨 헌정질서에 기초해 민주화로의 이행을 시작한 시점을 1987년으로 보는 것이다. 그에 따르면 87년 체제는 정당과 시민사회가 다양한 목소리를 내도록 허용하고, 목소리들 사이의 갈등과 타협에 기초해 사회변동의 경로가 결정된다고 본다.[60] 87년 체제를 공연의 언어로 말하자면 이렇게 표현할 수 있다. 그럴듯한 공연을 펼쳐 보이겠다며 사회 구성원과 (강제로) 공연계약을 체결하고 그들을 공연에 동원하는 군인들의 드라마투르기의 종언, 감시와 규율을 통해 배우로 동원된 이들에게 대본을 숙지시키고 미장센을 연출하고자 무대 아래로 감출 사람들 및 공간을 무대 위에 자리할 사람들 및 공간에서 분리하는 폭력적인 드라마투르기의 종언이라고.

제6공화국의 탄생에 결정적인 역할을 했던 1987년 6월의 서울 시청 앞 광장이라는 도시공간이 보여주듯, 87년 체제는 거리와 광장에서 다양한 목소리가 나올 권리를 보장하기로 합의한 체제다. 우리는 1987년을 지나면서 군인들의 드라마투르기와 미장센에 문제를 제기하고 자신들만의 드라마투르기로 공연을 만들고자 하는 이들의 목소리가 서울올림픽을 즈음해 동시다발적으로 들려왔음을 확인했다. 거리의 목소리가 극장 안으로 새어 들어오지 못하도록 군인-연출자들이 노력했음에도 말이다. 하지만 1987년 이후 거리와 광장이 한국사회 구성원들의 일상을 규정하는 무대가 된 것은 아니었다. 앞에서 확인했듯이 서울올림픽이라는 공연은 다양한 목소리가 거리와 광장에서 어우러지는 마당극이 아니었다. 시민사회의 구성원들이 요구했던 여러 가지 공연은 상연되지 못했다. 서울올림픽은 객석에 초대되지 않은 이들은 개입할 수 없고 객석에 앉은 이들 또한 좀처럼 영향을 미치기 쉽지 않은 마당놀이로 상연됐다.

이처럼 군인-연출자들이 마당놀이를 만드는 데 성공할 수 있었던 이유는 마당놀이를 선호하는 사회 구성원이 주류였기 때문이라고 할 수 있다. 김종엽은 민주화를 수용함과 더불어 신자유주의의 형태로 발전 프로젝트를 수용한 이들이 '87년 체제의 헤게모

니 세력'이라고 말한다.[61] 민주화와 발전을 동시에 수용한다는 것은, 자유롭고 즉흥성이 강한 공연을 선호하면서도 그럴듯한 무대 장치와 소품 그리고 훈련받은 배우들의 연기를 선호한다는 이야기다. 이 둘을 충족시키는 것은 '자유로운' 연기와 그럴듯한 무대 및 객석이 존재하는 마당놀이다.

그런 점에서 나는 '88년 체제'라는 개념을 통해, 우리의 사회적 삶을 규정하는 하나의 체제로서 1988년 서울올림픽 이후의 한국 사회를 설명하고자 한다. 88년 체제는 공연적 일상생활과 시각적 상호작용을 중심으로 한 도시적 삶 또는 도시성의 문화적 양상을 기초로 우리 사회를 설명하려는 개념이다. 또한 도시적 삶의 문화적 양상을 중심에 놓고 볼 때, 1987년보다 1988년이라는 변곡점을 눈여겨볼 필요가 있다는 데서 착안한 것이기도 하다. 지금까지 살펴본 바, 88년 체제는 무엇보다 드라마투르기의 변화가 두드러진다. 변화는 크게 두 가지다. 우선 사회 구성원의 무질서를 바로잡는다는 명분으로 일상을 감시하고 규율하려 했던 리바이어던은 올림픽을 준비하는 과정에서 외국인으로 모습을 바꿨다. 그리고 이를 기획한 군인-연출자들은 그 뒤로 모습을 감췄다. 올림픽을 준비하는 7년은 한국사회 구성원들의 일상을 응시하고 감시하는 시선의 주인이 군인에서 외국인으로 바뀌어간 시간이었다. 그리고 일방적으로 공연계약을 체결하고 사회 구성원을 동원하며 자신들만의 미장센을 위해 무언가는 무대에서 치워버리고 누군가는 무대에 오르지 못하도록 했던 군인들의 드라마투르기는 서울올림픽과 함께 일단락됐다. 무대에 오르지 못한 이들이 거리와 광장에서 내는 목소리와 이들이 만들어가는 마당극을 원천적으로 차단할 수는 없었던 것이다.

그러나 군인들의 드라마투르기에 변화가 찾아왔다고 해서, 군인-연출자들이 공연계약을 끝내고 정상적인 사회계약 체제로 권력을 이양했다고 볼 수는 없다. 국민으로부터 권력을 넘겨받은 리바이어던이 그 권력을 사회 구성원의 보호에 활용했다고 볼 수 없었기 때문이다.[62] 그랬기에 김종엽은 87년 체제가 정치계약이었을 뿐, 사회계약에 이르지 못했다고 말한다.[63] 강력한 힘으로 보호를 수행하는 리바이어던은 어찌 보면 아직까지도 도래한 적이 없으며, 그런 점에서 공연계약은 지속되고 있다. 다시 말해 88년 체제는 한국사회의 구성원들이 군인을 대신해 외국인 또는 세계와 맺은 공연계약에 기초한다. 사회계약에 기초한 공연적 삶에서라면, 시민권을 가진 이들에게 보호를 제공하는 리바이어던이 무대를 안정적으로 뒷받침하는 가운데, 개별 사회 구성원이 저마다의 드라마투르기로 자신만의 공연을 만들어 나갔을 것이다. 어빙 고프먼은 이처럼 강력한 권력과 사회계약을 맺은 주체들 사이에서 발생하는 공연적 삶의 양상이 어떠한지 제시한다. 연기자들은 상호작용하는 타자가 괴물이라도 된 것처럼 쉽사리 다가가지 못하고, 자아의 표현은 과시가 아니라 적절히 다듬어진 행동으로 수행된다.[64] 연기를 수행하는 각각의 타자 뒤에는 그들을 보호하겠다고 맹세한 리바이어던이 있기 때문이다.

반면 올림픽 이후 신도시 주민들이 보여주는 드라마투르기는 세계라는 리바이어던과 공연계약을 맺은 이들이 수행하는 공연적 삶의 양상이 무엇인지 보여준다. 리바이어던은 객석에 앉아있을 뿐이기에 무대는 그리 안전하지 않다. 언제든 무대 바깥으로 추방될 수 있다는 불안을 가진 이들에게, 세계라는 관객 앞에서 무언가를 보여줄 수 없던 과거는 망각될 수 없는 기억으로 상존한다. 그리고 그러한 기억이 존재하기에 공연이 불가능했던 과거에서 스펙터클한 공연이 가능해진 현재로의 이행이라는 서사는 정체성을 구성하는 중요한 요소가 된다. 연기자들은 그러한 서사에 기초해 자신들만의 미장센을 연출한다. 관객에게 보여줄 수 있는 그럴듯한 무대 위에서 자신의 삶을 연출하려는 의지를 보이는 것이다. 이때 무대 공간에 어울리지 않는다고 여겨지는 이들, 그럴듯한 공연이 불가능하다 여겨 올림픽 당시에도 무대에 오르지 못했던 이들에 대해서는, 무대 바깥으로 밀어내거나 최소한 이들이 자신들과 연극적 상호작용을 하지 못하도록 고립시킨다. 과거에는 군인-연출자들이 이들을 무대에 오르지 못하게 했다면, 현재는 공연적 삶을 살아가는 이들이 자신들만의 미장센 전략에 기초해 타자의 추방을 기도하는 것이다. 이러한 시도가 가능한 것은 리바이어던이 타자의 뒤에 있지 않고 관객석에 앉아있기 때문이다.

 사회학자 김홍중은 20세기 한국을 관통하는 근본이념을 '생존주의(survivalism)'라고 말한다.[65] 식민지배하에서 살았고 식민지배자들이 일으킨 전쟁터에 끌려갔으며 이념의 대립 가운데 죽고 죽이는 비극을 경험한 이들에게 물리적인 생존은 너무나도 절박한 문제였음이 틀림없다. 그러나 20세기 후반의 경제성장에도 불구하고, 또 한국사회의 민주화에도 불구하고 여전히 생존이 한국사회를 관통하는 키워드라면, 사회 구성원이 두려워마지않는 죽음이란 생물학적 죽음이 아닌 '공연적 죽음'일 것이다. 세계라는 관객 앞에서 그럴듯한 퍼포먼스를 보여줄 수 없다 여겨지며 무대에서 고립되고, 심지어는 무대 바깥으로 추방당하는 상황을 두려워하는 것이라 할 수 있다.

여느 사회에나 '정상'과 '비정상'의 범주는 있게 마련이다. 그리고 많은 경우 정상과 비정상은 사회 구성원 중 다수를 차지하는가 여부와 관련 있다. 19세기 벨기에의 과학자 아돌프 케틀레(Adolphe Quetelet)는 '평균인(average man)'이라는 개념을 제시하면서, 한 사회를 산술평균에 기초해 들여다볼 수 있다고 주장했다.[66] 하지만 공연계약에 기초한 사회에서는 무대 아래를 좀처럼 시야에 넣기 어렵다. 그렇기에 무대 위에 남아있는 이들의 평균을 산술평균과 혼동하기 쉽다. 한국사회는 소수만이 차지할 수 있는 '괜찮은 일자리'를 '보통' 내지 '평범한' 일자리로 가정하고,[67] 산술평균에 따랐을 때 넉넉히 평균의 삶을 살아가는 이들 중 대다수는 자신의 삶을 평균 이하로 인식한다.[68] 상호작용이 무대 위에서만 이뤄진 결과, 무대 아래의 삶이 비가시화되고 나아가 무시되기까지 하는 것이다.

무대 아래의 삶은 산술적으로 봤을 때 평균적 삶을 영위하더라도 비정상으로 간주될 수 있다. 세계의 관객들에게 보여줄 만한 퍼포먼스와 연계돼 있는 명문대학에 진학하지 못하면, 세계의 관객들을 대상으로 퍼포먼스를 보여줄 기업에 진입하지 못하면 실패자로 간주될 수 있음을 의미한다. 세계라는 리바이어던을 객석에 앉혀둔 채 상연되는 공연이 사회적 삶의 본연이 된 결과, 무대 위의 퍼포먼스가 사회적 존재로 인정받는 가늠자가 되기 때문이다. 그런 점에서 무대 아래의 삶에서는 사회적 상호작용이 좀처럼 이뤄지지 않는다. 무대 바깥으로 밀려난다는 것은 무대 위의 배우로서 타인과 동등한 위치에 서서 인정과 존중을 받으며 상호작용할 수 없는 상태를 의미하기 때문이다. 또한 같은 무대에 설 수 없다는 차별적 발언 그리고 함께 연기해서는 안 된다는 혐오적 표현과 마주함을, 차별과 혐오를 중단하라는 주장과 더불어 상호작용을 시도하더라도 이것이 쉽사리 성공하기 어려움을 가리킨다. 무대에 다시 오를 수 있도록 사다리를 만들어 달라는 주장 또한 쉽게 받아들여지지 않음을 의미한다. 그렇기에 한국사회를 관통하는 생존주의는 '공연적 생존주의'라 할 수 있다.

배우들은 무대에서 고립당하지 않으려고, 또는 무대 아래로 추방되지 않으려고 관객들에게 끊임없이 능숙한 연기를 보여줘야 한다. 그래서 한국사회의 구성원들은 매일 오디션 같은 삶을 영위한다. 2002년 월드컵 이후 메가이벤트의 연출자들이 도시 구성원의 삶에 별다르게 개입하지 않는 것은, 시민들이 2002년 거리 응원을 통해 전 세계의 눈앞에서 능숙한 연기를 보여줬기 때문이다. 달리 말하자면 사회 구성원들이 연출자들의 개입 없이도 세계라는 관객을 염두에 두고 퍼포먼스를 준비하고 수행하기 때문이다. 한편 연기를 관객에게 보여줄 때 일단 배우 뒤에 자리한 무대장치가 화려해야 주목을 끌 수 있다. 자신들이 무대에 설 자격이 있음을, 연기자로서의 자격이 있음을 보여주려면 우선 시선부터 끌어야 하는 것이다. 88년 체제하의 사회적 삶이 전시적이고 과시적인 이유가 여기에 있다. 1990년대 이후 전국적으로 신도시가 만들어지자 수많은 이가 그곳으로 몰려간 이유는, 또한 끊임없이 신도시를 만들고 또 요구하는 이유는 신도시라는 공간이 자신들의 삶을 과시할 수 있는 화려한 무대장치가 되기 때문이다. 이 외에도 많은 논자가 소비와 주거 등 일상 전반에 걸쳐 과시적인 행위를 발견해내는 것은,[69] 공연계약하의 삶이 관객을 향한 연기를 통해 무대 위에 설 자격을 갖췄음을 증명하는 과정이기 때문이다.

공연계약에 기초한 88년 체제는 한국사회 구성원들의 상호작용에만 영향을 미치지 않았다. 새로운 리바이어던이 된 세계와의 상호작용에도 큰 영향을 미쳤다. 경제발전을 통해 국제사회 내 지위를 향상시키겠다던 군인들이 사라졌음에도, 공연계약은 계속해서 국제사회 내 지위 향상을 추구하도록 만든다. 대표적으로, 1990년대 중반의 '세계화'는 전 세계 앞에서 그럴듯한 퍼포먼스를 보여주는 기업을 만들고 또 그에 필요한 배우들을 만들어내는 사회동원 프로젝트였다. 재벌이라 불리는 거대 기업들은 1990년대 중반 내내 "세계일류"(삼성), "세계경영"(대우), "현대의 세계화, 세계의 현대화"(현대), "LG의 고객은 세계입니다"(LG) 같은 슬로건과 함께 세계시장 내 기업의 지위 향상을 홍보하고, 이를 위한 기업의 공격적 투자와 규모 확장을 정당화하고자 했다. 기업이 하나의 극단(劇團)이라면, 언론은 다양한 캠페인으로 이들 극단이 필요로 하는 배우의 양성을 조력했다. 《조선일보》는 1994년 말부터 "세계화는 말이다", "세계화 경쟁력", "일류시민을 키우자" 등의 기획 기사를 쏟아냈고, 배우를 양성하려면 온 국민의 영어 능력이 향상돼야 한다고 웅변했다. 《중앙일보》역시 "세계화 속에 내일이 있다", "세계화 이제는 실천이다" 등의 기획기사를 써냈다. 이들은 세계적 수준의 연기를 보여주는 배우를 양성하려면 영어 교육이 중요하다고 지속적으로 강조했는데, 실제로 이 시기부터 정부도 영어 교육을 강화했다.[70]

1995년부터 시작된 영어 학습 열풍,[71] 그리고 《성공하는 사람들의 7가지 습관》을 포함한 자기계발서의 인기는, 세계라는 관객 앞에서 그럴듯하게 공연해야 한다는 극단의 요구를 충족시키고자 하는 배우들의 욕망을 보여준다. 이제는 감시하고 규율하는 연출자가 없더라도 무대에서 요구하는 연기를 충족시키는 배우가 돼야 하는 것이다. 사회학자 서동진은 '자기계발하는 주체'의 등장을 신자유주의 담론의 효과로 설명하지만, 공연의 눈으로 본다면 1990년대 중반 언표된 담론에 앞서 공연계약에 기초해 성립한 88년 체제의 효과라고 할 수 있다.[72]

이 무렵 시작된 세계화 프로젝트에서 가장 성공을 거둔 것은 한국 대중문화의 세계화다. 'K-pop'을 필두로 다양한 대중문화 상품이 'K'라는 수식어와 함께 전 세계인의 눈앞에서 전시되고 또 공연되고 있다. K는 2010년대 후반을 넘어서면서 대중문화를 넘어 수많은 영역으로 확산되고 있다. 한국이라는 국가의 지위 향상, 세계라는 관객 앞에서 보여주는 연기와 관련된 거의 모든 영역에 K가 사용되고 있는 것이다. 이는 1988년에 시작된 세계와의 공연계약이 현재까지도 굳건하게 지속되고 있음을 보여준다.

2020년, 코로나바이러스가 확산되는 가운데 정부는 'K방역'이라는 개념을 만들고 확산시켰다. 팬데믹 발생 초기, 전 세계에서 가장 급속하게 바이러스가 확산됐던 한국은 매우 빠르게 확산을 진정시켰다. 이후 정부는 방역정책에 대해 사회 구성원들의 동의를 구하고 나아가 정책을 둘러싼 사회적 동의와 합의를 이끌어내려고 K방역을 지속적으로 활용했다. 전 세계의 관객에게 자랑스레 보여줄 만한 방역체계임을 지속적으로 홍보하고, 모든 국민을 무대 위에 세운 후 퍼포먼스를 수행하는 배우로 호명함으로써 사회적 응집력을 확보하려 했던 것이다. K는 공연계약에 기초한 88년 체제하에서 사회를 통합하는 거의 유일한 자원이라고 할 수 있을 것이다. 이를 거꾸로 말하면 K라는 이름으로 세계의 눈앞에서 공연을 펼치는 상황이 아닐 때는 사회통합을 확보하기 어렵다는 이야기다. 사회계약이 아닌 공연계약에 기초한 사회는 그럴듯한 공연이 없다면 사회적 분열과 갈등을 막고 연대와 통합을 확보하는 데 난항을 겪을 수밖에 없다.

2024년 겨울부터 한국사회가 뼈저리게 경험하고 있는 사회적 갈등은, 사회계약이 아닌 공연계약에 기초한 88년 체제가 사회적 갈등과 분열 앞에서 얼마나 취약한지를 반증한다. 2020년대를 넘어가며 많은 사람이 87년 체제의 한계를 말하고 또 이를 어떻게 돌파할 것인가를 논하고 있다. 하지만 88년 체제의 한계야말로 우리 사회가 진지하게 마주해야 할 과제다. 공연계약을 어떻게 사회계약으로 전환할 것인가, 관객석에 앉아 무대 위의 배우를 평가하는 리바이어던을 어떻게 사회 구성원의 삶의 무대를 지탱하는 리바이어던으로 전환시킬 것인가 등의 질문을 진지하게 마주해야 할 시점이 바로 지금인 것이다.

미주

서론. 도시가 극장이 될 때: 1988년 서울올림픽과 공연의 정치

1   Maurice Roche, *Mega-event and modernity*, Routledge, 2000, p. 230.

2   John J. MacAloon, "Olympic Games and the Theory of Spectacle in Modern Societies", *Rite, Drama, Festival, Spectacle: Rehearsals Toward a Theory of Cultural Performance*, Institution for the Study of Human Issues, 1984, p. 242.

3   3S는 일본의 진보 인사들이 1945년 패전 이후 미군정과 보수 정치인들을 비판하려고 활용한 개념으로 알려져 있다. 국내에는 이 개념이 1970년대 중반부터 퍼져 나간 것으로 전해진다. 이들 개념을 활용한 저작으로는 다음이 있다. 고광헌, 《스포츠와 정치》, 푸른나무, 1988; 강지웅, 〈5공의 3S 정책, 스포츠로 지배하라〉, 《우리들의 현대침묵사: 한국현대사 미스터리 추적》, 해냄, 2006; 강준만, 《한국 현대사 산책 1980년대 편 2권: 광주학살과 서울올림픽》, 인물과사상사, 2003; 정해구, 《전두환과 80년대 민주화운동: '서울의 봄'에서 군사정권의 종말까지》, 역사비평사, 2011; James P. Thomas, "Nationalist Desires, State Spectacles, and Hegemonic Legacies: Retrospective Tales of Seoul's Olympic Regime", in William M. Tsutsui and Michael Baskett eds., *The East Asian Olympiads 1934-2008: Building Bodies and Nations in Japan, Korea, and China*, Brill, 2011, pp. 87~105; Lisa Kim Davis, "Cultural Policy and the 1988 Seoul Olympics: '3S' as Urban Body Politics", in Ibid, pp. 106~119; Jonathan Abel, *Redacted: The Archives of Censorship in Transwar Japan*, University of California Press, 2012, p. 284.

4   서울올림픽이 한국 정치의 민주화 과정에 긍정적 효과를 미쳤다고 보는 연구로는 다음이 있다. Trevor Taylor, "Politics and the Seoul Olympics", *The Pacific Review*, Vol. 1, No. 2, 1988, pp. 190~195; Jarol B. Mannheim, "The 1988 Seoul Olympics as Public Diplomacy", *The Western Political Quarterly*, Vol. 43, No. 2, 1990; James F. Larson and Heung-Soo Park, *Global Television and the Politics of Seoul Olympics*, Westview Press, 1993; David R. Black and Shona Bezanson, "The Olympic Games, Human Rights and Democratisation: Lessons from Seoul and Implications for Beijing", *Third World Quarterly*, Vol. 25, No. 7, 2004, pp. 1245~1261. 올림픽을 계기로 한 사회주의권 국가와의 관계 개선에 관한 연구로는 박경호·옥광·박장규, 〈한국 스포츠외교의 태동: 서울올림픽 유치의 유산〉, 《체육사학회지》 16권 2호, 한국체육사학회, 2011, 47~57쪽; 신종대, 〈서울의 환호, 평양의 좌절과 대처: 서울올림픽과 남북관계〉, 《동서연구》 25권 3호, 연세대학교 동서문제연구원, 2013, 71~110쪽 등이 있다. 서울올림픽의 경제적 효과에 대한 연구로는 다음이 있다. 이윤근·김명수, 〈서울 올림픽이 韓國의 政治, 經濟,

社會에 미친 影響〉,《한국교육문제연구》6권, 중앙대학교 한국교육문제연구소, 1990, 189~201쪽; Cheong Rak Choi and Chul Moo Heo, "Economic Changes Resulting from Seoul 1988: Implications for London 2012 and Future Games", *The International Journal of the History of Sport*, Vol. 30, No. 15, 2013, pp. 1854~1866. 서울올림픽을 문화의 발견과 재창조의 계기로 바라보는 연구로는 강신표, 〈서울올림픽과 바르셀로나올림픽 비교연구: 성화봉송과 TV중계〉,《인제대학교 인문사회과학논총》4권 1호, 인제대학교 인문사회과학연구소, 1997가 대표적이다. 마지막으로 서울올림픽이 무용, 미용, 건축 등에서도 중요한 전기를 마련했다는 연구가 있다. 임태성·김은정, 〈스포츠이벤트가 무용문화변동에 미치는 영향: 서울올림픽을 중심으로〉,《한국체육학회지》38권 3호, 한국체육학회, 1999, 979~996쪽; 이기봉, 〈서울 올림픽이 한국 미용계에 미친 영향〉,《한국인체예술학회지》3권 1호, 한국인체미용예술학회, 2002, 149~164쪽; 국립현대미술관·박정현·오창섭·박해천·전가경,《올림픽 이펙트: 한국 건축과 디자인 8090》, 국립현대미술관, 2021 등이 대표적이다. 서울올림픽 개최 과정에서 시민사회가 보인 반응에 대한 연구로는 박경호·옥광, 〈서울올림픽 개최 반대여론에 대한 사회문화적 고찰〉, 《한국체육사학회지》21권 2호, 한국체육사학회, 2016, 63~75쪽; Haenam Park, "The Interaction between Civil Society and the State in the History of Inter-Korean Sports Dialogue, 1988-2018",《민주주의와 인권》20권 3호, 전남대학교 5·18연구소, 2020a, 191~233쪽; 유혜진·천혜정, 〈서울올림픽기념관이 재현하는 서울올림픽 공식기억〉, 《사회과학연구논총》1권 30호, 이화사회과학원, 2014, 151~183쪽 등이 있다.

5   신도시사회학의 영향력 속에서 수행된 연구에는 다음이 있다. 장세훈, 〈도시화, 국가 그리고 도시 빈민: 서울시의 무허가 정착지 철거 정비 정책을 중심으로〉,《사회와역사》 14권, 한국사회사학회, 1988, 120~173쪽; 한상진, 〈도시빈민의 주택 문제〉,《사회와역사》16권, 한국사회사학회, 1989, 243~349쪽; 조은·조옥라,《도시빈민의 삶과 공간: 사당동 재개발지역 현장연구》, 서울대학교 출판문화원, 1992; 홍기용,《도시빈곤의 실태와 정책》단국대학교 출판부, 1993; 윤일성, 〈서울시 도심재개발 30년: 특성과 전개과정〉,《사회조사연구》16권 1호, 2001, 1~28쪽. 한편 서울올림픽으로 인한 대규모 도시 개조, 특히 주택지의 재개발 사업 및 강제 이주와 관련한 연구로는 다음을 참조. 김정남,《진실, 광장에 서다》, 창비, 2005; Solomon J. Greene, "Staged Cities: Mega-events, Slum Clearance, and Global Capital", *Yale Human Rights and Development Law Journal*, Vol. 6, 2003, pp. 161~187; Lisa Kim Davis, "Housing, Evictions and the Seoul 1988 Summer Olympic Games", Centre on Housing Rights and Evictions, 2007; Lisa Kim Davis, "International Events and Mass Evictions: A Longer View", *International Journal of Urban and Regional Research*, Vol. 35, No. 3, 2011, pp. 582~599.

6   서울올림픽으로 인한 경관의 개발 과정에 대해서는 김백영, 〈강남 개발과 올림픽 효과: 1970~80년대 잠실 올림픽타운 조성사업을 중심으로〉,《도시연구: 역사·사회·문화》17권 17호, 도시사학회, 2017, 67~101쪽; 원주영, 〈악취 없는 도시 만들기: 서울 올림픽과 도시 악취 규제의 전환〉,《과학기술학연구》20권 1호, 한국과학기술학회, 2020, 1~38쪽; 박해남, 〈서울올림픽과 도시개조의 유산: 인정경관과 낙인경관의 탄생〉,《문화와사회》27권 2호, 한국문화사회학회, 2019a, 445~499쪽; 김미영, 〈호텔과 '강남의

탄생'〉《서울학연구》 62권 62호, 서울시립대학교 서울학연구소, 2016, 1~26쪽; 국립현대미술관·박정현·오창섭·박해천·전가경, 앞의 책, 2021; 권영덕·이보경,《서울, 거대도시로 성장하다: 1980년대 서울의 도시계획》, 서울연구원, 2020; 박정현,《건축은 무엇을 했는가: 발전국가 시기 한국 현대 건축》, 워크룸프레스, 2020 등을 참조.

7   87년 체제에 대해서는 다음을 참조했다. 윤상철, 〈87년 체제의 정치지형과 과제〉,《창작과 비평》 33권 4호, 창비, 2005, 52~67쪽; 김종엽, 〈분단체제와 87년 체제〉, 같은 책, 12~33쪽; 손호철, 〈한국체제 논쟁을 다시 생각한다: 87년 체제, 97년 체제, 08년 체제론을 중심으로〉,《한국과 국제정치》 25권 2호, 경남대학교 극동문제연구소, 2009, 31~59쪽; 정일준, 〈통치성을 통해 본 한국 현대사: 87년체제론 비판과 한국의 사회구성 성찰〉,《민주사회와정책연구》 17권 17호, 민주사회정책연구원, 2010, 89~119쪽; 박해광, 〈한국 시민사회의 참여정치 구조: '87년 체제'의 시민사회〉,《민주주의와 인권》 10권 2호, 전남대학교 5·18연구소, 2010, 5~48쪽. 1980년대에 본격적으로 형성된 중산층에 대해서는 다음을 참조. 한상진, 〈한국중산층의 개념화를 위한 시도: 중산층의 규모와 이데올로기적 성격을 중심으로〉,《한국사회학》 21권 2호, 한국사회학회, 1987; 한완상·권태환·홍두승,《한국의 중산층》, 한국일보사, 1987. 해당 시기 한국 시민사회의 성장에 대해서는 다음을 참조. 박명규,《국민·인민·시민: 개념사로 본 한국의 정치 주체》, 소화, 2009; 김정남,《진실, 광장에 서다: 민주화운동 30년의 역정》, 창비, 2005. 1980년대 후반 이후 자본의 권력 증가에 대해서는 다음을 참조. 윤상우,《동아시아 발전의 사회학》, 나남, 2005; 김윤태,《한국의 재벌과 발전국가: 고도성장과 독재, 지배계급의 형성》, 한울아카데미, 2012. 마지막으로 1988년 이후 중산층의 보수화에 대해서는 다음을 참조. 송호근,《열린 시장, 닫힌 정치: 한국의 민주화와 노동체제》, 나남, 1994; 윤상철,《1980년대 한국의 민주화이행과정》, 서울대학교 출판부, 1997; 임현진·김병국, 〈노동의 좌절, 배반된 민주화: 국가·자본·노동관계의 한국적 현실〉,《계간 사상》 11호, 1991; 정영국, 〈한국의 국가-사회 관계변화와 정치체제 변동: 권위주의 체제 변동과 민주화 과정〉,《한국정치·사회의 새흐름》, 경남대학교 극동문제연구소, 1993.

8   시카고학파의 도시사회학은 로버트 E. 파크와 어니스트 버제스의 동심원이론으로 잘 알려져 있다. 동심원이론에 담긴 문제의식의 핵심은 도시사회의 변천이 뒤르켐이 말한 사회유기체적 상호작용의 결과에 따른 것이 아니라, 접촉(contact), 경쟁(competition), 투쟁(struggle), 적응(accommodation), 동화(assimilation) 등 생태학적 상호작용의 결과로 나타난다는 것이다. 파크와 버제스는 도시공간의 사회적 분화가 아노미와 불가분의 관계에 있고, 특히 도시에 아노미가 집중된 구역이 만들어진다고 간주한다. 파크와 버제스의 제자들은 이와 같은 논의에 기초해 1920년대 초반부터 전이지대(zone of transition)에 존재하는 이들을 민속지나 생애사(life history) 등의 방법론으로 연구했다. 파크와 버제스의 이론에 대해서는 Robert E. Park, "The City: Suggestions for the Investigation of Human Behavior in the City Environment", *American Journal of Sociology* Vol. 20, No. 5, 1915, pp. 577~612 및 Robert E. Park and Ernest Burgess, *The City*, University of Chicago Press, 1925를 참조. 전이지대를 대상으로 수행한 대표적인 민속지로는 Nels Anderson, *The Hobo: The Sociology of the Homeless Man*, University of Chicago Press, 1923; Frederic Milton Thrasher, *The Gang: A Study of 1,313 Gangs in*

Chicago, University of Chicago Press, 1927; Harvey Warren Zorbaugh, *The Gold Coast and the Slum: A Sociological Study of Chicago's Near North Side*, University of Chicago Press, 1929; Louis Wirth, *The Ghetto*, University of Chicago Press, 1928 등이 있다. 민속지 방법론을 활용한 올림픽 연구로는 Iain Lindsay, *Living with London's Olympics: An Ethnography*, Palgrave Macmillan, 2014; Jacqueline Kennelly and Paul Watt, "Sanitizing Public Space in Olympic Host Cities: The Spatial Experiences of Marginalized Youth in 2010 Vancouver and 2012 London", *Sociology* Vol. 45, No. 5, 2011, pp. 765~781 등이 있다.

9   정치가나 관료 등 도시관리자의 역할을 중심으로 도시의 변화 과정에 주목하는 접근법을 '도시관리자주의(urban managerialism)'라 한다. 도시관리자주의에 대한 설명은 R. E. Pahl, "Urban Social Theory and Research", *Environment and Planning A: Economy and Space* Vol. 1, No. 2, 1969, pp. 143~153; R. E. Pahl, "Urban Managerialism: Mystification of allocation and accessibility in a mixed economy", *Papers: Revista de Sociologia* Vol. 3, 1974, pp. 325~343 참조. 도시관리자주의에 기초한 저작으로는 John Rex and Robert Moore, *Race, Community and Conflict: A Study of Sparkbrook*, Oxford University Press, 1967; R. E. Pahl, *Patterns of Urban Life*, Longman, 1970; R. E. Pahl, *Whose City?: And Other Essays on Sociology and Planning*, Longman, 1970; 피터 손더스, 〈제8장. 도시의 특성에 대하여〉, 《도시와 사회이론》, 김찬호·이경춘·이소영 옮김, 한울아카데미, 1998, 271~300쪽 등이 있다.

10   이와 같은 접근법으로 올림픽을 연구한 저작으로는 Harry H. Hiller, "Mega-events, Urban Boosterism and Growth Strategies: An Analysis of the Objectives and Legitimations of the Cape Town 2004 Olympic Bid", *International Journal of Urban and Regional Research* Vol. 24, No. 2, 2000, pp. 449~458; John Horne, "The Four 'Cs' of Sports Mega-Events: Capitalism, Connections, Citizenship and Contradictions" in Graeme Hayes and John Karamichas eds., *Olympic Games, Mega-Events and Civil Societies: Globalization, Environment, Resistance*, Palgrave Macmillan, 2012, pp. 31~45; Greg Andranovich and Matthew J. Burbank, *Contesting the Olympics in American Cities: Chicago 2016, Boston 2024, Los Angeles 2028*, Palgrave Macmillan, 2021 등이 있다.

11   신도시사회학은 도시사회학의 주류 이론이던 시카고학파의 생태학적 도시연구를 비판한 마누엘 카스텔의 논문 〈도시사회학은 존재하는가?(Y a-t-il une sociologie urbaine?)〉에서 출발하며, 앙리 르페브르, 데이비드 하비, 사스키아 사센 등이 신도시사회학을 대표하는 연구자로 여겨진다. 다음 연구들을 참조. Manuel Castel, "Y a-t-il une sociologie urbaine?", *Sociologie du travail*, Vol. 10, No. 1, 1968, pp. 72~90; 마누엘 카스텔, 《정보도시》, 최병두 옮김, 한울아카데미, 2001; 앙리 르페브르, 《도시혁명》, 신승원 옮김, 지식을만드는지식, 2024; 앙리 르페브르, 《공간의 생산》, 양영란 옮김, 에코리브르, 2011; David Harvey, "The Urban Process under Capitalism: A Framework for Analysis", *International Journal of Urban and Regional Research*, Vol. 2, No. 1~3, 1978, pp. 101~131; 데이비드 하비, 《자본의 한계: 공간의 정치경제학》, 최병두 옮김, 한울아카데미, 1995; Saskia Sassen, *The Global City: New York, London, Tokyo*, Princeton

University Press, 1991.

12 이에 해당하는 연구에는 다음이 있다. 먼저 데이비드 하비는 일부 저작에서 올림픽이 자본주의의 성격 변화에 맞춘 도시 변화와 결부돼 있음을 설명한다. 데이비드 하비, 《도시의 정치경제학》, 초의수 옮김, 한울, 1996; David Harvey, *Spaces of Capital: Towards a Critical Geography*, Routledge, 2001. 이 외에도 다음 저작들이 자본주의의 변화와 도시 변화 그리고 올림픽 등 메가이벤트의 관계를 논하고 있다. Hartmut Häußermann und Walter Siebel, "Die Politik der Festivalisierung und die Festivalisierung der Politik" in *Festivalisierung der Stadtpolitik*, VS Verlag, 1993; Kimberly S. Schimmel, "Sport Matters: Urban Regime Theory and Urban Regeneration in the Late Capitalist Era" in Chris Gratton and Ian Henry eds., *Sport in the City: The Role of Sport in Economic and Social Regeneration*, Routledge, 2001, pp. 259~277; Jules Boykoff, *Celebration Capitalism and the Olympic Games*, Routledge, 2013; John Rennie Short, *Globalization, Modernity and the City*, Routledge, 2012.

13 메리 루이스 프랫이 말하듯 제국주의 시대의 비서구는 서구 탐험가와 지식인 들의 시선 아래서 조사와 관찰의 대상이 됐다. 티머시 미첼은 박람회를 통해 비서구가 서구에 의한 전시의 대상이 됐음을 보여준다. 이는 에드워드 사이드의 오리엔탈리즘과 일맥상통한다. 그러나 비서구의 주체는 언제나 시선의 대상에 수동적으로 머물지 않는다. 레이 초우가 말하듯, 비서구의 주체는 20세기 중반 이후 무언가를 보여줄 가능성을 얻는다. 과거 응시와 전시의 대상이었던 기억을 간직한 채로, 자신을 응시하는 타자들을 바라보면서 이들에게 보여줄 무언가를 연출할 가능성을 얻는 것이다. 이 논의들에 대해서는 다음을 참조했다. 메리 루이스 프랫, 《제국의 시선: 여행기와 문화횡단》, 김남혁 옮김, 현실문화, 2015; Timothy Mitchell, *Colonising Egypt*, University of California Press, 1991; 레이 초우, 《원시적 열정》, 정재서 옮김, 이산, 2004.

14 이 책에서 '스펙터클'은 기 드보르가 《스펙타클의 사회》에서 말한, 현실을 소외시키는 이미지와 시뮬라크르의 총체가 아니라 '관객의 시선을 사로잡는 호화로운 경관'을 가리킨다. 기 드보르, 《스펙타클의 사회》, 이경숙 옮김, 현실문화연구, 1996.

15 John J. MacAloon, "Introduction: Cultural Performances, Culture Theory", Op. Cit., 1984.

16 이탈리아 파시스트 정권의 월드컵 활용에 대해서는 다음을 참조했다. Robert S. C. Gordon and John London, "Italy 1934: Football and Fascism", in Alan Tomlinson and Christopher Young eds., *National Identity and Global Sports Event: Culture, Politics, and Spectacle in the Olympics and the Football World Cup*, State University of New York Press, 2006, pp. 41~64; Tommaso Gregorio Cavallaro, *1934: Il mondiale del duce*, Albatros Il Filo, 2014. 1936년 베를린올림픽에 대해서는 다음을 참조. Arnd Krüger, "Germany: The Propaganda Machine" in Arnd Krüger and William Murray eds., *The Nazi Olympics: Sport, Politics, and Appeasement in the 1930s*, University of Illinois Press, 2003, pp. 17~43; Moyra Byrne, "Nazi Festival: The 1936 Berlin Olympics" in Alessandro Falassi ed., *Time Out of Time*, University of New Mexico Press, 1987, pp. 107~122.

17 냉전기 추축국의 국제사회 내 이미지 변화와 올림픽에 대해서는 다음 연구들을 참조했다. Toby C. Rider, *Cold War Games: Propaganda, the Olympics, and US Foreign Policy*, University of Illinois Press, 2016; Roy Panagiotopoulou, "Hosting the Olympic Games: from promoting the nation to nation-branding" in Alan Tomlinson, Christopher Young and Richard Holt eds., *Sport and the Transformation of Modern Europe: States, media and markets 1950-2010*, Routledge, 2011, pp. 150~170; Paul Droubie, "Playing the Nation: 1964 Tokyo Summer Olympics and Japanese Identity", PhD dissertation, University of Illinois at Urbana-Champaign, 2009; Jilly Traganou, *Designing the Olympics: Representation, Participation, Contestation*, Routledge, 2016; Kay Schiller and Christopher Young, *The 1972 Munich Olympics and the Making of Modern Germany*, University of California Press, 2010.

18 동아시아 올림픽의 특징과 공통점에 대해서는 다음을 참조했다. David Black and Byron Peacock, "Catching up: understanding the pursuit of major games by rising developmental states", *The International Journal of the History of Sport*, Vol. 28, No. 16, 2011, pp. 2271~2289; Sandra Collins, "East Asian Olympic desires: identity on the global stage in the 1964 Tokyo, 1988 Seoul and 2008 Beijing games", Ibid., pp. 2240~2260; John Horne and Wolfram Manzenreiter, "Olympic Tales from the East: Tokyo 1964, Seoul 1988 and Beijing 2008" in Helen Jefferson Lenskyj and Stephen Wagg eds., *The Palgrave Handbook of Olympic Studies*, Palgrave Macmillan, 2012, pp. 103~119; Muroi Hidetaro, "Olympic Parallels with Japan and South Korea" in *China after the Beijing Olympics*, Japan Center for Economic Research, 2008; Ying Yu and Jiangyong Liu, "A comparative analysis of the Olympic impact in East Asia: from Japan, South Korea to China", *The International Journal of the History of Sport*, Vol. 28, No. 16, 2011, pp. 2290~2308.

19 吉見俊哉,《五輪と戦後: 上演としてのオリンピック》, 河出書房新社, 2020; Shunya Yoshimi, "1964 Tokyo Olympics as Post-War", *International Journal of Japanese Sociology*, Vol. 28, No. 1, 2019, pp. 80~95.

20 동아시아 올림픽과 도시경관에 대해서는 다음을 참조했다. 박해남, 앞의 글, 2019a, 445~499쪽; Anne-Marie Broudehoux, "Spectacular Beijing: The Conspicuous Construction of an Olympic Metropolis", *Journal of Urban Affairs*, Vol. 29, No. 4, 2007, pp. 383~399. 올림픽을 위한 도시인들의 습속 개조에 대해서는 다음을 참조. Yoshikuni Igarashi, *Bodies of Memory: Narratives of War in Postwar Japanese Culture, 1945-1970*, Princeton University Press, 2012; 박해남,〈한국 발전국가의 습속개조와 사회정치 1961~1988〉,《경제와사회》123호, 비판사회학회, 2019b, 344~380쪽; Anne-Marie Broudehoux, "Civilizing Beijing: Social Beautification, Civility and Citizenship at the 2008 Olympics" in Graeme Hayes and John Karamichas eds., *Olympic Games, Mega-Events and Civil Societies: Globalization, Environment, Resistance*, Palgrave Macmillan, 2012, pp. 46~67.

21 올림픽과 소프트파워의 관계에 대해서는 Simon Rofe, *Sport and Diplomacy: Games* *within Games*, Manchester University Press, 2018를 참조했다. 동아시아 올림픽과 소프트파워에 대해서는 다음을 참조. Tianwei Ren, Keiko Ikeda and Chang Wan Woo eds., *Media, Sport, Nationalism: East Asia: Soft Power Projection via the Modern Olympic Games*, Logos Verlag, 2019; Kevin Caffrey ed., *The Beijing Olympics: Promoting China: Soft and Hard Power in Global Politics*, Routledge, 2013.

22 20세기 후반 올림픽과 도시개조 사이의 긴밀한 경향에 대한 연구로는 다음을 참조했다. Brian Chalkley and Stephan Essex, "Urban development through hosting international events: a history of the Olympic Games", *Planning Perspectives*, Vol. 14, No. 4, 1999, pp. 369~394; Greg Andranovich, Matthew J. Burbank and Charles H. Heying, "Olympic Cities: Lessons Learned from Mega-Event Politics", *Journal of Urban Affairs*, Vol. 23, No. 2, 2001, pp. 113~131; Hanwen Liao and Adrian Pitts, "A brief historical review of Olympic urbanization", *The International Journal of the History of Sport*, Vol. 23, No. 7, 2006, pp. 1232~1252; John Rennie Short, *Globalization, Modernity and the City*, Routledge, 2013; John R. Gold and Margaret M. Gold eds., *Olympic Cities: City Agendas, Planning, and the World's Games, 1896-2016*, Routledge, 2010; 町村敬志, "メガ・イベントと都市空間: 第二ラウンドの「東京オリンピック」の歴史的意味を考える", 《スポーツ社会学研究》, 第15券, 2007, pp. 3~16. 올림픽을 계기로 한 도시개조의 구체적 사례로는 다음 연구들을 참조. Jacqueline Kennelly and Paul Watt, "Sanitizing Public Space in Olympic Host Cities: The Spatial Experiences of Marginalized Youth in 2010 Vancouver and 2012 London", *Sociology*, Vol. 45, No. 5, 2011, pp. 765~781; Iain Lindsay, *Living with London's Olympics: An Ethnography*, Palgrave Macmillan, 2014; Helen Jefferson Lenskyj, *The Best Olympics Ever?: Social Impacts of Sydney 2000*, State University of New York Press, 2002.

23 빅터 터너, 《빅터 터너의 제의에서 연극으로: 놀이의 인간적 진지성》, 김익두·이기우 옮김, 민속원, 2014, 176~182쪽.

24 이상적인 사회상을 구현하는 무대로서의 박람회에 대해서는 다음을 참조했다. 鹿島茂, 《サン・シモンの鉄の夢: 絶景、パリ万国博覧会》, 小学館文庫, 2000. 만국박람회를 이끈 생시몽주의자들과 쿠베르탱의 관계, 당대 사회개혁가들이 쿠베르탱 및 올림픽에 미친 영향 등에 관해서는 다음을 참조. John J. MacAloon, *This Great Symbol: Pierre de Coubertin and the Origins of the Modern Olympic Games*, University of Chicago Press, 1981; Dikaia Chatziefstathiou and Ian P. Henry, *Discourses of Olympism: From the Sorbonne 1894 to London 2012*, Palgrave Macmillan, 2012.

25 클리퍼드 기어츠, 《극장국가 느가라: 19세기 발리의 정치체제를 통해서 본 권력의 본질》, 김용진 옮김, 2017, 눌민, 30쪽.

26 막스 베버, 《직업으로서의 정치》, 전성우 옮김, 나남, 2007, 29쪽.

27 클리포드 기어츠, 앞의 책, 2017.

28 극장국가론을 활용한 북한 연구에 대해서는 다음을 참조했다. 권헌익·정병호, 《극장국가 북한: 카리스마 권력은 어떻게 세습되는가》, 창비, 2013; 와다 하루끼, 《와다 하루

끼의 북한 현대사》, 남기정 옮김, 창비, 2014. 극장국가론을 활용한 한국 연구는 다음을 참조. 김기란, 《극장국가 대한제국: 대한제국 만들기 프로젝트와 문화적 퍼포먼스》, 현실문화, 2020; 이화진, 〈'극장국가'로서 제1공화국과 기념의 균열〉, 《한국근대문학연구》 15호, 한국근대문학회, 2007, 197~227쪽.

29 노르베르트 엘리아스, 《궁정사회》, 박여성 옮김, 한길사, 2003, 212~231쪽; 노르베르트 엘리아스, 《문명화과정 II》, 박미애 옮김, 한길사, 1999, 327~382쪽.

30 게오르그 짐멜, 〈대도시와 정신적 삶〉, 《짐멜의 모더니티 읽기》, 김덕영·윤미애 옮김, 새물결, 2005, 35~54쪽.

31 어빙 고프먼, 《자아 연출의 사회학: 일상이라는 무대에서 우리는 어떻게 연기하는가》, 진수미 옮김, 현암사, 2016.

32 발터 벤야민, 《아케이드 프로젝트 I》, 조형준 옮김, 새물결, 2005, 91~112쪽.

33 미셸 푸코, 〈5장 분류하기〉, 《말과 사물》, 이규현 옮김, 민음사, 2012, 191~242쪽; 미셸 푸코, 《감시와 처벌: 감옥의 역사》, 오생근 옮김, 나남, 2003.

34 토머스 홉스, 《리바이어던: 만인에 대한 만인의 투쟁을 중단하라》, 신재일 엮어옮김, 서해문집, 2007, 123쪽.

1부. 군인들의 드라마투르기: 1960~1970년대 군인들의 극작법

1장. 군인들, 연출자가 되다

1 Eugène Buret, *De la misère des classes laborieuses en Angleterre et en France*, Paulin, 1840, pp. 67~68.

2 프리드리히 엥겔스, 《영국 노동계급의 상황》, 이재만 옮김, 라티오, 2014, 63~120쪽.

3 문명기, 〈20세기 전반기 타이완인과 조선인의 역외이주와 귀환〉, 《한국학논총》 통권 50호, 국민대학교 한국학연구소, 2018, 519~520쪽.

4 문명기, 〈식민지시대 대만인과 조선인의 역외이주 패턴과 그 함의〉, 《동양사학연구》 147권 147호, 동양사학회, 2019, 347쪽.

5 윤홍식, 〈이승만 정권시기 한국복지체제: 원조(援助)복지체제의 성립, 1948-1960〉, 《사회복지정책》 45권 1호, 한국사회복지정책연구원, 2018, 118쪽.

6 "오만걸인 수용비로 오억칠천만원 요구", 《경향신문》, 1949년 11월 13일자, 2면.

7 이화진, 〈'극장국가'로서 제1공화국과 기념의 균열〉, 《한국근대문학연구》 15호, 한국근대문학회, 2007, 197~228쪽.

8 윤홍식, 앞의 글, 2018, 128쪽.

9 "부랑아전부수용", 《경향신문》, 1954년 3월 8일자, 2면; "부랑노유구호가 시급", 《경향신문》, 1955년 4월 2일자, 3면; "부랑걸인들은 어디로", 《동아일보》, 1956년 10월 27일

자, 3면; "집단수용계획을 포기",《조선일보》, 1958년 1월 28일자, 3면.
10 박정희,〈민족의 저력〉(1971),《한국 국민에게 고함》, 동서문화사, 2006, 710쪽.
11 유용태·박진우·박태균,《함께 읽는 동아시아 근현대사 1》, 창비, 2010, 45~52쪽.
12 《독립신문》, 1897년 1월 26일자 논설.
13 김종태,《선진국의 탄생: 한국의 서구 중심 담론과 발전의 계보학》, 돌베개, 2018, 67~83쪽.
14 Furkan TÜZÜN, "The Evolution of Development Discourse and the Meaning of Development-I: 1950-1980", *Düzce Economics Journal*, Vol. 1, No. 1, 2020, pp. 11~23.
15 김종태, 앞의 책, 2018, 113~152쪽.
16 박정희,〈혁명 과업 완수를 위한 국민의 길〉(1962), 앞의 책, 2006, 932쪽.
17 박정희, 같은 글.
18 박정희,〈우리 민족의 나아갈 길〉(1962), 같은 책, 358~366쪽.
19 어빙 고프먼, 앞의 책, 2016.
20 박정희,〈우리 민족의 나아갈 길〉(1962), 앞의 책, 2006, 387~391쪽.
21 어빙 고프먼, 앞의 책, 2016, 21쪽.
22 토머스 홉스, 앞의 책, 2007, 123쪽.
23 공보부,《혁명정부 7개월간의 업적》, 1962, 136쪽.
24 《동아일보》, 1962년 6월 9일자, 1면
25 《경향신문》, 1967년 8월 23일자, 1면.
26 《경향신문》, 1967년 9월 11일자, 3면.
27 《동아일보》, 1969년 2월 3일자, 4면.
28 《경향신문》, 1972년 5월 12일자, 6면.
29 《동아일보》, 1973년 4월 6일자, 7면.
30 《경향신문》, 1971년 5월 17일자, 1면;《동아일보》, 1972년 8월 3일자, 1면;《경향신문》, 1978년 10월 4일자, 3면.
31 김아람,〈5·16 군정기 사회정책: 아동복지와 부랑아 대책의 성격〉,《역사와현실》82호, 한국역사연구회, 2011, 351~357쪽.
32 박홍근,〈사회적 배제의 형성과 변화: 넝마주이 국가동원의 역사를 중심으로〉,《사회와 역사》108권 108호, 한국사회사학회, 2015, 240쪽.
33 이영남 외,〈서산개척단 사건 실태파악 및 피해자 구제방안 마련 연구〉(2019년도 연구 용역보고서), 국가인권위원회, 2019.
34 김아람,〈1960년대 개척단의 농지조성과 갈등 구조〉,《사학연구》131권 131호, 한국사학회, 2018, 321~366쪽.

35 "대한뉴스 제 438호-내고장 소식",《KTV 아카이브》, 2016년 10월 17일. https://youtu. be/3cZghqsBNpI?si=pl9KN7wVRdVuT0R5 (2025년 6월 9일 검색)

36 미셸 푸코, 앞의 책, 2012, 195~209쪽.

37 미셸 푸코, 앞의 책, 2003, 295~297쪽.

38 이관구,《우리가 잘 살 수 있는 길》, 재건국민운동본부, 1963.

39 보건사회부,《사회개발 장기전망》, 1969, 6, 81쪽.

40 보건사회부,《사회개발: 부문별 사업전망》, 1974, 529~547쪽.

41 《동아일보》, 1967년 9월 11일자, 3면.

42 박정희, 〈한국 국민에게 고함〉, 앞의 책, 2006, 255~256쪽.

43 《경향신문》, 1970년 8월 29일자, 7면.

44 《경향신문》, 1970년 9월 11일자, 7면.

45 김은경, 〈유신체제의 음악통제양상에 관한 연구: 검열메커니즘과 금지곡을 중심으로〉, 《민주주의와 인권》 11권 2호, 전남대학교 5·18연구소, 2011, 67~96쪽.

46 박길성, 〈1960년대 인구사회학적 변화와 도시화〉, 한국정신문화연구원 편,《1960년대 사회변화연구: 1963-70(한국현대사의 재인식 9)》, 백산서당, 1999, 39, 43쪽.

47 한상진, 〈서울 대도시권 신도시 개발의 성격〉, 한국사회사연구회 편,《한국의 지역문제 와 노동계급》, 문학과지성사, 1992, 68쪽.

48 Sujin Eom, "Infrastructures of displacement: the transpacific travel of urban renewal during the Cold War", *Planning Perspectives*, Vol. 35, No. 2, 2020, pp. 299~319.

49 박철수,《마포주공아파트: 단지 신화의 시작》, 마티, 2024.

50 대한주택공사,《대학주택공사 20년사》, 1979, 237~238쪽.

51 박철수, 앞의 책, 2024, 21~23쪽.

52 장세훈, 〈도시화, 국가, 그리고 도시빈민: 서울시의 무허가정착지 철거·정비정책을 중 심으로〉, 김형국·하성규 편,《불량주택 재개발론》, 나남, 1998, 240~244쪽.

53 최종일 기자, "50년전 '매머드급' 단지는?…수세식화장실에 입식부엌",《머니투데이》, 2011년 1월 3일자.

54 김아람, 〈1970년대 주택정책의 성격과 개발의 유산〉,《역사문제연구》 29권 1호, 역사 문제연구소, 2013, 66쪽.

55 김재원, 〈1960년대 후반 서울시 주택정책과 '중산층'문제 인식〉,《한국사연구》 175권 175호, 한국사연구회, 2015, 319~363쪽.

56 양재진, 〈한국 복지정책 60년: 발전주의 복지체제의 형성과 전환의 필요성〉,《한국행 정학보》 42권 2호, 한국행정학회, 2008, 333~336쪽; 김순양, 〈고도경제성장기의 사회 정책 형성체계 및 형성과정 분석: 1970년대 연금보험과 의료보험의 제도화과정 비교〉, 《한국정책학회보》 23권 3호, 한국정책학회, 2014, 215~231쪽; 권혁주, 〈한국행정에 서 사회적 평등과 발전: 사회정책을 중심으로〉,《한국행정학보》 41권 3호, 한국행정학

회, 2007, 77쪽; 김진욱, 〈한국 소득이전 제도의 소득불평등 및 빈곤감소 효과에 관한 연구〉,《사회복지정책》20권 1호, 한국사회복지정책연구원, 2004, 171~195쪽; 심상용, 〈한국 발전주의 복지체제 형성 연구: 억압적 발전주의 생산레짐과 비공식 보장의 복지체계〉,《사회복지정책》37권 4호, 한국사회복지정책연구원, 2010, 14~15쪽; 정무권, 〈한국 발전주의 생산레짐과 복지체제의 형성〉,《한국사회정책》14권 1호, 한국사회정책학회, 2007, 288쪽.

57 정무권, 같은 글, 289쪽.

58 정무웅, 〈1960~70년대 증대하는 유동성과 불안, 그리고 위험 관리로서의 사회개발〉,《역사문제연구》37권 1호, 역사문제연구소, 2017, 315~323쪽; 김도균, 〈한국의 재분배 정치의 역사적 기원: 박정희 시대의 조세정책과 저축장려 정책〉,《사회와역사》98권 98호, 한국사회사학회, 2013, 105~108쪽.

2장. 발전국가, 스펙터클을 꿈꾸다

1 변성호, 〈구한말 운동회의 정치적 성격에 대한 고찰: 운동회와 민족주의의 관계〉,《한국학》36권 1호, 한국학중앙연구원, 2013, 192~198쪽.

2 천정환,《끝나지 않은 신드롬: 친일과 반일을 넘어선 식민지 시대 다시 읽기》, 푸른역사, 2005, 112~114쪽.

3 Haenam Park, "Football and Hegemony Competition during the Colonial Period Korea", *Journal of Korean Studies*, Vol. 74, 2020b, pp. 198~203.

4 박해남, 〈제국과 식민지 간 재현 경쟁의 장, 스포츠: 조선신궁체육대회와 메이지신궁체육대회를 중심으로〉,《한림일본학》26권 26호, 한림대학교 일본학연구소, 2015, 122~125쪽.

5 박해남, 〈스포츠 이벤트는 서울의 모습을 어떻게 바꾸어 놓았나?〉,《서울 사람을 웃고 울린 스포츠》, 서울역사편찬원, 2022a, 311쪽.

6 박정희, "제57회 전국 체육대회 대통령 치사"(1976년 10월 12일), 행정안전부 대통령기록관. https://www.pa.go.kr/research/contents/speech/index.jsp (2025년 6월 9일 검색)

7 권오륜, 〈제3공화국과 김택수의 스포츠 내셔널리즘〉,《한국체육철학회지》12권 2호, 한국체육철학회, 2004, 391~393쪽.

8 이강우, 〈한국사회(韓國社會)의 스포츠 이데올로기에 관(關)한 연구(研究)(Ⅰ): 군사정권기(軍事政權期)의 스포츠이념(理念)을 중심(中心)으로〉,《한국체육학회지》36권 1호, 한국체육학회, 1997, 89~91쪽.

9 박정희, "한국여자농구선수단 귀국환영대회 치사" 1967년 5월 7일, 행정안전부 대통령기록관. https://www.pa.go.kr/research/contents/speech/index.jsp (2025년 6월 9일 검색)

10 양재진, 〈산업화 시기 박정희 정부의 수출 진흥 전략: 수출 진흥과 규율의 정치경제

학〉,《동서연구》24권 3호, 연세대학교 동서문제연구원, 2012, 5~28쪽.

11 소련과 동독에서는 국가 체육문화 및 스포츠장관(State Secretariat on Physical Culture and Sport)이 각종 스포츠클럽과 스포츠과학, 선수촌, 대표팀, 선수양성학교 등을 전부 관장했다. 우수 선수들은 신체검사를 통해 일찍이 발탁돼 스포츠학교에서 전문 선수로 길러졌다. 그리고 선수 시절에는 주로 군에 소속돼 안정적인 생활을 보장받았다. 사회주의 스포츠체계에 관해서는 다음을 참조했다. James Riordan, *Sport, Politics and Communism*, Manchester University Press, 1991, pp. 64~101.

12 이는 올림픽에 출전하는 아마추어 스포츠에만 해당하지 않았다. 권투선수 김기수의 경우, 당시 대통령 박정희와 대한중석 사장 박태준은 권투 세계챔피언이 필요하다는 판단하에 선수를 물색하던 중 유망주 김기수를 찾아내 세계챔피언을 목표로 설정해줬고, 권일체육관이라는 체육관을 집 근처에 만들어 연습에 전념하게 해줬다. 김기수는 대통령과 박태준이 지켜보는 앞에서 1966년 첫 한국인 세계챔피언이 됐고, 권일체육관은 그의 소유가 됐다. 이대환, "박정희가 박태준에게 내린 특명: 김기수의 주먹으로 세계를 제패하라",《프리미엄조선》, 2014년 10월 22일자.

13 "1972년 제53회 전국체육대회 개회사",《동아일보》, 1972년 10월 6일자, 1면.

14 김명권, 〈한국엘리트 스포츠의 요람: 泰陵선수촌, 1966-2000〉,《한국체육사학회지》18권 2호, 한국체육사학회, 2013, 127~140쪽.

15 설정덕·김재우, 〈박정희 정권의 국민체육심의위원회에 관한 연구〉,《한국사회체육학회지》16권 3호, 한국체육사학회, 2011, 47~58쪽.

16 이종원, 〈1960-70년대 엘리트스포츠정책의 가치 지향에 관한 사회사적 고찰〉,《한국체육학회지》44권 5호, 한국체육학회, 2005, 49~50쪽.

17 Stefan Huebner, *Pan-Asian Sports and the Emergence of Modern Asia, 1913-1974*, National University of Singapore Press, 2016, pp. 114~117.

18 박해남, 앞의 책, 2022a, 312쪽.

19 서울역사박물관 특별전 "불도저시장 김현옥", 2016년 6월 지은이 촬영.

20 박해남, 〈서울올림픽과 1980년대의 사회정치〉, 서울대학교 사회학과 박사학위논문, 2018, 54쪽.

21 "대한뉴스 제 584호-새서울"(1966년 8월 20일),《KTV 아카이브》, 2016년 11월 14일. https://youtu.be/KSIg8nseeMo?si=1eRCSGEhel_hq1kp&t=43 (2025년 6월 9일 검색)

22 서울특별시,《서울도시기본계획》, 1966, 282, 324쪽.

23 "잠실지구 종합개발계획 모형 (축척 1:2000)", 서울역사아카이브. https://museum.seoul.go.kr/archive/archiveNew/NR_archiveView.do?ctgryId=CTGRY740&type=B&upperNodeId=CTGRY741&fileSn=300&fileId=H-TRNS-54378-741 (2025년 6월 9일 검색)

24 《동아일보》, 1971년 8월 7일자, 8면.

25 김진희·김기호, 〈1974년「잠실지구종합개발기본계획」의 성격과 도시계획적 의미 연

구〉,《도시설계》11권 4호, 한국도시설계학회, 2010, 46~48쪽.

26 《잠실종합운동장건설계획》(서울특별시, 1976)은 행정안전부 국가기록원 홈페이지에서 확인할 수 있다. "선더버드, 전설의 새가 선택한 우리의 경기장: 잠실종합운동장", 행정안전부 국가기록원. http://theme.archives.go.kr/next/koreaOfRecord/seoulStadium.do (2025년 6월 9일 검색)

27 《경향신문》, 1977년 10월 6일자, 1면.

28 Stefan Huebner, Op. Cit., 2016, p. 122.

29 《조선일보》, 1978년 1월 7일자, 8면.

30 《동아일보》, 1976년 8월 21일자, 8면.

31 동아일보》, 1979년 10월 8일자, 8면;《경향신문》, 1979년 11월 17일자, 8면;《동아일보》, 1980년 8월 20일자, 6면;《경향신문》, 1982년 7월 16일자, 1면;《매일경제》, 1982년 9월 4일자, 12면.

32 《경향신문》, 1980년 12월 20일자, 8면.

33 《경향신문》, 1984년 9월 29일자, 1면;《동아일보》, 1983년 5월 18일자, 8면.

34 《매일경제》, 1968년 2월 28일자, 5면;《경향신문》, 1979년 10월 26일자, 8면; 서울특별시,《서울올림픽 백서》, 1990, 419쪽.

35 서울특별시,《잠실지구종합개발기본계획》, 1974, 3쪽.

36 임동근,《메트로폴리스 서울의 탄생: 서울의 삶을 만들어낸 권력, 자본, 제도 그리고 욕망들》, 반비, 2015, 116~119쪽.

37 김진희·김기호, 앞의 글, 2010, 46쪽; 김백영, 앞의 글, 2017, 77쪽. '공유수면 매립공사'란 하천의 고수부지와 토지의 경계가 불명확한 공간에 현대적 제방을 쌓아 하천과 토지의 경계를 분명히 하고, 이 과정에서 토지를 획득하는 것을 말한다. 1960년대 말부터 한강변에 만들어진 신시가지인 여의도, 동부이촌동, 반포 등은 모두 이런 방식으로 제방을 쌓아 확보한 토지 위에 아파트단지를 조성한 지역이었다.

38 손정목,《서울 도시계획 이야기 3: 서울 격동의 50년과 나의 증언》, 한울, 2003, 204~205쪽.

39 김백영, 앞의 글, 2017, 79~80쪽.

40 서울특별시, 앞의 책, 1974, 26쪽.

41 손정목,《서울 도시계획 이야기 3》, 2003, 207~211쪽.

42 다만 잠실의 북단에 들어설 1~4단지 아파트는 소형아파트로 계획됐다. 이는 1970년대 초 광주대단지 사건(8·10 성남[광주대단지] 민권운동)을 포함해, 도심지의 무허가주택을 철거하고 거주민을 교외로 이주시키는 과정에서 지속적으로 시위가 발생했던 정황을 고려한 조치였다. 그래서 잠실아파트는 7.5평형 500세대, 10평형 600세대, 13평형 7,610세대, 15평형 3,400세대, 17평형 2,410세대, 19평형 730세대로 구성됐고, 15평이하 아파트는 무허가주택 철거민 수용이 원칙이었다. 손정목,《서울 도시계획 이야기 5: 서울 격동의 50년과 나의 증언》, 한울, 2003, 217쪽 참조.

43 박재구·곽형기, 〈제42회 세계사격선수권대회의 한국 유치와 체육사적 의미〉, 《한국체육사학회지》 15권 1호, 한국체육사학회, 2010, 102~103쪽.
44 《동아일보》, 1979년 3월 23일자, 8면.
45 최만립, 《도전은 끝나지 않았다: 한국 스포츠외교의 산증인 최만립이 전하는 30년 스포츠외교실록》, 생각의나무, 2010, 20~21쪽; 체육청소년부, 《체육청소년 행정10년사》, 1992, 479쪽; 정상천, ("임자! 올림픽 한 번 해보지!"), 서울특별시 시사편찬위원회 엮음, 《임자! 올림픽 한 번 해보지!: 서울역사 구술자료집 5》, 서울특별시 시사편찬위원회, 2013, 19~20쪽.
46 김경훈, 《서울올림픽사 제1권: 서울올림픽 유치》, 국민체육진흥공단, 2000, 25쪽.
47 최만립, 앞의 책, 2010, 23쪽; 김경훈, 같은 책, 32~34쪽.
48 최만립, 같은 책, 27~28쪽; 서울특별시, 앞의 책, 1990, 279~280쪽; 손정목, 《서울 도시계획 이야기 3》, 2003, 253쪽.
49 총무처, 〈제71회 차관회의 의사일정 및 의안배부〉, 1979년 9월 24일, 국가기록원 공문서 번호 BA0085360; 총무처, 〈국무회의 의사일정 및 의안배부(제70회)〉, 1979년 9월 25일, 국가기록원 공문서 번호 BA0084905.
50 서울특별시, 앞의 책, 1990, 281~282쪽.
51 김경훈, 앞의 책, 2000, 56쪽.
52 이에 대해서는 고광헌, 앞의 책, 1988, 95쪽을 참조했다. 하지만 최규하가 올림픽 유치 포기를 발표했다는 고광헌의 주장을 뒷받침할 기사나 문헌은 존재하지 않는다. 1980년 1월 12일자 《동아일보》에는 모스크바올림픽 기간 중 열리는 AGF 총회에 한국측 대표단이 참석해 1986년 아시안게임 개최를 신청한다는 기사가 등장한다. 이를 고려하면 공식적으로 아시안게임은 놔두고 올림픽만 철회했을 가능성도 있다.
53 《동아일보》, 1980년 2월 6일자, 7면.
54 당시 서울시장 정상천은 서울시에서 올림픽을 계속 추진했다고 말했지만, 대한체육회나 정부의 움직임으로 봐서는 일단 중단된 상태로 보는 것이 적절하겠다. 정상천, 앞의 책, 2013, 26쪽 참조.
55 박정희, 〈민족의 저력〉(1971), 앞의 책, 2006, 727~735쪽.
56 박정희, 〈민족중흥의 길〉(1978), 앞의 책, 2006, 879~882쪽.
57 마상윤·박원곤, 〈데탕트기의 한미갈등: 닉슨, 카터와 박정희〉, 《역사비평》 86호, 역사비평사, 2009, 127~128쪽.
58 박원곤, 〈카터 행정부의 도덕주의 외교와 한국정책: 1979년 카터 대통령 방한의 재해석〉, 《미국학》 30권, 서울대학교 미국학연구소, 2007, 26~27쪽.
59 홍석률, 〈카터 행정부기 미국의 대한반도 정책과 3자회담〉, 《한국과 국제정치》 32권 2호, 경남대학교 출판부, 2016, 37~40쪽.
60 제35회 세계탁구선수권대회를 앞두고 남한과 북한은 단일팀 구성 및 참가 문제를 놓고 협상을 벌였지만 결국 결렬됐고, 한국팀은 제네바공항에 가서 선수단이 대기하는

등 참가 의지를 보였음에도 입국하지 못했다. 이에 관해서는 국토통일원남북대화사무국,《남북대화백서》, 1982, 164~169쪽; 조현철,〈남북스포츠교류의 전개에 관한 사적 연구〉, 중앙대학교 체육학과 박사학위논문, 2006, 70~71쪽 참조.

61 마상윤·박원곤, 앞의 글, 2009, 127쪽; 박원곤,〈카터 행정부의 대한정책: 10.26을 전후한 도덕외교의 적용〉,《한국정치학회보》43권 2호, 한국정치학회, 2009, 215~216쪽.

62 외무부,《외무백서》, 1990, 45쪽.

63 서울특별시, 앞의 책, 1990, 279~280쪽; 박세직,《하늘과 땅 동서가 하나로: 서울올림픽, 우리들의 이야기》, 고려원, 1990, 41쪽.

64 박원곤, 앞의 글, 2007, 47쪽.

65 박원곤, 앞의 글, 2009, 219~222쪽.

66 전광희,〈1970년대 전반기의 사회구조와 사회정책의 변화〉, 한국정신문화연구원 편,《1970년대 전반기의 정치사회변동(한국현대사의 재인식 12)》, 백산서당, 1999, 165, 180쪽.

67 이완범,〈박정희정부의 교체와 미국, 1979-1980〉, 한국학중앙연구원 편,《1980년대 한국사회연구(한국현대사의 재인식 26)》, 백산서당, 2005, 27쪽.

68 최상오,〈대기업 성장과 정부-기업관계: 역사적 조망〉,《역사비평》84호, 역사비평사, 2008, 11쪽. 경제위기는 1980년까지 지속되다가 이듬해부터 일본 정부의 40억 달러 차관과 IMF, 세계은행(World Bank)의 도움으로 상황이 차츰 개선됐다. 이에 관해서는 다음을 참조. 박영대,〈한국의 1980년대 초반 외채위기 극복요인에 관한 연구: '신냉전'의 영향을 중심으로〉, 서울대학교 사회학과 석사학위논문, 2013.

69 이완범, 앞의 책, 2005, 26~33쪽.

70 김원,〈부마항쟁과 도시하층민: '대중독재론'의 쟁점을 중심으로〉,《정신문화연구》29권 2호, 한국학중앙연구원, 2006, 426~427쪽; 한홍구,《지금 이 순간의 역사: 한홍구의 현대사 특강 2》, 한겨레출판, 2010, 32쪽.

71 김하기,《부마민주항쟁: 역사 다시 읽기 4》, 민주화운동기념사업회, 2004, 112쪽.

2부. 막간 이후: 재등장한 군인들의 극작법

3장. 신군부, 메가폰을 손에 넣다

1 조민정 기자, "노재봉, "문맹률 80% 난장판서 軍 통치기능 참여 숙명이었을지도"",《연합뉴스》, 2021년 10월 30일자.

2 전두환,《전두환 회고록 1: 혼돈의 시대 1979-1980》, 자작나무숲, 2017, 401쪽.

3 "안정만이 살길",《대한뉴스》제 1284호(1980년 5월 29일), e영상역사관. https://www.ehistory.go.kr/view/movie?mediasrcgbn=KV&mediaid=10259&mediadtl=21506&media

4 "대한뉴스 제 1285호-활기 되찾은 광주"(1980년 6월 3일),《KTV 아카이브》, 2016년 12월 8일. https://youtu.be/h0w99hDtG6A?si=WyVv6hung4mChrXP (2025년 6월 9일 검색)

5 사회정화위원회,《사회정화운동사 1980~1988》, 1988, 15쪽.

6 전두환, "[국보위상임위원장편]국가보위비상대책위원회 분과위원장 및 위원에 대한 훈시"(1980년 6월 5일), 행정안전부 대통령기록관. https://www.pa.go.kr/research/contents/speech/index.jsp (2025년 6월 9일 검색)

7 현대사회연구소,《사회정화운동의 이념과 방향》, 1981, 19~22쪽.

8 현대사회연구소,《2000년대를 향한 한국인상》, 1982, 250~272, 297쪽.

9 전두환, "[국보위상임위원장편]국가보위비상대책위원회 분과위원장 및 위원에 대한 훈시"(1980년 6월 5일), 행정안전부 대통령기록관.

10 전두환, "[국보위상임위원장편]문화방송·경향신문 사장과의 특별회견"(1980년 8월 11일), 행정안전부 대통령기록관. https://www.pa.go.kr/research/contents/speech/index.jsp (2025년 6월 9일 검색)

11 전두환, "제11대 대통령 취임사"(1980년 9월 1일), 행정안전부 대통령기록관. https://www.pa.go.kr/research/contents/speech/index.jsp (2025년 6월 9일 검색)

12 《중앙일보》, 1980년 8월 4일자, 6면.

13 강준만,《한국 현대사 산책 1980년대편 1권: 광주학살과 서울올림픽》, 인물과사상사, 2003, 238~249쪽.

14 유정환,〈1980년대 초반 전두환 정부의 사회정화사업 시행과 지역감시체계 재편: 지역정화위원회의 활동을 중심으로〉,《역사문제연구》22권 2호, 역사문제연구소, 2018, 11~56쪽.

15 사회정화위원회, 앞의 책, 1988, 26쪽.

16 전두환, "제11대 대통령 취임사" 1980년 9월 1일, 행정안전부 대통령기록관.

17 《한겨레신문》, 1988년 6월 3일자, 1면.

18 사회정화위원회, 앞의 책, 1988, 63쪽.

19 같은 책, 159~172쪽.

20 홍윤표 OSEN 선임기자, "[한국프로야구 난투사](30)전두환의 한마디에 구속된 김진영 삼미 감독… 그리고 삼미의 몰락",《조선일보》, 2013년 8월 6일자.

21 사회정화위원회, 앞의 책, 1988, 68, 79, 81쪽.

22 "포스터 컬렉션", 행정안전부 국가기록. https://theme.archives.go.kr/next/stampPoster/stampList.do?stampPosterType=N (2025년 6월 9일 검색)

23 "거리질서 확립 가두 캠페인, 1983-00-00", 서울기록원. https://archives.seoul.go.kr/item/7860 (2025년 6월 9일 검색)

24 전두환, "제11대 대통령 취임사" 1980년 9월 1일, 행정안전부 대통령기록관.
25 내무부, 《새마을운동》, 1982, 43쪽.
26 윤충로, 〈새마을운동 이후의 새마을운동: 1980년대를 중심으로〉, 《사회와역사》 109권 109호, 한국사회사학회, 2016, 202~209쪽.
27 장세훈, 앞의 책, 1998, 265~282쪽.
28 이영환, 〈영구임대주택의 정책결정과정〉, 《주택연구》 4권 1호, 한국주택학회, 1996, 30쪽.
29 권태준, 〈주택 政策過程의 不公平性 비판〉, 《환경논총》 23권, 서울대학교 환경대학원, 1988, 20쪽.
30 박해남, 앞의 글, 2018, 97쪽.
31 윤홍식, 〈민주주의 이행기 한국 복지체제, 1980~1997: 주변부 포드주의 생산체제의 복지체제〉, 《한국사회복지학》 70권 4호, 한국사회복지학회, 2018. 60쪽.
32 심상용, 〈한국 발전주의 복지체제 형성 연구: 억압적 발전주의 생산레짐과 비공식 보장의 복지체제〉, 《사회복지정책》 37권 4호, 한국사회복지정책연구원, 2010, 15쪽.
33 양재진, 〈한국 복지정책 60년: 발전주의 복지체제의 형성과 전환의 필요성〉, 《한국행정학보》 42권 2호, 한국행정학회, 2008, 339쪽.
34 조영재, 〈한국복지정책과정의 특성에 관한 연구: 의료보험제도를 중심으로〉, 《한국정치학회보》 42권 1호, 한국정치학회, 2008, 84~85쪽.
35 양재진, 앞의 글, 2008, 340쪽.
36 현대사회연구소, 앞의 책, 1981, 4~6쪽.
37 현대사회연구소, 앞의 책, 1982, 185쪽.
38 내무부, 《새마을운동: 시작에서 오늘까지》, 1981, 115쪽.
39 이용기, 〈'유신이념의 실천도장', 1970년대 새마을운동〉, 내일을 여는 역사 재단 엮음, 《내일을 여는 역사》 48호, 도서출판 선인, 2012, 74~82쪽.
40 내무부, 《새마을운동 10년사》, 1980, 64~69쪽.
41 전두환, "사회정화 국민운동 전국대회 유시"(1981년 11월 30일), 행정안전부 대통령기록관. https://www.pa.go.kr/research/contents/speech/index.jsp (2025년 6월 9일 검색)
42 《동아일보》, 1980년 9월 6일자, 7면.
43 《경향신문》, 1981년 1월 1일자, 1면; 《경향신문》, 1981년 10월 28일자, 1면; 《경향신문》, 1981년 11월 20일자, 3면.
44 《동아일보》, 1981년 11월 6일자, 3면.
45 알리예바 바하르, 〈1980년대 해외여행자유화 정책과 해외관광의 형성〉, 《한국학》 47권 1호, 한국학중앙연구원, 2024, 213~254쪽.
46 문교부, 〈중·고교학생 교복 및 두발제도 개선(안)〉, 1981년 12월, 국가기록원 공문서 번호 HA0003628.

47 문화공보부,〈고교생 교복자율화에 따른 청소년 건전의식 계도대책〉, 1983년 2월 4일, 국가기록원 공문서 번호 BA0793308.
48 "교복 자율화",〈자율과 책임: 교복〉(1983), e영상역사관. https://www.ehistory.go.kr/view/movie?mediasrcgbn=KV&mediaid=1717&mediadtl=8482&mediagbn=MH (2025년 6월 9일 검색)
49 김학선,《24시간 시대의 탄생: 1980년대의 시간정치》, 창비, 2020, 49~53쪽.
50 주은우,〈금지의 명령에서 향유의 명령으로: 자본주의와 한국사회의 문화변동에 대한 해석적 시론〉,《한국사회학》 48권 5호, 2014, 73쪽; 박정미,〈쾌락과 공포의 시대: 1980년대 한국의 '유흥향락산업'과 인신매매〉,《여성학논집》 33권 2호, 이화여자대학교 한국여성연구원, 2016, 46쪽.
51 김학선, 앞의 책, 2020.
52 국립영화제작소, "야간 통행 금지 해제 후 국민들의 달라진 의식과 생활 및 사회 변화" (1983), 행정안전부 국가기록원. https://theme.archives.go.kr/viewer/common/archWebViewer.do?singleData=Y&archiveEventId=0049287001 (2025년 6월 9일 검색)

4장. 공연은 계속돼야 한다

1 김경훈, 앞의 책, 2000, 56쪽.
2 《동아일보》, 1980년 5월 24일자, 1면.
3 다만 아시안게임을 염두에 둔 최소한의 외교적 움직임은 있었다. 1980년 초 카터 대통령으로부터 모스크바올림픽 보이콧 요청이 왔을 때, 한국 정부의 기조는 미국에 즉답을 피하면서 동향을 살피는 것이었다. 정부는 선수들은 불참시켰지만 7명의 심판과 조상호와 김택수 등 IOC 회의에 참석할 체육계 인사들은 파견했다. 미국 대사가 항의하고 참가자들의 국내 소환을 요청하자, 외무부는 "한국올림픽위원회는 비정부기구이기에 정부가 영향력을 행사하기 어렵다."는 모호한 답변과 함께 미국 정부의 요청을 거절했다. 이는 외무부가 1980년 1월 29일에 작성한〈모스크바올림픽 불참문제〉(국가기록원 공문서 번호 CA0330903), 같은 기관이 7월에 작성한〈모스크바올림픽, 회견대표단 파견문제〉(국가기록원 공문서 번호 CA0330903), 그리고 7월 18일 발행한〈면담요록〉(국가기록원 공문서 번호 CA0330903)에 나와있다.
4 서울특별시, 앞의 책, 1990, 283쪽; 김경훈, 앞의 책, 2000, 74쪽.
5 손정목,《서울 도시계획 이야기 5》, 2003, 13~17쪽.
6 김경훈, 앞의 책, 2000, 78쪽.
7 오구라 카즈,《한일 경제협력자금 100억 달러의 비밀: 1980년대 경제협력자금을 둘러싼 한일 간의 치열한 외교 드라마》, 조진구·김영근 옮김, 디오네, 2015, 175~176쪽.
8 瀬島龍三,《幾山河: 瀬島龍三回想録》, 産経新聞ニュースサービス, 1996, pp. 420~423.
9 전두환,《전두환 회고록 2: 청와대 시절 1980-1988》, 자작나무숲, 2017, 331~332쪽. 이 외에도 이전 정권부터 친분이 있던 박종규가 10월 중에 전두환을 개인적으로 만나

올림픽 유치를 부탁했다는 증언이 존재하지만, 단수의 저작에 등장하므로 추가 검증이
필요하다. 김경훈, 앞의 책, 76쪽 참조.
10 서울특별시, 앞의 책, 1990, 286~290쪽.
11 김경훈, 앞의 책, 2000, 88쪽.
12 문교부, 〈제24회 올림픽대회 유치대책〉, 1981년 3월 18일, 국가기록원 공문서 번호
BA0883696.
13 국무총리행정조정실, 〈제24회 올림픽유치대책회담결과 제1차〉, 1981년 4월 16일, 국
가기록원 공문서 번호 BA0883718.
14 문교부, 〈국제경기대회 한국유치 추진현황 보고〉, 1981년 2월 16일, 국가기록원 공문
서 번호 BA0883696.
15 문교부, 앞의 글, 1981년 3월 18일.
16 국무총리행정조정실, 〈제24회 올림픽 유치대책회의 결과 2차〉, 1981년 4월 27일, 국가
기록원 공문서 번호 BA0883709.
17 김경훈, 앞의 책, 2000, 131쪽.
18 국무총리행정조정실, 〈제24회 올림픽유치 대책회의 결과 3차〉, 1981년 5월 16일, 국가
기록원 공문서 번호 BA0883709.
19 국무총리행정조정실, 〈올림픽유치대책실무위원회안건〉, 1981년 5월 19일, 국가기록원
공문서 번호 BA088370.
20 문교부, 〈IOC총회 파견대표 인선〉, 1981년 5월 27일, 국가기록원 공문서 번호
BA0883756.
21 윤상우, 앞의 책, 2005, 46~49쪽; 김윤태, 앞의 책, 2012, 11쪽.
22 조희연, 《동원된 근대화: 박정희 개발동원체제의 정치사회적 이중성》, 후마니타스,
2010.
23 다음 국가기록원 공문서 참조. 국무총리행정조정실, 〈올림픽 유치교섭 현황〉, 1981
년 7월 1일, BA0883709; 국무총리행정조정실, 〈올림픽 유치교섭〉, 1981년 7월 4일,
BA0883756; 국무총리행정조정실, 〈국제경기 유치 대책회의 결과 시달(통보)〉, 1981년
8월 10일, BA0883759; 외무부, 〈88년 올림픽유치 특별대책반 제1차 회의자료〉, 1981
년 8월 22일, BA0883709; 국무총리행정조정실, 〈88올림픽 유치 종합대책〉, 1981년 9
월 11일, BA0883719; 국무총리행정조정실, 〈올림픽 유치활동 추진상황 보고〉, 1981년
9월 18일, BA0883698; 국무총리행정조정실, 〈올림픽 유치 활동 상황 제6보〉, 1981년 9
월 28일, BA0883764.
24 박해남, 앞의 글, 2018, 69쪽.
25 바바라 스미트, 《운동화 전쟁: 세계 빅3 스포츠 기업의 불꽃 튀는 기업 전쟁》, 김하락
옮김, 랜덤하우스코리아, 2008, 96~104쪽.
26 바이브 심슨·앤드류 제닝스, 《올림픽의 귀족들》, 오근영 외 옮김, 나라출판사, 1992,
118~119쪽.

27 이방원,《세울 꼬레아》, 행림출판, 1989, 30~33쪽. 다슬러의 역할은 대한체육회와 서울시가 발간한 자료에서도 인정하는 바이며, 그 역할이 박종규에게 있었음은 유치단이 육필로 작성한 보고서에 존재하는 "박종규 전 회장의 측면지원(아디다스 회장, 멕시코 NOC 위원장)"이라는 표기로 증명된다. 서울특별시, 앞의 책, 1990, 308쪽 참조. 또한 한국의 재벌 기업주들이 현금화할 수 있는 1등석 항공권을 포함해 각종 유무형의 보상을 각국 IOC 위원들에게 제공 또는 약속했다는 증언 또한 존재한다. 같은 책, 67~77쪽.
28 국무조정실,〈설명기본자료〉, 1981년 9월, 국가기록원 공문서 번호 BA0883695.
29 부서 미상,〈88올림픽 서울유치교섭단 귀국보고〉, 일자 미상, 국가기록원 공문서 번호 BA0883696.
30 문교부,〈제10회 아시아경기대회 한국유치계획〉, 1980년 4월 10일, 국가기록원 공문서 번호 BA0084925.
31 체육부,《서울아시아경기대회 백서 1: 총괄편》, 1987, 89쪽.
32 국무총리행정조정실,〈제24회 올림픽유치대책회담결과 제1차〉, 1981년 4월 16일, 국가기록원 공문서 번호 BA0883718.
33 체육부, 앞의 책, 1987, 92~97쪽.
34 문교부,〈제10회 아세아경기대회 추진계획(안)〉, 1981년 8월 10일, 국가기록원 공문서 번호 BA0883695; 국무총리행정조정실,〈제10회 Asian Game 유치종합대책〉, 1981년 11월 16일, 국가기록원 공문서 번호 BA0883712. 정확한 기록은 남아있지 않지만, 재벌 기업주들은 올림픽과 마찬가지로 투표권자들에게 금품이나 유무형의 보상을 제공 또는 약속했을 가능성이 높다.
35 국무총리행정조정실,〈아시안게임 관계회의〉, 1981년 10월 28일, 국가기록원 공문서 번호 BA0883695.
36 국무총리행정조정실,〈제10회 Asian Game 유치종합대책〉, 1981년 11월 16일, 국가기록원 공문서 번호 BA0883712; 국무총리행정조정실,〈Asian Games 유치교섭방향협의 자료〉, 1981년 11월, 국가기록원 공문서 번호 BA0883712.
37 국무총리행정조정실,〈AGF대표단 보고 2~4보〉, 1981년 11월 25일, 국가기록원 공문서 번호 BA0883766; 외무부,〈AGF대표단 보고〉, 1981년 11월 27일, 국가기록원 공문서 번호 BA0883766.
38 Chalmers Johnson, *MITI and the Japanese Miracle: The Growth of Industrial Policy 1925-1975*, Stanford University Press, 1982, pp. 18~19.
39 Alice H. Amsden, *Asia's Next Giant: South Korea and Late Industrialization*, Oxford University Press, 1989, p. 84.
40 片木篤,《オリンピック・シティ東京1940·1994》, 河出書房新社, 2010, pp. 98~104.
41 도쿄올림픽 개최를 구상한 야스이 세이치로와 체육인 출신의 아즈마 료타로, 그리고 두 도지사의 파트너이자 부지사로서는 이례적으로 큰 영향력을 행사했던 스즈키 순이치(鈴木俊一)는 전전(戰前) 내무성 관료 경력을 갖고 있었다. 일본 내무성은 지방행

정·토목·경찰·위생·사회 등을 담당하는 기관으로서, 1910년 말 쌀 파동을 기점으로 1920년에 사회국을 설치하는 등 사회문제 대응을 주로 맡았다. 그런데 1920년대 들어서는 '사상의 건전화'와 '애국심의 향상'을 위한 스포츠의 역할에 주목했고, 1924년부터는 메이지신궁경기대회 개최를 주도했다. 이처럼 매우 적극적으로 사회 구성원의 사상과 습속에 개입한 결과, 전후 연합군최고사령부(GHQ)는 내무성이 일본의 군국주의와 깊게 연관돼 있다고 판단해 해체시켰다. 일본 내무성과 스포츠의 관계에 대해서는 坂上康博,《権力装置としてのスポーツ: 帝国日本の国家戦略》, 講談社, 1998, pp. 93~100; 坂上康博, "スポーツと天皇制の脈絡: 皇太子裕仁の摂政時代を中心に",《歴史評論》602号, 2000, pp. 29~44 참조.

42 東京都,《第18回オリンピック競技大会東京都報告書》, 1965, p. 4.
43 ibid.
44 東京都オリンピック準備局,《オリンピック準備局事業概要》, 1964, p. 2.
45 東京都オリンピック準備局,《東京都オリンピック時報》, 1号, 1960, p 2.
46 東京オリンピック組織委員会,《東京オリンピック》, 22号, 1964, p. 5.
47 Saito Jun, "Economic Impact of the 2020 Tokyo Olympics: How would it compare with 1964?", Japan Center for Economic Research, 2018. 05. 01. https://www.jcer.or.jp/english/economic-impact-of-the-2020-tokyo-olympics-how-would-it-compare-with-1964 (2025년 6월 9일 검색)
48 Shunya Yoshimi, "1964 Tokyo Olympics as Post-War," *International Journal of Japanese Sociology*, Vol. 28, No. 1, 2019, pp. 83~89.
49 "Yoyogi National Gymnasium (1st gymnasium) in Shibuya, Tokyo", Wikimedia Commons.
50 "Komazawa Gymnasium, Control Tower and Central Plaza", Wikimedia Commons.
51 東京都オリンピック準備局, Op. Cit, 1960, pp. 3~9.
52 町村敬志, "オリンピックで見上げた空はなぜ青かったのか",《一九六四東京オリンピックは何を生んだのか》, 青弓社, 2018, p. 161.
53 石坂友司, "東京オリンピックと高度成長の時代",《年報·日本現代史》, 第14巻, 2009, pp. 163~170.
54 Martyn Davis Smith, "Representing Nation in Postwar Japan: Cold War, Consumption and the Mass Media: 1952-72", PhD dissertation, SOAS University of London, 2014, p. 132.
55 石坂友司, Op. Cit., 2009, pp. 167~168.
56 東京都オリンピック準備局,《東京都オリンピック時報》, 4号, 1961, p. 4.
57 東京都, Op. Cit., 1965, p. 144.
58 オリンピック東京大会組織委員会,《第18回オリンピック競技大会: 公式報告書》, 1966, p. 46.

59　東京都, Op. Cit., 1965, pp. 76~78.

60　東京都オリンピック準備局,《オリンピック準備局事業概要》, 1962年号, 1962, pp. 50~58; 1963年号, 1963, pp. 62~71; 1964年号, 1964, pp. 80~85.

61　東京都オリンピック準備局,《東京都オリンピック時報》, 7号, 1961, pp. 13~15.

62　전후 일본에서 내무성 관료 출신의 영향력에 대해서는 다음을 참조했다. 中野晃一,《戦後日本の国家保守主義: 内務·自治官僚の軌跡》, 岩波書店, 2013.

63　石渡雄介, "未来の都市/未来の都市的生活様式: オリンピックの60年代東京", 清水諭 編,《オリンピック·スタディーズ: 複数の経験·複数の政治》, せりか書房, 2004, p. 157.

64　警視庁,《オリンピック東京大会の警察記録》, 1964, pp. 140~142.

65　Yoshikuni Igarashi, Op. Cit., 2012, pp. 149~155.

66　Sheldon Garon, *Molding Japanese Minds: The State in Everyday Life*, Princeton University Press, 1998, pp. 157~161.

67　東京都新生活運動協会,《東京の新生活運動》, 1962, pp. 11~13.

68　Ibid., p. 12.

69　新生活運動協会,《国土を美しくする運動》, 1963; 新生活運動協会,《オリンピック前年祭聖火コース国土美国民大行進記録集》, 1964; 東京都新生活運動協会,《東京都新生活運動十五年のあゆみ》, 1973, pp. 15~18.

70　정무장관실,《올림픽동경대회와 정부기관 등의 협력》, 1981, 153쪽.

71　東京都, Op. Cit., 1965, pp. 151~153; 東京都政策報道室広報部,《とうきょう広報》, 1963年 12月号, 1963, pp. 10~14.

72　미셸 푸코, 앞의 책, 2003; 미셸 푸코,《성의 역사 1: 지식의 의지》(제4판), 이규현 옮김, 나남, 2020.

73　小林正泰, "1964年東京オリンピックをめぐる道徳教育の課題とその論理: 国民的教育運動における公衆道徳と『日本人の美徳』",《東京大学大学院教育学研究科基礎教育学研究室紀要》, 第42巻, 2016, p. 139; 佐野慎輔, "[オリ·パラ今昔ものがたり] 東京は「臭いまち」だった",《日本財団ジャーナル》, 2020. 11. 30. https://www.nippon-foundation.or.jp/journal/2020/51449 (2025년 6월 9일 검색)

74　서울올림픽조직위원회,《인류에 평화를, 민족에 영광을》, 1985, 53쪽.

75　같은 책, 68쪽.

76　국립영화제작소, "88서울올림픽 준비 지원계획안제출" 1981년 11월 12일, 국가기록원 공문서 번호 BA0793139; 정무장관실, 앞의 책, 1981.

77　서울특별시,《동경올림픽대회 동경도보고서 발췌》, 1981.

78　대한체육회,《동경올림픽선수강화대책본부 보고서》, 1983.

79　국무총리행정조정실,〈서울올림픽조직위원회 및 지원위원회 설치안〉, 1981년 10월 31일, 국가기록원 공문서 번호 BA0993699.

80　부서 미상, 〈서울올림픽조직위원회 및 지원위원회 설치안〉, 1981년 10월 31일, 국가기록원 공문서 번호 BA0993699.
81　서울특별시, 앞의 책, 1990, 315쪽.
82　국무총리행정조정실에서 발행한 공문서철 〈각부처지원계획〉(국가기록원 공문서 번호 BA0883714)은 1981년 10월 29일 국무총리실에서 발신한 공문 〈서울올림픽 개최 준비에 관한 지시〉에 대해 부처 및 지방정부 36곳에서 답신한 공문을 모아놓은 것이다.
83　체육부, 〈88 서울올림픽·86 아시아경기대회 준비상황〉, 1982년 4월, 국가기록원 공문서 번호 BA0883825, 31~42쪽. 이와 별개로 서울시에도 올림픽을 준비하기 위한 조직이 존재했다. 1981년 10월 23일 기획·홍보·시설·조경 등 4개 영역을 담당하는 20여 명의 직원으로 시작된 서울올림픽 준비기획단은 1983년이 되자 8개 팀 40여 명의 직원을 갖춘 올림픽기획단으로 확대됐다. 1984년 12월 31일에 이르러서는 부시장을 단장으로 하고 134명의 직원을 갖춘 조직이 됐다. 이에 관해서는 서울특별시, 앞의 책, 1990, 339~344쪽 참조.
84　《경향신문》, 1983년 1월 29일자, 9면.
85　부서 미상, 〈재단법인 서울올림픽대회 조직위원회 발기인 총회 및 위원회 회의록〉, 1981년 11월 22일, 국가기록원 공문서 번호 BA0883818; 문교부, 〈제10회 아시아경기대회 조직위원회 설치안〉, 1982년 1월 27일, 19~20쪽, 국가기록원 공문서 번호 BA0883708.
86　《경향신문》, 1982년 2월 16일자, 9면.
87　《경향신문》, 1980년 10월 2일자, 8면.
88　《동아일보》, 1982년 7월 12일자, 1면.
89　《동아일보》, 1982년 12월 21일자, 8면.
90　《동아일보》, 1982년 9월 29일자, 9면.
91　《경향신문》, 1982년 3월 6일자, 9면.
92　《경향신문》, 1983년 1월 29일자, 9면.
93　《동아일보》, 1984년 8월 13일자, 1면.
94　구체적인 명단은 다음과 같다. 역도 박건배(해태그룹), 테니스 조중건(대한항공), 사이클 민경주(기아자동차), 사격 이우재(한국통신), 탁구 최원석(동아그룹), 양궁 정몽구(현대그룹), 승마 이건영(한국마사회), 유도 박용성(두산그룹), 카누 문박(럭키금성), 농구 김상하(삼양사), 하키 정태수(한보그룹), 레슬링 이건희(삼성그룹), 육상 박정기(한국전력), 축구 김우중(대우그룹), 조정 허신구(럭키금성), 수영 이명박(현대그룹), 핸드볼 김종하(고합그룹), 복싱 김승연(한화그룹), 배구 김중배(한일합섬), 체조 고준식(포항제철), 펜싱 조내벽(라이프그룹), 요트 이석희(대우그룹), 근대5종 권영각(주택공사).
95　서울올림픽대회지원위원회, 〈서울올림픽대회준비추진상황〉, 1982년 1월 11일, 15쪽, 국가기록원 공문서 번호 BA0883754; 서울올림픽대회지원실무위원회, 〈서울올림픽대

회 부문별지원계획지침(안)〉, 1982년 1월, 13쪽, 국가기록원 공문서 번호 BA0883754.
96 서울올림픽대회지원위원회, 〈88서울올림픽대회·86아시아경기대회 준비계획〉, 1982년 2월 2일, 국가기록원 공문서 번호 BA0883885.
97 범민족올림픽추진위원회에 대한 구상은 올림픽 개최가 결정된 지 이틀 후인 1981년 10월 2일부터 시작됐다. 그리고 1982년 1월이 되자 본격적인 조직이 시작됐고 2월에는 이름이 결정됐으며 3월에 시도별 창립총회를 개최했다. 이에 관해서는 국가안전기획부, 〈88년 서울올림픽 부문별 사업추진방향〉, 1981년 10월 2일, 국가기록원 공문서 번호 BA0883708; 국무총리행정조정실, 〈서울올림픽대회 제2차지원실무위원회 개최 결과〉, 1982년 2월 25일, 국가기록원 공문서 번호 BA0883754; 박해남, 앞의 글, 2018, 120쪽 각주 79 참조.
98 서울올림픽대회지원위원회, 〈서울올림픽 준비계획 정당협조 조찬회 결과보고〉, 1982년 1월 29일, 국가기록원 공문서 번호 BA0883708.
99 김철수 사회부 차장, "재외동포가 봉인가", 《미주한국일보》, 2017년 2월 1일자. 범민족올림픽추진위원회 캠페인과 관련해 재일본대한민국민단(민단)은 약 5,244억 6,000만 원의 후원금을 전달한 것으로 전해지고 있다. 이 중 대부분은 올림픽의 무대인 경기시설과 주요 관광지의 화장실 개조에 활용됐다. 근대 도시를 보여주고자 했던 도쿄올림픽과 마찬가지로, 서울올림픽을 계기로 근대성의 가장 중요한 요소 중 하나인 위생에 자원을 투자하고자 했던 것으로 보인다. 이에 관해서는 재일동포모국공적조사위원회, 《모국을 향한 재일동포의 100년 족적》, 재외동포재단, 2008, 44~61쪽을 참조.
100 서울올림픽대회지원위원회, 〈조직위원회 주최 올림픽 관계관 오찬록 보고〉, 1981년 1월 13일, 국가기록원 공문서 번호 BA0883708.
101 서울올림픽조직위원회, 《제24회 서울올림픽대회 공식보고서》, 1989, 236쪽.
102 서울올림픽대회지원위원회, 〈서울올림픽대회 후원회 결성방안〉, 1981년 1월, 국가기록원 공문서 번호 BA0883772.
103 경기도, 〈86·88올림픽준비지원계획〉, 1982년 6월 24일, 국가기록원 공문서 번호 BA0080169.
104 서울올림픽조직위원회, 앞의 책, 1989, 32쪽.
105 서울의 경우 한국기독교교회협의회(KNCC) 회장 강원용, 천주교 서울대교구 총대리 경갑용, 고려대학교 총장 김상협, 조계종 총무원장 김법전, 한국외국어대학교 총장 김동선, 연합통신 사장 김성진, 대한체육회 부회장 김종렬, 신문협회장 문태갑, 한국관광협회장 오세중, 중소기업협동조합중앙회장 유기정, 한국방송협회장 이원홍, 대한건설회장 이재준, 새마을운동중앙본부 사무총장 전경환, 대한상공회의소 회장 정수창, 이화여자대학교 총장 정의숙, 한진그룹 회장 조중훈 등이 발기인으로 이름을 올렸다. 《매일경제》, 1982년 2월 20일자 참조.
106 경기도 고양군, 〈범민족올림픽 추진위원회 구성 및 활동상황 제출〉, 1983년 4월 2일, 국가기록원 공문서 번호 BA0080169.
107 범민족올림픽추진중앙협의회, 《제24회 서울올림픽대회 국민참여운동 백서》, 1988,

27~30쪽.

3부. 스펙터클을 연출하기: 1988년 서울올림픽을 향해

5장. 대본을 새로 쓰다

1 체육부, 〈1986아시아·1988올림픽대회 총합계획〉, 1982년 8월, 국가기록원 공문서 번호 BA0883771.
2 문화공보부, 《88서울올림픽》, 1981, 11~29쪽.
3 서울올림픽조직위원회, 앞의 책, 1985, 57~59쪽.
4 《매일경제》, 1987년 4월 13일자, 3면.
5 고두현, 《서울올림픽 이것만은 알아둡시다》, 서울올림픽조직위원회, 1988, 64쪽.
6 1988년 당시에는 '장애자올림픽'이라 불렸지만 이 글에서는 '패럴림픽(Paralympic)'이라는 현재의 통칭을 쓰고자 한다. 패럴림픽의 역사를 살펴보면 다음과 같다. 패럴림픽은 제2차세계대전 이후 영국의 의사 루트비히 구트만(Ludwig Guttman)이 제안했다. 구트만은 스포츠가 상이군인의 재활치료에 도움이 된다는 사실에 기초해, 자신이 속한 스토크맨드빌(Stoke Mandeville) 병원의 이름을 따 '스토크맨드빌 게임'이라는 이름으로 척수장애 상이군인 (휠체어) 체육대회를 1948년부터 1959년까지 개최했다. 그는 올림픽을 염두에 두고 1948년 런던올림픽 개막일에 맞춰 대회를 열었고, 1952년 대회부터는 영국뿐만 아니라 네덜란드를 참가시키면서 국제대회로 만들었으며, 나중에는 국제척수장애자경기연맹(International Stoke Mandeville Games Federation, ISMGF)을 창립했다. 1956년 올림픽과의 연계를 생각한 구트만은 세계재향군인회(World Veteran Federation)의 도움으로 1960년 로마에서 대회를 열 수 있었고, 1964년에도 도쿄에서 이를 개최할 수 있었다. 하지만 IOC는 올림픽 명칭의 사용을 거부했고, 대회 장소도 올림픽 경기 장소와 달랐다. 1968년에는 멕시코시티의 거부로 개최 장소가 텔아비브에서 열렸고, 1972년 대회부터는 개최국 내 다른 도시에서 열리는 방식을 취했다. 1980년에는 자국에 장애인이 없다는 이유로 소련이 개최를 거부해 네덜란드에서 치러지기도 했다.
그 와중에도 패럴림픽은 꾸준히 확대됐다. 1960년대 이후 절단 및 기타장애인경기연맹(ISOD), 뇌성마비경기연맹(CP-ISRA), 시각장애인경기연맹(IBSA), 정신장애인경기연맹(INAS-FMH), 청각장애인경기연맹(CISS) 등이 만들어졌고, 1976년부터는 이들을 포괄하는 대회가 열렸다. 이에 따라 1960년대 수백 명에 불과하던 출전자는 1970년대에 1,500명 내외, 1980년대에 2,500명 내외로 확대됐다. IOC는 1976년부터 올림픽 명칭 사용을 허락했고, 1982년에는 이들 단체 사이의 협의체(International Coordinating Committee)도 만들어졌다. 한국은 1965년부터 ISMGF에 가입했고 1968년 패럴림픽부터 탁구와 양궁 두 종목에서 참가했다.

패럴림픽의 역사에 관해서는 다음을 참조했다. Ian Brittain, *The Paralympic Games Explained*, Routledge, 2016, pp. 20~32; Gudrun Doll-Tepper, "Disability sport" in Jim Riodan and Arnd Krüger eds., *The International Politics of Sport in the Twentieth Century*, Taylor & Francis, 1999, pp. 177~190; Nigel Thomas and Andy Smith, *Disability, Sport and Society: An Introduction*, Routledge, 2008, pp. 116~134.

7   국무총리행정조정실, 〈88국제신체장애자올림픽 서울개최문제〉, 1983년 4월 21일, 국가기록원 공문서 번호 BA0883910.

8   국무총리행정조정실, 〈88장애자올림픽개최검토보고(보사부)〉, 1983년 8월 31일, 국가기록원 공문서 번호 BA0883910; 보건사회부, 〈88장애자올림픽 아국개최 결정 보고〉, 1984년 1월 25일, 국가기록원 공문서 번호 BA0883910.

9   서울장애자올림픽대회조직위원회, 〈서울장애자올림픽대회조직위원회설립계획〉, 1984년 6월, 국가기록원 공문서 번호 BA0883910.

10 서울특별시 교육위원회,《올림픽교육자료》, 1984, 238쪽.

11 문화공보부, 앞의 책, 1981, 38~39쪽.

12 박명규의 연구에 의하면 현대 한국에서 '시민' 개념은 일반적으로 정치적 주체성과 관련 있다. 시민은 1970년대 이후 부당한 지배에 저항하는 주체에서 출발해, 점진적 개혁을 이끄는 중산층 주체, 공적 영역과 정치공동체에 적극적으로 참여하는 주체 등을 가리키는 방식으로 변모해왔다. 이에 대해서는 박명규, 앞의 책, 2009, 236~251쪽 참조.

13 노르베르트 엘리아스,《문명화과정 I》, 박미애 옮김, 한길사, 1996.

14 사회정화위원회,《86,88대비 의식개혁 교육 교재: 호돌이의 손님맞이》, 1986, 96, 119쪽.

15 빅터 터너, 앞의 책, 2014, 176~182쪽.

16 서울특별시 교육위원회, 앞의 책, 1984, 240쪽.

17 《올림픽서울》 1985년 10월호, 23쪽.

18 사회정화위원회, 앞의 책, 1986, 148쪽.

19 내무부,《새마을운동》, 1982, 244쪽.

20 《월간 말》 1986년 5월호, 1986, 50면.

21 《동아일보》, 1981년 10월 2일자, 9면.

22 범민족올림픽추진중앙협의회, 앞의 책, 1988, 150~152쪽.

23 전두환, "1982년도 국정연설(국회의사당)"(1982년 1월 22일), 행정안전부 대통령기록관. https://www.pa.go.kr/research/contents/speech/index.jsp (2025년 6월 9일 검색)

24 Lisa Kim Davis, Op. Cit., 2007.

25 대검찰청, 〈서울올림픽 및 아시아 경기대회 준비 세부 시행계획 제출〉, 1982년 3월 10일, 국가기록원 공문서 번호 CA0030176.

26 국무총리행정조정실, 〈86·88대회 올림픽관련 대통령각하 지시사항〉, 1985년 1월 30일, 국가기록원 공문서 번호 BA0883743.

27 《동아일보》, 1982년 3월 15일자, 11면.
28 《경향신문》, 1983년 7월 12일자, 7면.
29 《매일경제》, 1981년 10월 1일자, 2면.

6장. 배우를 만들다

1 김명연, 〈형제복지원 사건과 국가책임〉(발표문),《형제복지원 사건 진실규명 및 해결 방안 모색을 위한 토론회 자료집》, 인권연구소 창, 2013, 91쪽.

2 김재완, 〈형제복지원 인권침해불법행위 사건의 책임, 기억 그리고 미래〉,《민주법학》 57권 57호, 민주주의법학연구회, 2015, 24쪽.

3 이소영, 〈"건전사회"와 그 적들: 1960-80년대 부랑인단속의 생명정치〉,《법과사회》 51권 51호, 법과사회이론학회, 2016, 47쪽; 내무부, 〈1982년 주요업무계획〉, 1982년 2월, 국가기록원 공문서 번호 BA0852144.

4 《매일경제》, 1981년 11월 21일자, 11면.

5 보건사회부, 〈1982년 주요업무계획〉, 1982년 2월, 국가기록원 공문서 번호 BA0852150.

6 보건사회부, 〈1983년 주요업무계획〉, 1983년 2월, 국가기록원 공문서 번호 BA0852183.

7 보건사회부, 〈1984년 주요업무계획〉, 1984년 2월, 국가기록원 공문서 번호 BA0852221.

8 김동인, 〈부랑인복지정책의 전개과정에 관한 연구〉, 경남대학교 행정대학원 석사학위 논문, 2008, 71쪽.

9 안창모, 〈세계로 열린 창: 올림픽과 도시·건축의 변화〉,《建築士》 2006권 9호, 대한건축사협회, 2006, 76쪽.

10 국무총리행정조정실, 〈86아시아·88올림픽 추진상황보고시 대통령각하 지시(83.4.15)〉, 1983년 4월 15일, 국가기록원 공문서 번호 BA0883743.

11 손정목,《서울 도시계획 이야기 3》, 2003, 200쪽.

12 같은 책, 204쪽.

13 한국토지개발공사,《양동 제4·5지구재개발사업기본계획》, 1984, 55~56쪽.

14 법무부, 〈1982년도 주요업무계획〉, 1982년 2월, 국가기록원 공문서 번호 BA0852135.

15 대검찰청, 〈서울올림픽 및 아시아 경기대회 준비 세부 시행계획 제출〉, 1982년 3월 10일, 국가기록원 공문서 번호 CA0030176.

16 법무부, 〈1983년도 주요업무계획〉, 1983년 2월, 국가기록원 공문서 번호 BA0852178.

17 법무부, 〈1986년도 주요업무계획〉, 1986년 1월, 국가기록원 공문서 번호 CA0043487.

18 법무부, 〈올림픽저해사범 단속보고 및 외국인범죄사건처리〉, 1986년 6월 9일, 국가기

록원 공문서 번호 DA0341204.
19 대검찰청,〈86아시안게임 저해사범 단속〉, 1986년 5월 19일, 국가기록원 공문서 번호 CA0030232.
20 대검찰청,〈올림픽저해사범 단속보고 및 외국인범죄사건처리〉, 1986년 6월 12일, 국가기록원 공문서 번호 DA0341204.
21 《동아일보》, 1988년 5월 4일자, 15면.
22 문철호 기자, "검찰의 올림픽 저해 사범 집중 단속 결과 저해 사범 감소",《MBC뉴스》, 1988년 8월 25일자.
23 이선명 기자, "올림픽 대비 경찰 범죄소탕 70일 작전 중간 점검",《MBC뉴스》, 1988년 7월 11일자.
24 강성주 기자, "이종남 검찰청장, 전국 경찰에 올림픽대비 범죄단속 지시",《MBC뉴스》, 1988년 9월 7일자.
25 《경향신문》, 1987년 2월 20일자, 1면.
26 《동아일보》, 1987년 4월 11일자, 1면.
27 부서 미상,〈88서울올림픽대비 범죄단속계획〉, 1988년 5월 9일, 국가기록원 공문서 번호 BA0410668.
28 《한겨레신문》, 1988년 7월 1일자, 7면.
29 총무처,〈올림픽평화구역설정공고〉, 1988년 8월 19일, 국가기록원 공문서 번호 BA0196979.
30 조복순,〈올림픽평화구역내집회·시위금지〉,《법제》, 1988년 9월.
31 "포스터 컬렉션", 행전안전부 국가기록원. https://theme.archives.go.kr/next/stampPoster/stampPosterDetail.do?stampPosterId=DH50004239&stampPosterType=N&year=ALL (2025년 6월 9일 검색)
32 전국노동운동단체협의회·민주통일민중운동연합·민주화실천가족운동협의회·서울민족민주운동협의회준비위원회, "평화의 제전 올림픽을 빙자한 폭력적 민중 생존권 탄압을 즉각 중단하라!" 1988년 8월 20일, 민주화운동기념사업회 오픈아카이브 자료 번호 00837054.
33 서울지역총학생회연합북부지구, "독재안정화 기도, 88올림픽", 1988, 민주화운동기념사업회 오픈아카이브 자료 번호 00098076.
34 《동아일보》, 1981년 12월 16일자, 7면.
35 《중앙일보》, 1981년 12월 16일자, 1면.
36 서울특별시, 앞의 책, 1990, 989쪽.
37 범민족올림픽추진중앙협의회, 앞의 책, 1988, 62~63쪽.
38 같은 책, 64쪽
39 같은 책, 84~85, 125~127, 202쪽.

40 체육부,《서울아시아경기대회 백서 3: 여건조성편》, 1987, 41쪽; 범민족올림픽추진중앙협의회, 같은 책, 203쪽.
41 금성출판사에서 발간된《달려라 호돌이》시리즈는 엮은이를 범민족올림픽추진중앙협의회로 표기함으로써, 해당 조직이 출판을 주도했음을 공식화했다. 이 시리즈는 1997년부터 '호돌이의 세계여행'이라는 시리즈로 재출간됐다.
42 사회정화위원회,《정화》1982년 3월호, 1982, 12~18쪽.
43 사회정화위원회, 앞의 책, 1988, 98~112쪽.
44 같은 책, 130쪽.
45 같은 책, 141쪽.
46 같은 책, 130~149쪽.
47 《중앙일보》, 1983년 6월 3일자, 7면.
48 사회정화위원회, 앞의 책, 1988, 109쪽.
49 같은 책, 352, 358, 431쪽.
50 《동아일보》, 1982년 9월 27일자, 8면.
51 《매일경제》, 1982년 10월 14일자, 1면.
52 《경향신문》, 1983년 5월 21일자, 1면.
53 《동아일보》, 1983년 10월 6일자, 1면.
54 사회정화위원회, 앞의 책, 1988, 110~111쪽.
55 《새마을스포츠》1982년 11월호, 1982, 24쪽.
56 사회정화위원회, 앞의 책, 1988, 110쪽.
57 《새마을스포츠》1982년 11월호, 1982, 24쪽.
58 《새마을스포츠》1984년 11월호, 1984, 29쪽.
59 《동아일보》, 1983년 10월 12일자, 9면.
60 김용택,〈팔유팔파〉,《창작과 비평》통권 57호, 창작과비평사, 1985, 152~153쪽.
61 《월간 말》1986년 9월호, 1986, 21면.
62 노르베르트 엘리아스, 앞의 책, 2003, 212~231쪽; 노르베르트 엘리아스, 앞의 책, 1999, 327~382쪽.
63 윤충로,〈새마을운동 이후의 새마을운동: 1980년대를 중심으로〉,《사회와역사》109권 109호, 한국사회사학회, 2016, 215쪽.
64 내무부, 앞의 책, 1982, 244~245쪽; 내무부,《새마을운동》, 1983, 255~257쪽; 내무부, 《새마을운동》, 1984, 270~272쪽; 내무부,《새마을운동》, 1985, 130~135쪽.
65 내무부,《새마을운동》, 1986, 135쪽.
66 내무부,《새마을운동》, 1987, 186쪽.

67 사회정화위원회, 앞의 책, 1988, 135~137쪽.

68 같은 책, 144~147쪽.

69 범민족올림픽추진중앙협의회, 앞의 책, 1988, 51~53쪽.

70 같은 책, 143~163쪽.

71 《경향신문》, 1983년 6월 2일자, 9면.

72 노르베르트 엘리아스, 앞의 책, 2003, 39쪽.

73 바네사 R. 슈와르츠, 《구경꾼의 탄생: 세기말 파리, 시각문화의 폭발》, 노명우·박성일 옮김, 마티, 2006, 53~54쪽.

74 Tony Bennett, *The Birth of the Museum: History, Theory, Politics*, Routledge, 1995, pp. 63~69.

75 《경향신문》, 1975년 12월 9일자, 8면.

76 "설립동기", 사단법인 한국여가문화지도자연합회. http://rec1966.or.kr/bbs/content.php?co_id=rec1_2 (2025년 6월 9일 검색)

77 1975년 롯데는 프로팀 전환을 염두에 두고 실업야구팀을 창단했고, 재일교포 사업가였던 홍윤희가 프로야구 계획서를 정부에 제출한 적 있었다. 하지만 당시 정부는 프로야구에 부정적이었다. 이에 관해서는 김지영·하웅용, 〈프로야구의 프로메타우스, 롯데 자이언트 실업야구 팀〉, 《한국체육사학회지》 19권 2호, 한국체육사학회, 2014, 175~190쪽; 심은정, 〈제5공화국 시기 프로야구 정책과 국민여가〉, 《역사연구》 26호, 역사학연구소, 2014, 197~238쪽; 강지웅, 〈5공의 3S 정책, 스포츠로 지배하라〉, 정길화·김환균 외, 《우리들의 현대침묵사: 한국현대사 미스터리 추적》, 해냄, 2006, 85쪽 참조.

78 심은정, 같은 글, 207쪽; 강지웅, 같은 책, 85쪽.

79 1982년 출범 당시 프로야구팀을 운영하는 기업은 MBC, 두산그룹, 롯데그룹, 삼성그룹, 해태그룹, 삼미그룹이었고, 1983년 프로축구팀을 운영한 기업은 대우그룹, 선경그룹, 포항제철이었으며, 1984년에는 럭키금성그룹과 현대그룹이 추가됐다. 프로씨름은 럭키금성그룹, 현대그룹, 일양약품, 보해양조 등이 참가했다. 프로배구는 현대, 럭키금성, 한진, 고려증권, 미도파, 선경, 한일합섬, 효성그룹, 롯데, 국제그룹 등이, 프로농구는 기아, 현대, 삼성, 코오롱, 태평양, 한국화장품, 선경 등이 참여했다.

80 《새마을스포츠》 1986년 1월호, 1986, 60~62쪽.

81 《동아일보》, 1983년 8월 11일자, 9면.

82 《경향신문》, 1983년 11월 14일자, 7면.

83 《매일경제》, 1983년 9월 22일자, 11면; 노동부, 〈1983년 주요업무계획〉, 1983년 2월, 국가기록원 공문서 번호 BA0852187; 노동부, 〈1984년 주요업무계획〉, 1984년 2월, 국가기록원 공문서 번호 BA0852228; 노동부, 〈1985년 주요업무계획〉, 1985년 2월, 국가기록원 공문서 번호 BA0852261.

84 이 프로그램에 대한 기록은 거의 없지만, 1992년 8월 16일 방영분은 온라인으로 확인할 수 있다. "행운의 스튜디오 /삼호주택 VS 장인가구 [김비서 외전] KBS

1992.8.16 방송", 《KBS 같이삽시다》, 2021년 5월 25일. https://www.youtube.com/ watch?v=sWBVkJIG-RE&t=59s (2025년 6월 9일 검색)

85 "대한뉴스 제 1647호-여가선용 큰잔치"(1987년 6월 3일), 《KTV 아카이브》, 2017년 1월 2일. https://youtu.be/eRKdctEW2HQ?si=MsJFml0GoORXcduk (2025년 6월 9일 검색)

86 범민족올림픽추진중앙협의회, 앞의 책, 1988, 89, 96쪽.

87 《경향신문》, 1984년 8월 8일자, 12면; 《매일경제》, 1985년 11월 26일자, 12면.

88 문옥배, 《한국 금지곡의 사회사》, 예솔, 2004, 174쪽.

89 이영미, 〈가요로 본 해방 50년〉, 《역사비평》 29호, 역사문제연구소, 1995, 260쪽.

90 사회정화위원회, 앞의 책, 1988, 336, 360, 367, 392쪽.

91 범민족올림픽추진중앙협의회, 앞의 책, 1988, 116쪽.

92 두 곡 모두 당대 가장 유명한 작사가였던 박건호가 가사를 썼다.

7장. 무대를 만들다

1 발터 벤야민, 앞의 책, 2005, 461~523쪽; 수잔 벅 모스, 《발터 벤야민과 아케이드 프로젝트》, 김정아 옮김, 문학동네, 2004, 115쪽.

2 鹿島茂, Op. Cit., 2000.

3 John J. MacAloon, Op. Cit., 1981, pp. 97~100, 151~152.

4 《동아일보》, 1983년 9월 26일자, 5면.

5 박길성, 앞의 책, 1999, 39, 43쪽.

6 한상진, 앞의 책, 1992, 68쪽.

7 손정목, 《서울 도시계획 이야기 2: 서울 격동의 50년과 나의 증언》, 한울, 2003, 99쪽.

8 장세훈, 〈불량 주택 재개발 정책의 개선 방향에 관한 연구〉, 《사회와역사》 43권, 한국사회사학회, 1994, 161~162쪽.

9 조희연, 역사문제연구소 기획, 《박정희와 개발독재시대: 5·16에서 10·26까지》, 역사비평사, 2007, 118~125쪽.

10 1971년과 1972년의 도시계획법 개정은 재개발사업 절차를 법으로 규정하고 사업지구를 지정할 수 있도록 했다. 또한 1973년 만들어진 '주택개량에 관한 임시조치법'은 주민의 재원으로 무허가주택의 재개발사업을 가능하게 만들었다. 1976년에는 아예 도시재개발법을 제정했다. 이와 관련해서는 다음을 참조. 손정목, 《서울 도시계획 이야기 2》, 2003, 162~165쪽; 장세훈, 앞의 글, 1994, 162쪽; 윤일성, 〈서울시 도심재개발 30년: 특성과 전개과정〉, 《사회조사연구》 16권 1호, 부산대학교 사회과학연구원, 2001, 6쪽.

11 Erik Mobrand, "Struggles over Unlicensed Housing in Seoul, 1960-80", *Urban Studies*, Vol. 45, No. 2, 2008, p. 380.

12　손정목,《서울 도시계획 이야기 2》, 2003, 186쪽.
13　장세훈, 앞의 책, 1998, 271쪽.
14　서울특별시, 앞의 책, 1990, 642~645쪽.
15　같은 책, 646쪽.
16　안창모, 앞의 글, 2006, 76쪽.
17　《경향신문》, 1984년 12월 17일자, 11면.
18　서울특별시, 앞의 책, 1990, 650쪽.
19　오금동세입자일동, "호소문[올림픽공원 및 재개발지역 오금동일대 철거에 대한 내용]", 1986년 6월 21일, 민주화운동기념사업회 오픈아카이브 자료 번호 00104315.
20　김정남, 앞의 책, 2005, 658쪽.
21　한주형 기자, "물난리가 일상인 무허가 판자촌…올림픽 덕에 천지개벽했다는데 [사연]",《매일경제》, 2023년 12월 13일자.
22　장세훈, 앞의 책, 1998, 260~266쪽.
23　강준만,《한국 현대사 산책 1980년대편 4권: 광주학살과 서울올림픽》, 인물과사상사, 2003, 72쪽.
24　Lisa Kim Davis, Op. Cit., 2007.
25　소공동 구역(현재의 더 플라자 호텔 서울)은 외국인의 시선이 도심재개발에 영향을 미친 선구적 사례라 할 수 있다. 1966년 10월 린든 존슨 미국 대통령의 방한과 환영행사는 미국에도 텔레비전으로 중계됐는데, 이때 서울시청 주변의 슬럼지대가 화면에 고스란히 비쳤다. 방송을 본 재미교포들은 박정희 대통령에게 진정서를 넣었고, 이를 계기로 서울시청 근처의 슬럼을 재개발하는 작업이 진행됐다. 이에 관해서는 서울시정개발연구원·서울시립대학교 서울학연구소,《서울 20세기: 100년의 사진기록》, 2000, 269쪽; 윤일성, 앞의 글, 2001, 12쪽 참조.
26　서울특별시, 〈1983년 주요업무계획〉, 1983년 2월, 17쪽, 국가기록원 공문서 번호 BA0852191.
27　《경향신문》, 1985년 12월 4일자, 10면.
28　손정목,《서울 도시계획 이야기 2》, 2003, 187쪽.
29　《매일경제》, 1982년 8월 21일자, 10면.
30　손정목,《서울 도시계획 이야기 3》, 2003, 180~185쪽.
31　서울특별시, 앞의 책, 1990, 631쪽.
32　윤일성, 앞의 글, 2001, 11쪽.
33　서울역사박물관,《88서울올림픽, 서울을 어떻게 변화시켰는가》, 2017, 188쪽.
34　《한국일보》, 1983년 7월 22일자, 5면.
35　손정목,《서울 도시계획 이야기 2》, 2003, 187쪽.

36 《동아일보》, 1983년 7월 20일자, 1면.
37 손정목,《서울 도시계획 이야기 2》, 2003, 194쪽.
38 같은 책, 187쪽.
39 서울특별시, 앞의 책, 1990, 632쪽.
40 손정목,《서울 도시계획 이야기 3》, 2003, 217쪽.
41 서울특별시, 〈국립경기장 등 추진계획〉, 1982년 7월, 국가기록원 공문서 번호 BA0883817.
42 국무총리행정조정실, 〈올림픽 아시안게임 주요시설 배치·조정 방안 보고시 지시사항〉, 1982년 6월 23일, 국가기록원 공문서 번호 BA0883743.
43 국무총리행정조정실, 〈올림픽 및 아시안게임 주요시설배치 조정방안 시달〉, 1982년 6월 28일, 국가기록원 공문서 번호 BA0883817.
44 국무총리행정조정실, 〈대통령각하 지시 및 훈시(올림픽 관련)〉, 일자 미상, 국가기록원 공문서 번호 BA0883743.
45 국무총리행정조정실, 〈대통령각하에 대한 서울올림픽 준비추진상황 중간보고결과〉, 1981년 12월 17일, 국가기록원 공문서 번호 BA0883743.
46 아시아선수촌은 38평형 317세대, 47평형 18세대, 52평형 321세대, 57평형 447세대, 66평형 252세대로 구성됐고, 올림픽선수촌은 25평형 43세대, 29평형 25세대, 33평형 33세대, 34평형 1,933세대, 39평형 1,434세대, 43평형 42세대, 47평형 818세대, 49평형 516세대, 50평형 50세대, 52평형 338세대, 53평형 348세대, 57평형 172세대, 64평형 238세대로 구성됐다. 올림픽훼밀리타운아파트는 32평형 1,500세대, 43평형 900세대, 49평형 1,416세대, 56평형 558세대, 68평형 120세대로 구성됐다. 서울특별시,《제10회 서울아시아경기대회 백서》1987, 315~316쪽; 서울특별시, 앞의 책, 1990, 517쪽; 서울올림픽조직위원회, 앞의 책, 1989, 520쪽 참조.
47 조성룡, "잠실의 탄생과 아시아선수촌아파트",《웹진 民硏》47호, 2015년 3월.
48 우규승, 〈1988올림픽선수·기자촌 설계〉,《플러스》17호, 1988, 85쪽.
49 김백영, 앞의 글, 2017, 93쪽.
50 서울특별시,《잠실지구 도시설계》, 1983, 186~188쪽.
51 서울특별시,《테헤란로 도시설계》, 1984, 8쪽.
52 서울시는 이 제도를 통해 1983년 잠실지구 도시설계를, 1984년 테헤란로 설계를, 1985년 한국종합무역센터와 가락지구 도시설계를 완료했으며, 롯데잠실개발계획도 수립했다. 이건호, 〈1. 도시정책과 제도도입 상황〉,《한국도시설계사: 1960년대-2010년》, 보성각, 2012, 72~75쪽 참조.
53 서울특별시, 앞의 책, 1984, 71, 104쪽.
54 《경향신문》, 1986년 1월 27일자, 10면.
55 《동아일보》, 1988년 7월 15일자, 9면.

56 손정목, 《서울 도시계획 이야기 3》, 2003, 88쪽.
57 《한겨레신문》, 1989년 5월 17일자, 5쪽.
58 조나단 크래리, 《관찰자의 기술: 19세기의 시각과 근대성》, 임동근·오성훈 외 옮김, 문화과학사, 2001, 106~149쪽.
59 수잔 벅 모스, 앞의 책, 2004, 115쪽.
60 발터 벤야민, 앞의 책, 2005, 91~112쪽.
61 데이비드 하비, 《모더니티의 수도 파리》, 김병화 옮김, 생각의 나무, 2005.
62 문화공보부, 〈1983년 주요업무계획〉, 1983년 2월, 국가기록원 공문서 번호 BA085 2186.
63 국립민속박물관, 《세계와 함께 나눈 한국문화: 산공 강신표 올림픽 문화학술운동》, 2010, 260~261쪽.
64 《중앙일보》, 1986년 8월 9일자, 7면.
65 편집부, 〈예술의 전당〉, 《건축문화》 43호, 1984, 8쪽.
66 서울특별시, 《율곡로·대학로 도시설계》, 1985, 6쪽.
67 서울특별시, 앞의 책, 1990, 897~898쪽.
68 서울특별시, 같은 책, 681, 934~936쪽; 양은희, 〈기억, 욕망 그리고 스펙터클: 국립현대미술관 만들기〉, 《현대미술사연구》 22권 22호, 현대미술사학회, 2007, 178, 183쪽.
69 서울특별시, 《잠실지구 도시설계》, 1983, 15쪽.
70 김병도·주영혁, 《한국 백화점 역사》, 서울대학교출판부, 2006, 151쪽.
71 《경향신문》, 1977년 4월 4일자, 1면; 《동아일보》, 1981년 10월 8일자, 3면.
72 서여림·김기호, 〈1960년대 이후 도시기본계획이 서울 도시공간구조 변화에 미친 영향: '다핵도심구상'의 실천을 중심으로〉, 《도시설계》 17권 3호, 한국도시설계학회, 2016, 15~16쪽.
73 《매일경제》, 1982년 6월 23일자, 11면.
74 《동아일보》, 1983년 1월 21일자, 10면.
75 《매일경제》, 1984년 2월 15일자, 11면.
76 《동아일보》, 1983년 1월 21일자, 11면.
77 김병도·주영혁, 앞의 책, 2006, 166쪽.
78 《동아일보》, 1979년 11월 23일자, 7면.
79 《매일경제》, 1981년 11월 5일자, 11면.
80 김미영, 〈호텔과 '강남의 탄생'〉, 《서울학연구》 62권 62호, 서울시립대학교 서울학연구소, 2016, 8쪽.
81 "Leni Riefenstahl - Olympia: Fest der Völker (1. Teil) - HD - Berlin 1936", 《Leni Riefenstahl》, 2024. 04. 25. https://youtu.be/BSyy-B4JcF4?si=iIDiGCkM3d3KKJhZ

(2025년 6월 9일 검색)

82 '미관지구'란 미관유지나 건축미 등을 보전하고 증진할 목적으로 일정구역을 획정한 곳을 가리킨다. 지방자치단체 조례로 건축행위의 제한을 두는데, 다음과 같이 총 다섯 가지가 있다. ① 제1종미관지구: 토지의 이용도가 극히 높은 상업지역의 미관을 유지하기 위하여 필요할 때, ② 제2종미관지구: 토지의 이용도가 비교적 높은 상업지역의 미관을 유지하기 위하여 필요할 때, ③ 제3종미관지구: 관광지 또는 사적지의 미관을 유지하기 위하여 필요할 때, ④ 제4종미관지구: 한국 고유의 건축양식을 보존하거나 전통적 미관의 유지를 위하여 필요할 때, ⑤ 제5종미관지구: 제1종 내지 제4종미관지구 외에 그 도시의 미관을 유지하기 위하여 필요할 때. 규정에 관해서는 다음을 참조. 이규환,《한국도시행정론: 이론과 실제》, 법문사, 2000, 386쪽.

83 김백영, 앞의 글, 2017, 81쪽.

84 문화공보부, 〈문화재지정에 따른 협의〉, 1981년 12월 16일, 국가기록원 공문서 번호 BA0113497.

85 국무총리행정조정실, 〈국립경기장부지활용방안 확정을 위한 실무회의〉, 1982년 6월 14일, 국가기록원 공문서 번호 BA0883773; 국무총리행정조정실, 〈올림픽 및 아시안게임 주요시설배치 조정방안〉, 1982년 6월 23일, 국가기록원 공문서 번호 BA0883773.

86 손정목,《서울 도시계획 이야기 5》, 2003, 49~52쪽.

87 서울특별시, 〈지장물철거현황〉, 1984년 10월 2일, 국가기록원 공문서 번호 BA0113489.

88 손정목,《서울 도시계획 이야기 5》, 2003, 52~53쪽.

89 대한민국 정부,《관보》제9199호, 1982, 7~11쪽.

90 서울특별시, 앞의 책, 1990, 449쪽.

91 서울특별시, 앞의 책, 1987, 281쪽.

92 국무총리행정조정실, 〈국립경기장민원관계철〉, 1984, 국가기록원 공문서 번호 BA0113489.

93 서울특별시, 앞의 책, 1987, 281쪽.

94 서울올림픽조직위원회, 앞의 책, 1989, 174쪽.

95 1972년 뮌헨올림픽의 올림픽공원에 대해서는 Kay Schiller and Christo-pher Young, Op. Cit., 2010, p. 53, 227 참조. 설계 취지에 대해서는 곽영훈, 〈환경도시 서울을 꿈꾸며: 서울 철학자님들에게 보내는 편지〉,《철학과현실》54호, 철학문화연구소, 2002, 115쪽 참조.

96 《올림픽소식》, 1984년 4월, 16면.

97 박세직, 앞의 책, 1990, 116쪽.

98 손정목,《서울 도시계획 이야기 5》, 2003, 70~71쪽.

99 군인들의 압력으로 조형물의 크기가 거대해지자 시민사회는 50억 원에서 200억 원으

로 비용이 증가했다는 점과, 조형물이 주변 환경과 어울리지 않는다는 점을 들어 비판을 제기했다. 이에 서울올림픽 조직위원회는 70억 원 예산으로 설계변경을 의뢰, 높이와 너비 각 32미터에 폭 45미터로 변경됐다. 서울시장과 대통령의 검토를 명분으로 공사 시작 3개월 후인 1987년 4월 공사가 다시 중지됐고, 1987년 9월에 가서는 박물관 시설 제외를 이유로 다시 규모를 줄여 높이와 너비 각 24미터에 폭 37미터 크기로 최종 확정됐다. 이에 관해서는 다음 기사를 참조. 《동아일보》, 1986년 1월 23일자, 3면; 《경향신문》, 1986년 4월 18일자, 7면; 《동아일보》, 1987년 9월 10일자, 10면.

100 서울올림픽조직위원회, 앞의 책, 1989, 814쪽.

101 이상연, 〈'올림픽기획단'출범과 올림픽 시설〉, 서울특별시 시사편찬위원회 엮음, 앞의 책, 2013, 91~92쪽.

102 국무총리행정조정실, 〈대통령각하 지시 및 훈시(올림픽 관련)〉, 일자 미상, 국가기록원 공문서 번호 BA0883743.

103 서울특별시, 《한강종합개발 기본계획 보고서 요약》, 1983, 6쪽. 한강의 골재 채취를 제안한 것은 정주영으로 전해진다. 서울올림픽 유치를 위해 방문한 바덴바덴의 오스강 운하(Oos Kanal)를 보고 아이디어를 얻은 그는, 이른바 '중동붐'이 끝나가던 시점에서 건설업을 회생시키려고 골재 채취를 통해 올림픽 유치 활동에 대한 보상을 얻고자 이를 제안한 것으로 알려져 있다. 이에 관해서는 이방원, 앞의 책, 1989, 78~79쪽 참조.

104 전두환, 《전두환 회고록 2》, 2017, 556~557쪽.

105 서울특별시, 《한강종합개발사업 건설지》, 1988, 8~9쪽.

106 이상연, 앞의 책, 2013, 93~94쪽.

107 서울특별시, 앞의 책, 1990, 590쪽.

108 《중앙일보》, 1984년 7월 9일자, 11면.

109 《동아일보》, 1985년 10월 9일자, 5면.

110 서울역사박물관, 앞의 책, 2017, 188~189쪽.

4부. 동시 상연: 서울올림픽의 안과 밖

8장. 목소리들이 울려 퍼지다

1 한국천주교정의평화위원회, "교회와 사회에 보내는 정평위 백서(2): 오늘의 한국 현실과 그리스도 교회의 입장", 1981년 12월, 민주화운동기념사업회 오픈아카이브 자료 번호 00869335.

2 연세대민주학우일동, "참다운 민주와 자유를 위한 투쟁의 길에서", 1983년 6월 15일, 민주화운동기념사업회 오픈아카이브 자료 번호 00840221.

3 한국가톨릭농민회 미국농축산물수입저지농성투쟁자일동, "'86아시안게임과 '88올림

픽은 우리 국민들에게 어떤 의미를 가지는가?", 1986년 9월, 민주화운동기념사업회 오픈아카이브 자료 번호 00217423. 해당 문건은 올림픽이 스포츠뿐만 아니라 성산업과도 연결된다고 간주했다. 올림픽을 유치한 이후 군인들은 "외국인에게 보여준답시고 음란비데오테이프까지 수입"했고, 이후 "우리나라 여관방마다 음란비디오가 판을 치고" 있다는 것이다.

4   재부대학총학생회, "86아시아경기대회에 대한 부산지역 대학인의 입장", 1986, 민주화운동기념사업회 오픈아카이브 자료 번호 00884287.
5   한국신보, "[신문스크랩]김영삼의장 워싱톤포스트지와 회견-정국 불안하면 올림픽 개최도 위태로워", 1985년 9월 7일, 민주화운동기념사업회 오픈아카이브 자료 번호 00860741.
6   김대중, "축사(요지)[부산 시민에게 바치는 글]", 1986년 3월 23일, 민주화운동기념사업회 오픈아카이브 자료 번호 00858813.
7   민주·통일민중운동연합, "양심수와 그 가족까지 탄압하는 미국-노태우 독재를 몰아내자", 1988년 8월 12일, 민주화운동기념사업회 오픈아카이브 자료 번호 00159373.
8   전국노동운동단체협의회·민주통일민중운동연합·민주화실천가족운동협의회·서울민족민주운동협의회준비위원회, 앞의 글, 1988년 8월 20일.
9   이병철·박양수, 〈한국 대학생의 학생운동 이념 변천에 관한 정책 연구〉,《울산대학교 연구논문집》21권 2호, 울산대학교, 1990, 12쪽. 이들 사이의 논쟁은 학생운동 세력이 전두환 '파쇼'정부에 대한 반대운동을 선도적으로 강력하게 전개할 것인가(학림-MT), 아니면 온건하더라도 대중적으로 전개할 것인가(무림-MC)를 둘러싼 데서 출발했다. 이에 대해서는 다음을 참조. 김윤철, "'NL-PD' 해묵은 갈등이 결국 진보당 발목 잡았다",《한겨레》, 2012년 6월 18일자.
10   이병철·박양수, 같은 글, 1990, 13쪽.
11   정동익,《도시빈민연구》, 아침, 1985, 152쪽; 김정남, 앞의 책, 2005, 653~655쪽.
12   《동아일보》, 1984년 8월 24일자, 11면.
13   목1동철거대책위원회, "시민에게 호소합니다", 1985년 3월 8일, 민주화운동기념사업회 오픈아카이브 자료 번호 00089563.
14   강준만,《한국 현대사 산책 1980년대편 3권: 광주학살과 서울올림픽》, 인물과 사상사, 2003, 67쪽.
15   한국교회사회선교협의회, "겨울에 어디로 가야하나? 사람이냐? 올림픽이냐?", 1985년 10월, 민주화운동기념사업회 오픈아카이브 자료 번호 00839465.
16   김정남, 앞의 책, 2005, 659쪽.
17   도시빈민공동투쟁위원회·서울시철거민협의회·전국도시노점상연합회·기독교도시빈민선교협의회·천주교도시빈민회, "반민중적 올림픽으로 탄압받는 도시빈민공동투쟁위원회 결성식 및 노점단속·강제철거 저지 결의대회", 1988년 8월 28일, 민주화운동기념사업회 오픈아카이브 자료 번호 00044502.

18 인천지역민주노동자연맹,《87·88년 정치위기와 노동운동》, 거름, 1989, 314~317쪽.
19 한국기독교사회문제연구원,《당신들의 축제: 88올림픽과 독재정권》, 민중사, 1987, 9쪽.
20 박용수, "시청 앞 광장에 집결한 박래전 열사의 장례 행렬", 1988년 6월 12일, 민주화운동기념사업회 오픈아카이브 자료 번호 00748600. 사진 제공 박용수·민주화운동기념사업회.
21 한국교회사회선교협의회, 앞의 글, 1985년 10월.
22 《중앙일보》, 1986년 8월 30일자, 6면.
23 조국의자주적평화통일을위한민주단체협의회·전국대학생대표자협의회, "단독올림픽은 우리에게 무엇을 줄 것인가", 1988년 9월, 민주화운동기념사업회 오픈아카이브 자료 번호 00184177.
24 박정미,〈발전과 섹스: 한국 정부의 성매매관광정책, 1955-1988년〉,《한국사회학》48권 1호, 한국사회학회, 2014, 235~264쪽.
25 민주쟁취국민운동제주본부, "반도의 딸 팔아먹은 매춘올림픽",《제주의 소리》9호, 1988년 10월 12일, 4쪽, 민주화운동기념사업회 오픈아카이브 자료 번호 00211843; 노영희, "매춘올림픽과 에이즈", 1988, 민주화운동기념사업회 오픈아카이브 자료 번호 00011132.
26 여성평우회, "1985.10.26.일자 올림픽 관계 기사에 대한 공개 질의서", 1985년 11월 1일, 민주화운동기념사업회 오픈아카이브 자료 번호 00202528. 해당 문건의 첫 페이지에는 문제가 된 사진이 복사돼 있다. 한국교회여성연합회 또한 "85년 10월 26일자 일간지 올림픽 관계기사에 대한 진상해명을 위한 건의문"을 체육부장관, 문화공보부장관, 청와대 비서실장, 서울올림픽 조직위원장, 내무부장관에게 발송했다. 한국교회여성연합회, "85년 10월 26일자 일간지 올림픽 관계기사에 대한 진상해명을 위한 건의문", 1985년 11월, 민주화운동기념사업회 오픈아카이브 자료 번호 00013512.
27 여성의전화, "적자올림픽, 매춘관광 성행",《베틀》통권 30호, 1988년 9월, 2쪽, 민주화운동기념사업회 오픈아카이브 자료 번호 00209885.
28 민주쟁취국민운동제주본부, 앞의 글, 1988년 10월 12일.
29 서울대학교총학생회, "88 서울올림픽은 매춘올림픽인가?-치욕적인 '기생관광'의 명소, Korea", 1988년 9월 21일, 민주화운동기념사업회 오픈아카이브 자료 번호 00869993.
30 노영희, 앞의 글, 1988.
31 여성의전화, 앞의 글, 1988년 9월.
32 서울대학교총학생회, 앞의 글, 1988년 9월 21일.
33 유춘자,〈88 서울올림픽에 바란다〉,《기독교사상》32권 6호, 대한기독교서회, 1988, 91쪽.
34 박세직, 앞의 책, 1990, 116쪽.
35 이민수,〈1980년대 한국화의 상황과 갈등: 미술의 세계화 맥락에서 한국화의 현대성 논의를 중심으로〉,《미술사논단》39호, 한국미술연구소, 2014, 127쪽.

36 김서봉,《무엇을 남겼나? 서울올림픽 미술제 백서》, 얼굴, 1989, 12쪽.
37 《중앙일보》, 1987년 7월 8일자, 6면.
38 김서봉, 앞의 책, 1989, 18, 73~77, 142~143쪽.
39 같은 책, 20~25쪽.
40 《매일경제》, 1987년 8월 7일자, 9면.
41 이민수, 앞의 글, 2014, 128쪽.
42 김서봉, 앞의 책, 1989, 91쪽.
43 같은 책, 78~99쪽.
44 같은 책, 89, 103쪽.
45 《매일경제》, 1985년 11월 26일자, 12면.
46 김민희 기자, "88서울올림픽 3-'손에 손잡고' 탄생 비화",《주간조선》, 2016년 7월 22일자.
47 《한겨레신문》, 1988년 7월 12일자, 5면.
48 폴리그램이 음반의 제작과 유통을 담당하면서 판매 수익도 가져가기로 계약했다. 다만 판매분이 100만 장을 넘으면 서울올림픽 조직위원회가 1장당 5센트를 수령하기로 했다.
49 이어령의 증언에 따르면, 모로더는 사물놀이 리듬을 적용해달라는 부탁과 작사가를 한국인으로 해달라는 부탁을 모두 거절했다. 다만 서울올림픽 조직위원회가 양보하면서 요구했던 '벽을 넘어서(Breaking down the walls)'와 '아리랑(Arirang)'이라는 가사는 포함시켰다고 한다. 김민희 기자, 앞의 글, 2016년 7월 22일자.
50 서울올림픽조직위원회, 앞의 책, 1989, 397쪽.
51 《한겨레신문》, 1988년 7월 12일자, 5면.
52 인천지역민주노동자연맹, 앞의 책, 1989, 315쪽.
53 《한겨레신문》, 1988년 7월 28일자, 5면.

9장. 또 다른 올림픽들이 개최되다

1 서상규,〈한국 마당극 공연사 연구〉,《연기예술연구》 25권 1호, 한국연기예술학회, 2022, 91~107쪽.
2 최인기,《가난의 시대: 대한민국의 도시빈민은 어떻게 살았는가?》, 동녘, 2012, 111~113쪽.
3 박선욱, "목동 상계동 철거민투쟁", 민주화운동기념사업회 오픈아카이브, 2020년 11월 4일. https://archives.kdemo.or.kr/contents/view/392 (2025년 6월 9일 검색)
4 박용수, "장기융자 임대주택 쟁취라고 쓰여진 현수막을 들고 철거촌을 돌고 있는 철거민들", 1988년 1월 8일, 민주화운동기념사업회 오픈아카이브 자료 번호 00702747. 사

진 제공 박용수·민주화운동기념사업회.
5 김수현, 〈서울시 철거민운동사 연구: 철거민의 입장을 중심으로〉, 《서울학연구》 13권 13호, 서울시립대학교 서울학연구소, 1999, 225~226쪽.
6 김영석, 《한국 사회성격과 도시빈민 운동》, 아침, 1989, 78쪽.
7 김수현, 앞의 글, 1999, 65쪽.
8 도시빈민연구소, "주거근본대책, 임대주택", 1987년 11월, 민주화운동기념사업회 오픈아카이브 자료 번호 00041986.
9 사당동세입자대책위원회, "재개발 반대 및 임대주택 쟁취를 위한 도시빈민대회", 1988년 1월 31일, 민주화운동기념사업회 오픈아카이브 자료 번호 00048077.
10 최인기, 앞의 책, 2012, 103~110쪽.
11 김영석, 앞의 책, 1989, 102~104쪽.
12 민중을 말하는 이들 중에서도 상당히 급진적이었던 사회주의노동자동맹은 1988년 6월 12일 선언서를 통해 "공동올림픽이 되건, 단독으로 치러지건 간에, 부르죠아 정부권력의 강화를 가져온다는 것을 망각한다."며 올림픽 그 자체를 비판했다. 사회주의노동자동맹, "공동 올림픽 결사반대", 1988년 6월 12일, 민주화운동기념사업회 오픈아카이브 자료 번호 00528789.
13 도시노점상연합회, "노점상의 생존권과 올림픽에 관한 공청회", 《가로수》 5호, 1988년 5월 4일, 민주화운동기념사업회 오픈아카이브 자료 번호 00120928.
14 전국도시노점상연합회, "노점상 올림픽 문화제", 1988년 9월, 민주화운동기념사업회 오픈아카이브 자료 번호 00039942.
15 김중기, "88년 서울대총학생회 후보 김중기 유세문", 조국통일범민족연합 남측본부, 1988년 3월 29일.
16 고광헌, 앞의 책, 1988, 35쪽.
17 조동엽 기자, "서울대 총학생회 발대식 및 북한의 지지 대자보", 《MBC뉴스》, 1988년 4월 6일자.
18 고광헌, 앞의 책, 1988, 36쪽.
19 강준만, 《한국 현대사 산책 1980년대편 3권》, 2003, 273쪽.
20 한상봉 기자, "그리운 조성만, 이 오월에 부활하는가", 《가톨릭뉴스 지금 여기》, 2011년 5월 15일자.
21 《샘이 깊은 물》 1988년 10월호, 1988, 128쪽.
22 고광헌, 앞의 책, 1988, 44쪽.
23 강준만, 《한국 현대사 산책 1980년대편 3권》, 2003, 274~275쪽.
24 고광헌, 앞의 책, 1988, 43~45쪽.
25 민족화합공동올림픽추진불교본부, "분단을 뛰어넘어 정토의 세계로-공동올림픽과 통일", 1988, 민주화운동기념사업회 오픈아카이브 자료 번호 00097708.

26 민족해방열사김세진·이재호열사추모사업회·민주통일민중운동연합·서울지역총학생회연합·서울민중연합·한국기독청년협의회·한국기독학생회총연맹·한국대학생불교연합회, "공동올림픽으로 조국통일의 새날을!", 1988, 민주화운동기념사업회 오픈아카이브 자료 번호 00158463.
27 민족화합공동올림픽추진불교본부, 앞의 글, 1988.
28 조국의자주적평화통일을위한민주단체협의회·전국대학생대표자협의회, 앞의 글, 1988년 9월.
29 서울지역총학생회연합북부지구, "독재안정화 기도, 88올림픽", 1988, 민주화운동기념사업회 오픈아카이브 자료 번호 00098076.
30 민족화합공동올림픽추진불교본부, 앞의 글, 1988.
31 서명인사·사회단체일동, "고 조성만 열사의 유지를 받들어 남북 공동올림픽과 6·10 남북 학생체육회담의 성사를 촉구한다", 1988년 5월 28일, 민주화운동기념사업회 오픈아카이브 자료 번호 00094207.

10장. 서울올림픽이라는 마당놀이

1 리차드 W. 파운드,《FIVE RINGS OVER KOREA: 88 서울올림픽 그 성공비화》, 최보은 옮김, 예음, 1995; 서울올림픽조직위원회,《로잔느남북체육회담 백서》, 1989.
2 서울올림픽대회조직위원회,〈'86, '88 양대회 저해활동 저지의뢰〉, 1984년 11월, 국가기록원 공문서 번호 BA0113640.
3 이영재 기자, "[외교문서] 5공 정부, 88올림픽 앞두고 'KAL기 피격사건' 수위조절",《연합뉴스》, 2017년 4월 11일자.
4 서완석 국장기자, "[즐감 스포츠] 카타리나 비트의 한국 방문",《국민일보》, 2014년 5월 15일자.
5 《경향신문》, 1985년 9월 18일자, 8면;《매일경제》, 1985년 9월 23일자, 9면;《매일경제》, 1987년 3월 6일자, 12면. 서울올림픽 준비 과정에서 사회주의권과 교류한 내용에 대해서는 김영인,〈한국의 대공산권 수교에 있어 스포츠외교의 역할에 관한 연구〉,《한국국제정치학회 60주년기념 하계학술대회 자료집》, 2016; 이방원, 앞의 책, 1989 참조.
6 Przemysław Strożek, "Envisioning the Eastern Bloc: *Nordpolitik*, sport and the visual arts at the 1988 Seoul Olympic Games", *World Art*, Vol. 13, No. 3, 2023, pp. 349~377.
7 《동아일보》, 1988년 8월 8일자, 1면;《조선일보》, 1988년 8월 9일자, 1면;《경향신문》, 1988년 8월 8일자, 1면.
8 볼쇼이 발레단 내한이 논의되기 시작한 1988년 8월 초부터 올림픽이 끝난 10월 초까지, 볼쇼이 발레단을 다룬《동아일보》기사는 약 120개,《조선일보》기사는 약 70개에 달했다. 네이버 뉴스 라이브러리. https://newslibrary.naver.com/search/searchByDate.naver (2025년 6월 9일 검색)
9 《한겨레신문》, 1988년 8월 31일자, 5면.

10 《경향신문》, 1988년 9월 3일자, 14면.

11 《매일경제》, 1988년 9월 1일자, 3면.

12 개막식의 내막을 들여다보면 '세계'라는 관객이 여전히 거대한 권력으로 자리매김하고 있음이 드러난다. 연출자들은 올림픽 관련 수익에 있어 절반 이상을 차지하리라 예상되는 미국 방송국들을 위해 1987년부터 서머타임을 실시했다. 현지 시각으로 저녁에 많은 중계가 이뤄지도록 하기 위해서였다. 개막식 또한 미국 시간으로 금요일 저녁에 방송되도록 9월 17일 토요일 오전 10시 30분부터 시작했다. "우리에게 시간은 어떤 의미?: 서머타임제", 행정안전부 국가기록원. https://theme.archives.go.kr/next/koreaOfRecord/summerTime.do (2025년 6월 9일 검색); 부서 미상, "개폐회식 개최시간에 대한 의견 통보", 1985년 11월 20일, 국가기록원 공문서 번호 BA0113835.

13 김민희 기자, "88올림픽 굴렁쇠 소년 탄생 비화", 《주간조선》, 2016년 6월 24일자. 직전 공연은 수십 개의 가면이 자욱한 안개 속을 어지럽게 돌아다니다가 태권도 시범단 1,008명이 격파 시범을 보이는 장면으로 이어졌다. 광주에 투입됐던 군부대 소속 시범단이 자욱한 안개 속을 돌아다니던 존재들이 지나간 자리에서 격파 시범을 보였다는 것은 1980년 5월 광주를 충분히 연상시킬 수 있었으나, 이에 대한 논란은 없었다.

14 작곡가 조르조 모로더는 훗날 2절 영어 가사의 대부분은 조 피줄로(Joe Pizzulo)라는 가수가 불렀고, 코리아나의 보컬은 해당 부분을 립싱크로 공연했다고 밝혔다. "the voice on the recording are not the guys, the Korean, it's him singing." Hosted by Torsten Schmidt, "Giorgio Moroder", redbullmusicacademy. https://www.redbullmusicacademy.com/lectures/giorgio-moroder (2025년 6월 9일 검색)

15 《동아일보》, 1985년 10월 9일자, 5면.

16 "Seoul 1988 Olympic Marathon | Marathon Week", 《Olympics》, 2015. 04. 22. https://youtu.be/fvLH9ut_k0Y?si=hDS94bzr0sP8C34R (2025년 6월 9일 검색)

17 레이 초우, 앞의 책, 2004, 270~271쪽.

18 인권위원회, "평화의 제전 올림픽에 보여진 미국의 모습", 1988년 9월, 민주화운동기념사업회 오픈아카이브 자료 번호 00095140.

19 하윤해 기자, "[단독] 미국·소련 맞붙은 농구 준결승전… 韓 국민들 소련 열렬히 응원", 《국민일보》, 2016년 7월 6일자.

20 《경향신문》, 1989년 9월 29일자, 1면.

21 《한겨레신문》, 1988년 8월 31일자, 5면;《한겨레신문》, 1988년 10월 4일자, 9면.

22 고광헌,〈88 올림픽은 평화의 제전이었는가〉,《기독교사상》32권 12호, 대한기독교서회, 1988, 36~43쪽.

23 이유나,〈'88선언' 전후시기 한국기독교교회협의회(KNCC)의 통일운동과 제 세력의 통일운동 전개〉,《한국기독교와역사》32호, 한국기독교역사연구소, 2010, 282~283쪽.

24 강준만,《한국 현대사 산책 1980년대편 4권》, 2003, 62~68쪽.

25 세계청년학생축전을 주관하는 조직은 '세계민주청년연맹(World Federation of Demo-

cratic Youth)'과 '국제학생연맹(International Union of Students)'이다. 세계민주청년연맹은 1945년 런던에서 반파시즘을 기치로 내건 연합군측의 청년 모임으로 시작된 단체로, 1940년대 말 냉전 국면이 전개되자 소비에트의 영향력하에 들어갔다. 한편 국제학생연맹은 나치 지배하 체코슬로바키아 학생들의 봉기를 기념하려고 1946년에 만들어진 조직으로, 사회주의권뿐만 아니라 자본주의 국가들까지 합해 43개국 62개 청년단체가 모여있었다. 하지만 냉전 국면에서 서유럽 청년단체들이 '국제학생회의(International Student Conference)'를 조직하면서 떨어져 나갔고, 체코슬로바키아와 소련 등이 재원을 조달하면서 점차 사회주의 국가들에 친화적으로 변해갔다. 냉전의 영향 속에서 1950년대 이후 세계청년학생축전은 사회주의 국가 혹은 자본주의 국가 내 사회주의 성향의 청년들이 참가하는 비정기 메가이벤트로서, 반제국주의·평화·우정 등을 모토로 내세웠다.

이 행사는 두 번(헬싱키, 빈)을 제외한 대회가 동구 사회주의 국가들에서 개최됐다. 1989년 이전 세계청년학생축전의 개최지(개최국)와 참가국·참가자 수를 일괄하면 다음과 같다. 제1회 1947년 프라하(체코슬로바키아, 71개국 1만 7,000명), 제2회 1949년 부다페스트(헝가리, 82개국 2만 명), 제3회 1951년 동베를린(동독, 104개국 2만 6,000명), 제4회 1953년 부쿠레슈티(루마니아, 111개국 3만 명), 제5회 1955년 바르샤바(폴란드, 114개국 3만 명), 제6회 1957년 모스크바(소련, 131개국 3만 4,000명), 제7회 1959년 빈(오스트리아, 112개국 1만 8,000명), 제8회 1962년 헬싱키(핀란드, 137개국 1만 8,000명), 제9회 1968년 소피아(불가리아, 138개국 2만 명), 제10회 1973년 동베를린(동독, 140개국 2만 5,600명), 제11회 1978년 아바나(쿠바, 145개국 1만 8,500명). 제12회 1985년 모스크바(소련, 157개국 2만 6,000명).

이 중에서 1973년 동베를린에서 개최된 제10회 축전이 특기할 만하다. 세계청년학생축전이 1972년 뮌헨올림픽 이듬해에 동베를린에서 개최됐고, 1988년 서울올림픽 이듬해에는 평양에서 개최되는 구도였기 때문이다. 하지만 이들 대회를 둘러싼 국제정치는 사뭇 달랐는데, 제10회 세계청년학생축전은 빌리 브란트의 동방정책과 데탕트 국면이 진행되는 도중에 개최됐기 때문이다. 동독은 1972년 뮌헨올림픽 당시 대규모 선수단을 파견했고(종합 3위), 1972년에는 동서독 사이에 협정이 맺어진 상태였으며, 이에 따라 서독의 좌파 청년단체들이 제10회 축전에 대거 참가할 수 있었다. 이에 대해서는 독일연방정치교육원이 만든 다음 자료를 참조했다. Sonja Ernst, "Das Jahr 1973: Zwei Deutschlands – Zwei Machtblöcke", Bundeszentrale für politische Bildung, 2003. 7. 17. https://www.bpb.de/themen/deutsche-teilung/weltfestspiele-73/65344/das-jahr-1973 (2025년 6월 9일 검색)

이 외에도 세계청년학생축전에 대해서는 다음을 참조. Philip G. Altbach, "The International Student Movement", *Journal of Contemporary History*, Vol. 5, No. 1, 1970, pp. 156~174; Joël Kotek, "Youth Organizations as a Battlefield in the Cold War" in Giles Scott-Smith and Hans Krabbendam eds., *The Cultural Cold War in Western Europe, 1945-1960*, Routledge, 2004; Vladimir Hlasny, "International Union of Students and the Pyonyang Youth Festival: Their Common Legacy", 《13차 세계청년학생축전 연구》(심포지움 자료집), 서울대학교 통일평화연구원, 2017; Janosch Pietrzyk, "Chronik:

Die Weltfestspiele der Jugend und Studenten von 1947 bis 2001 im Überblick", Bundeszentrale für politische Bildung, 2003. 7. 17. https://www.bpb.de/themen/deutsche-teilung/weltfestspiele-73/65343/chronik (2025년 6월 9일 검색); 국토통일원 통일연수원,《평양세계청년학생축전, 그 성격과 내용》, 1989.

26 국토통일원 통일연수원, 같은 책, 11~12쪽.

27 동용승, 〈서울올림픽 대응전략으로써의 13차 세계청년학생축전〉,《13차 세계청년학생축전 연구》, 2017, 31쪽.

28 노현종, 〈한강과 대동강의 문화·여가활동에 대한 연구: 수렴이론을 활용하여〉,《도시연구: 역사·사회·문화》37호, 2024, 37~73쪽.

29 동용승, 앞의 글, 2017, 31쪽.

30 "13th World Festival of Youth and Students (1989; French Dub)",《North Korea Film Archive》, 2021. 06. 09. https://youtu.be/37qwJHPszp8?si=-9h-W3IQGZ7w1gzg (2025년 6월 9일 검색)

31 임동우,《평양 그리고 평양 이후: 평양 도시 공간에 대한 또 다른 시각: 1953-2011》, 효형출판, 2011, 152~153쪽.

32 한겨레 사회 민족분과,《평양축전》, 죽산, 1989, 144~152쪽.

33 같은 책, 157~159쪽.

34 국토통일원 통일연수원, 앞의 책, 1989, 44쪽.

35 《동아일보》, 1989년 6월 7일자, 15면;《한겨레신문》, 1989년 6월 21일자, 1면.

36 전문환, 〈민주화운동 맥락에서의 13차 세계청년학생축전 학생과 시민사회의 대응〉,《13차 세계청년학생축전 연구》, 2017, 47~54쪽.

37 《조선일보》, 1989년 8월 1일자, 1면.

38 《월간 말》1988년 7월호, 1988, 66면.

39 국토통일원 통일연수원, 앞의 책, 1989, 9쪽.

40 김재우, 〈세계한민족체육대회에 관한 역사적 연구〉,《한국체육과학회지》16권 2호, 한국체육과학회, 2007, 24쪽.

41 체육청소년부,《체육청소년 행정10년사》, 1992, 507쪽.

42 김재우, 앞의 글, 2007, 25, 30쪽.

43 《경향신문》, 1990년 9월 22일자, 3면.

44 《동아일보》, 1990년 9월 29일자, 1면.

45 조흥식, 〈70, 80년대 산업화와 빈민〉,《역사비평》46권, 역사비평사, 1999, 200~201쪽.

46 최인기, 앞의 책, 2012, 118~119쪽.

47 전국도시빈민연합(준비위), "아시아 도시빈민 서울대회", 1989년 6월, 민주화운동기념사업회 오픈아카이브 자료 번호 00021637.

48 같은 글.
49 전국도시빈민연합 준비위원회, "아시아 도시빈민 서울대회를 "알립니다"", 1989년 6월, 민주화운동기념사업회 오픈아카이브 자료 번호 00043907.
50 ""강제철거 중단돼야" - 김수환 추기경「아시아 도시빈민 서울대회」서 강조",《가톨릭신문》, 1989년 6월 25일자, 1면.
51 《한겨레신문》, 1989년 6월 21일자, 11면.
52 《한겨레신문》, 1988년 11월 6일자, 11면.
53 김준희,〈도시공간과 노점상의 권리에 관한 연구: 1980년대 노점상운동의 형성과정을 중심으로〉,《공간과사회》36권 2호, 한국공간환경학회, 2011, 88~89쪽.
54 《한겨레신문》1989년 7월 21일자, 1면.
55 김영석, 앞의 책, 1989, 105~106쪽.
56 《한겨레신문》, 1989년 7월 21일자, 1면.
57 이영환,〈영구임대주택의 정책결정과정〉, 서울대학교 사회복지학과 박사학위논문, 1995, 90쪽.
58 김수현,〈한국 공공임대주택 정책의 전개과정과 성격〉, 서울대학교 환경대학원 박사학위논문, 1996, 117~124쪽.
59 《매일경제》, 1988년 3월 18일자, 9면; 이영환,〈영구임대주택정책 형성과정 연구〉,《사회복지연구》5권 1호, 한국사회복지연구회, 1994, 190~194쪽.
60 이영환, 같은 글, 180~181쪽.
61 이영환, 앞의 글, 1996, 61~63쪽.
62 이영아,〈한국의 빈곤층 밀집 지역 분포 및 형성 과정 고찰〉,《한국도시지리학회지》18권 1호, 한국도시지리학회, 2015, 52쪽.
63 서울시철거민협의회, "임대주택쟁취 보고 및 강제철거결사저지를 위한 1990년 서울시 철거민협의회 대중총회", 1990년 4월 20일, 민주화운동기념사업회 오픈아카이브 자료 번호 00875778.
64 이영환, 앞의 글, 1996, 41쪽.
65 이영환, 앞의 글, 1995, 120~122쪽.
66 같은 글, 115~117쪽.
67 김수현, 앞의 글, 1996, 139쪽; 김수현,〈공공임대주택 정책과 재개발사업〉,《불량주택재개발론》, 1998, 527쪽; 김수현,〈서울시 철거민운동사 연구: 철거민의 입장을 중심으로〉,《서울학연구》13권 13호, 서울시립대학교 서울학연구소, 1999, 57쪽.
68 이영환, 앞의 글, 1995, 79~80쪽.
69 주민학 기자, "올림픽 공식 주거와 도시빈민들",《월간 말》1988년 8월호, 1988, 91면.

결론. 연극이 끝나고 난 뒤: 서울올림픽과 88년 체제

1 이영환, 앞의 글, 1996, 41쪽.
2 한국토지공사,《분당신도시개발사》, 1997, 54쪽.
3 이동배·김용하,〈新都市 開發의 展開過程과 特性에 관한 研究〉,《대한건축학회논문집》35권 3호, 대한건축학회, 1991, 208쪽; 서울대학교 환경대학원 환경계획연구소,《과천신도시 중심상업지구 계획·설계·개발》, 1982, 14쪽.
4 《동아일보》, 1983년 7월 14일자, 9면.
5 《동아일보》, 1988년 2월 5일자, 9면.
6 《경향신문》, 1990년 1월 5일자, 13면.
7 한국토지공사, 앞의 책, 1997, 65~76쪽.
8 같은 책, 61쪽.
9 정윤태,〈분당, 최고의 소비도시 건설 계획의 전모〉,《사회평론》92권 4호, 사회평론사, 1996, 144~147쪽.
10 강준만,《한국 현대사 산책 1980년대편 3권》, 2003, 73~74쪽.
11 김준엽,《장정 3: 나의 대학총장시절 - 김준엽 현대사》, 나남, 1990, 376쪽.
12 같은 책, 372쪽.
13 강준만,《한국 현대사 산책 1980년대편 3권》, 2003, 200쪽.
14 《경향신문》, 1991년 1월 9일자, 7면;《매일경제》, 1991년 11월 22일자, 2면.
15 윤흥길,《말로만 중산층》, 청한문화사, 1989, 282~283쪽.
16 같은 책, 302~303쪽.
17 박영한,《우리는 중산층 1: 장미 눈뜰 때》, 세계사, 1990, 219쪽.
18 김광억,〈도시중산층의 종교생활〉,《도시중산층의 생활문화》, 한국정신문화연구원, 1992, 226쪽.
19 오자은,〈1980년대 박완서 단편 소설에 나타난 중산층의 존재방식과 윤리〉,《민족문학사연구》50권 50호, 민족문학사연구소, 2012, 237쪽.
20 발레리 줄레조,《아파트 공화국: 프랑스 지리학자가 본 한국의 아파트》, 길혜연 옮김, 후마니타스, 2007, 185~191쪽.
21 박지혁·황진태,〈수성구는 어떻게 '대구의 강남'이 되었나?〉,《지역사회학》18권 1호, 지역사회학회, 2017, 67쪽.
22 박배균·장진범,〈'강남 만들기', '강남 따라하기'와 한국의 도시 이데올로기〉,《한국지역지리학회지》22권 2호, 한국지역지리학회, 2016, 296쪽.
23 황진태,〈발전주의 도시 매트릭스의 구축: 부산의 강남 따라하기를 사례로〉,《한국지역지리학회지》22권 2호, 한국지역지리학회, 2016, 340쪽.
24 발레리 줄레조, 앞의 책, 2017, 179~182쪽.

25   이영민, 〈서울 강남 정체성의 관계적 재구성 과정 연구: 지역 구성원들의 내부적 범주화를 중심으로〉, 《한국도시지리학회지》 11권 3호, 한국도시지리학회, 2008, 7쪽.
26   박영한, 앞의 책, 1990, 134쪽.
27   박배균·장진범, 앞의 글, 2016, 296쪽.
28   박해천, 〈1980년대 중후반 아파트 거실의 사물 배치에 대한 연구: 여성지『샘이깊은물』의「볼만한 집치레」를 중심으로〉, 《디자인학연구》 31권 4호, 한국디자인학회, 2018, 189~201쪽.
29   박해천, 〈성숙기 소비 사회의 도래와 라이프스타일 개념의 도입: 1980년대 후반·1990년대 초반 한국의 디자인, 광고, 영화 사례를 중심으로〉, 《디자인학연구》 35권 1호, 한국디자인학회, 2022, 347~365쪽.
30   서종균, 〈영구임대주택, 분리와 배제의 공간〉, 《도시와 빈곤》 29권 29호, 한국도시연구소, 1997, 5~19쪽; 이영아, 앞의 글, 2015, 45~66쪽; 방준호 기자, "임대아파트 옆 섬이 된 학교", 《한겨레21》 1302호, 2020년 3월 17일자.
31   홍인옥·남원석, 《공공임대주택 입주민의 사회통합 지원방안 모색》, 보건복지부·한국도시연구소, 2003, 15쪽.
32   김성윤, 〈대도시 속의 영구임대아파트: 서울 가양동과 등촌동〉, 《문화과학》 33호, 문화과학사, 2003, 247쪽.
33   임명수 기자, "1기 신도시 첫 폐교 청솔중... 학령인구 감소 아닌 낙인효과 때문", 《한국일보》, 2024년 10월 10일자, 11면.
34   하성규, 《한국인의 주거빈곤과 공공주택》, 집문당, 2007, 265쪽.
35   서종균, 앞의 글, 1997, 17쪽.
36   요시미 슌야, 《만국 박람회 환상: 전후 정치의 주술과 시민의식》, 이종욱 옮김, 논형, 2007.
37   吉村元男, 《大阪万博が日本の都市を変えた: 工業文明の功罪と「輝く森」の誕生》, ミネルヴァ書房, 2018, p. 76.
38   Ibid., pp. 81~84.
39   정충실, 〈엑스포 70, 한국이 빌려온 미래〉, 《문화와융합》 43권 7호, 한국문화융합학회, 2021, 662~664쪽.
40   三宅博史, "オリンピック、万国博覧会開催と都市構造: 東京オリンピックと日本万国博覧会を中心に", 2005, p. 184. http://www.jsc.fudan.edu.cn/meeting/051126/%E4%B8%89%E5%AE%85%E5%8D%9A%E5%8F%B2.pdf, (2025년 6월 9일 검색)
41   김현민 기자, "노태우 시절①...대전엑스포 유치작전", 《아틀라스》, 2020년 2월 1일자.
42   국무총리행정조정실, 〈90년국제박람회개최(기본계획)(제45회)〉, 1988, 1쪽, 국가기록원 공문서 번호 BA0085301.
43   같은 글, 7쪽.

44 오명,《대전 세계 엑스포, 그 감동과 환희》, 웅진지식하우스, 2003, 15쪽.
45 대전세계박람회조직위원회,《대전세계박람회공식보고서 제1권》, 1994, 387~388쪽.
46 같은 책, 424쪽.
47 대전직할시,《대전세계박람회 지원사업 백서》, 1994, 434~436쪽.
48 대전세계박람회조직위원회, 앞의 책, 1994, 424쪽.
49 박해남, 〈동북아시아 메가이벤트와 지역 (불)균형 발전: '70 일본만국박람회와 '93 대전세계박람회를 중심으로〉,《지역사회연구》30권 1호, 한국지역사회학회, 2022b, 137쪽.
50 대전직할시, 앞의 책, 1994, 295~315쪽.
51 《중도일보》, 1995년 1월 11일자, 18면;《중도일보》, 1995년 6월 20일자, 6면.
52 오희룡 기자, ""주공아파트 아이들과 놀면 안돼!!"",《중도일보》, 2016년 5월 4일자; 진나연 기자, "대전성천초, 2027년 대전성룡초와 통폐합",《대전일보》, 2025년 1월 6일자.
53 대전직할시, 앞의 책, 1994, 438~493쪽.
54 노원명 기자, "[매경포럼] 2002 화장실 혁명, 이제는 멀어진 성취의 기억",《매일경제》, 2018년 8월 29일자.
55 Yoon Sung Choi, "Football and the South Korean Imagination: South Korea and the 2002 World Cup Tournaments" in John Horne and Wolfram Manzenreiter eds., *Football Goes East: Business, Culture and the People's Game in East Asia*, Routledge, 2004, pp. 137~145.
56 "붉은 악마와 월드컵 세대: 월드컵과 한국 사회", 행정안전부 국가기록원. https://theme.archives.go.kr/next/worldCup2009/redDevils.do (2025년 6월 9일 검색)
57 박해남, 앞의 책, 2022a, 329쪽.
58 서석주 전 고용노동부 여수지청장, "섬박람회 기본계획을 보니 초라하기 짝이 없다",《남해안신문》, 2023년 7월 28일자.
59 김준일 기자, "평창올림픽 정말 흑자일까?",《NEWSTOF》, 2018년 2월 28일자.
60 김종엽, 앞의 책, 2005, 15~22쪽.
61 김종엽,〈87년체제론의 관점에서 본 사회체제논쟁〉,《민주사회와정책연구》17권 17호, 민주사회정책연구원, 2010, 58쪽.
62 이는 프랑스의 사회학자 로베르 카스텔(Robert Castel)의 리바이어던 해석에 기초한다. 그에게 있어 홉스가 말하는 리바이어던이란 단순히 시민들로부터 절대권력을 이양받은 존재가 아니었다. 그는 리바이어던이란 근대사회로의 이행이 만들어내는 불안정성에 대응해 사회 구성원에게 보호와 안전을 제공하는 대가로 권력을 움켜쥐는 존재라고 해석한다. 이에 관해서는 Robert Castel, *L'insécurité sociale: Qu'est-ce qu'être protégé?*, Seuil, 2003, pp. 12~19 참조.
63 김종엽, 앞의 글, 2010.
64 어빙 고프먼, 앞의 책, 2016. 1장 〈공연〉과 6장 〈인상관리의 기술〉 참조.

65　김홍중, 《서바이벌리스트 모더니티》, 이음, 2024.
66　서호철, 〈통계적 규칙성과 사회학적 설명: 케틀레의 '도덕통계'와 그 영향을 중심으로〉, 《한국사회학》 41권 5호, 한국사회학회, 2007, 284~318쪽.
67　'괜찮은 일자리(decent job/decent work)'는 국제노동기구(International Labour Organization, ILO)가 고용의 질을 평가하려고 체계화한 개념이다. 충분한 고용 기회, 부당노동의 금지, 적절한 임금과 생산적 노동, 적절한 노동시간, 노동의 안정성과 안전성, 일과 가정의 양립, 고용상 공평한 처우, 안전한 작업 환경, 사회보장, 사회적 대화의 존재 및 좋은 작업장 관계, 노동에 대한 사회적 인정 등이 괜찮은 일자리를 구성하는 요소다. 이에 관해서는 다음을 참조. Richard Anker et al., *Measuring Decent Work with Statistical Indicators*, Policy Integration Department Statistical Development and Analysis Group International Labour Office, 2002.
68　김진웅 NH WM마스터즈 수석연구위원(NH투자증권 100세시대연구소장), "순자산 9.4억, 소득 686만, 소비 427만원'… 중산층이 보는 중산층", 《한국일보》, 2023년 8월 15일자.
69　박창호, 〈인터넷에서의 과시: 한국의 사회문화적 맥락과 대비하여〉, 《사회이론》 41권 41호, 한국사회이론학회, 2012, 36~67쪽; 우실하, 〈사회적 과시의 한국적 특수성과 광고: 한·독·일의 사회의식 비교조사를 바탕으로〉, 《담론 201》 11권 2호, 한국사회역사학회, 2008, 171~209쪽.
70　박해남, 〈1990년대의 국제화·세계화와 대중 민족주의〉, 《한국민족문화》 77권 77호, 부산대학교 한국민족문화연구소, 2020c, 494~499쪽.
71　《동아일보》, 1995년 1월 30일자; 《동아일보》, 1995년 2월 16일자; 《한겨레신문》, 1995년 8월 24일자.
72　서동진, 《자유의 의지 자기계발의 의지: 신자유주의 한국사회에서 자기계발하는 주체의 탄생》, 돌베개, 2009.

찾아보기

ㄱ

갑천 314, 316
강남 6, 230, 233, 234, 286, 293, 303, 316
개척단 57~59
건전가요 184, 210, 212
고프먼, 어빙 30, 52, 53, 322
광주[전라] 18, 45, 106~108, 196, 247, 278, 302
광주대단지[현 경기도 성남시] 67, 220, 227
국제올림픽위원회/IOC 16, 24, 76, 86, 92, 93, 131~137, 139, 142, 156, 282, 283
극장국가 27, 29, 33, 319
극장도시 34, 319
기어츠, 클리퍼드 27, 28
김대중 95, 193, 247, 248, 250, 275, 276
김수근 85~87
김영삼 97, 98, 193, 247, 248, 250, 275
김우중 135, 140, 160, 255
김현옥 82, 83, 219

ㄴ

내무부 훈령 제410호 55, 188

노점상 253, 254, 272, 273, 293, 295, 296
노태우 136, 156~159, 171, 172, 194, 249, 251, 255, 289, 290, 296, 297, 302, 315

ㄷ

도시관리자 22
도시성 29, 321
둔산 315, 316
뒤르켐, 에밀 5, 43
드라마투르기 26, 32, 34~37, 94, 95, 97, 99, 111, 120, 121, 125, 127, 179, 181, 187, 219, 231, 237, 269, 270, 293, 296, 302, 304, 310, 311, 313, 317, 319~322

ㄹ

리바이어던 31~34, 53, 54, 63, 64, 99, 105, 106, 111, 112, 118, 126, 131, 132, 139, 179, 180, 221, 253, 254, 256, 258, 274, 317, 321~324, 326, 328, 329

ㅁ

마당극 269, 281, 301, 320, 322

마당놀이 281, 282, 287, 301, 320, 321
마포아파트 66~68
매컬룬, 존 18, 23, 174
메가이벤트 17, 21, 27, 87, 126, 171, 289, 311, 318, 319, 325
목동 220, 222, 237, 253, 270, 303
무허가주택 46, 65~68, 182, 219, 220
문화적 공연 23, 26, 33, 174
미국 18, 25, 47, 48, 51, 53, 96, 125, 139, 150, 154, 163, 224, 251, 257~261, 266, 273, 277, 278, 282, 286, 287, 291
미장센 31, 34, 35, 219, 253, 266, 304, 307~310, 316, 320, 321, 323

ㅂ
박세직 158, 238
박정희 47, 51, 52, 54, 57, 62~64, 66, 67, 76, 77, 82, 91~97, 99, 105, 108, 126, 131
박종규 91~94, 131, 132, 138
범민족올림픽추진중앙협의회 163, 164, 180, 182, 198, 201, 203, 208, 211, 212
벤야민, 발터 30, 209, 217, 231
북한 28, 77, 79, 92, 96, 125, 140, 258, 275, 277, 287~290, 292
분당 302~304, 310

ㅅ
사회악 54~58, 60, 61, 112, 113
사회정화 56, 57, 64, 113, 116, 192
사회정화운동 28, 57, 117, 118, 162~164, 198
사회정화위원회 113, 114, 116, 117, 177, 182, 202~204, 208, 212
〈상계동 올림픽〉 20, 223
상황정의 52, 53, 110, 120
새마을운동 28, 62, 63, 114, 117, 118, 121, 159, 162~164, 178, 182, 198, 199, 202, 205~207, 210
세계화 25, 326, 327
소련 18, 282~284, 286, 291
소프트파워 25
3S 19, 210, 250
스펙터클 19, 23~25, 27~30, 33, 36, 37, 53, 54, 86, 96, 102, 111, 126, 132~134, 136, 142, 162, 168, 171, 209, 210, 212, 213, 217, 218, 225, 227, 228, 231, 235, 237~240, 251, 252, 258, 262, 266, 278, 282, 283~291, 293, 295, 297, 298, 301, ~304, 307, 312, 313, 315, 318, 319, 323
시카고학파 22
신군부 19, 36, 94, 105, 111
신도시 253, 297, 298, 302~304, 307, ~311, 315, 316, 322, 326
신도시사회학 20, 22
싱어, 밀튼 23, 26

ㅇ
아시아 도시빈민 서울대회 293, 294
아시안게임 15, 74, 80~83, 85~87,

90~92, 94, 126, 127, 132, 135, 139~141, 157, 158, 160, 190, 192, 194, 201, 232, 240, 249, 265, 285, 292, 304
에이즈 259, 261
엘리아스, 노르베르트 29, 175, 206
엥겔스, 프리드리히 44
영동 88, 89, 230, 233, 234, 303
올림픽 평화구역 195~197, 251
올림픽공원 87, 147, 222, 229, 230, 235~239, 262, 303
요시미 슌야 25
이승만 46, 50
2002년 월드컵 15, 317, 325
인천지역민주노동자연맹/인민노련 255, 266
일본 24, 25, 28, 44, 49, 74, 75, 80, 133~136, 140~146, 148, 150~152, 154~156, 163, 257, 258, 291, 292, 304, 305, 312, 313, 317
1993년 대전엑스포 313~316
1964년 도쿄올림픽 24, 25, 28, 78, 81, 133, 141~146, 148, 150, 154, 156, 162, 171, 179, 311, 312
1970년 오사카엑스포 312, 313
1988년 서울올림픽 6, 15~23, 25~37, 122, 126, 127, 135, 138, 139, 154, 156~158, 160~163, 171~174, 177, 179, 191, 193, 195, 197, 201, 203, 206, 207, 210, 211, 218, 232, 234, 238~240, 255, 256, 258, 260, 262, 263, 265, 266, 273, 275, 277, 282, 284, 287~289, 291~293, 296, 301 ~305, 311, 313, 316, 320, 321
임대주택/임대아파트 25, 119, 254, 271, 296~298, 302, 309, 310, 316

ㅈ
자유민주당/자민당[일본] 133, 142, 150, 151
잠실 84~91, 137, 223, 227~230, 232 ~234, 236, 239, 241, 255, 303
재건국민운동본부 60~62, 113, 114
전두환 106, 108~110, 113, 114, 117, 131~133, 136, 141, 154, 156, 181, 188, 204, 228, 229, 239, 240, 249, 252, 305
정주영 135, 137, 140, 159~161, 255
중산층 4, 21, 68, 123, 298, 302, 304~ 310
짐멜, 게오르크 23, 29

ㅋ
카터, 지미 95~97, 224
코리아나 266, 285
쿠베르탱, 피에르 드 27, 145, 217

ㅌ
터너, 빅터 26, 176

ㅍ
파놉티콘 59, 118

88년 체제 321, 322, 326~328
패럴림픽 173
평양 96, 140, 258, 274~278, 287~292,
294, 295
평양 세계청년학생축전 288, 289, 293
푸코, 미셸 30, 59, 118, 153, 209, 231
프로야구 115, 123, 204, 210

ㅎ
한강 83, 89, 182, 184, 208, 212, 221,
223, 236, 239~241, 286, 288, 293,
314, 316
한국전쟁/6·25전쟁 32, 45, 46, 55, 65,
182, 305, 307, 311
합동재개발 119, 221, 222
형제복지원 56, 189
홉스, 토머스 31, 53

1988 서울, 극장도시의 탄생
서울올림픽이 만든 88년 체제의 등장과 커튼콜

1판 1쇄 발행일 2025년 6월 30일

지은이 박해남

발행인 김학원
발행처 (주)휴머니스트출판그룹
출판등록 제313-2007-000007호(2007년 1월 5일)
주소 (03991) 서울시 마포구 동교로23길 76(연남동)
전화 02-335-4422 **팩스** 02-334-3427
저자·독자 서비스 humanist@humanistbooks.com
홈페이지 www.humanistbooks.com
유튜브 youtube.com/user/humanistma
페이스북 facebook.com/hmcv2001
인스타그램 @humanist_insta

편집주간 황서현 **편집** 김주원 **디자인** 김태형
조판 아틀리에 **용지** 화인페이퍼 **인쇄** 청아디앤피 **제본** 민성사

ⓒ 박해남, 2025

ISBN 979-11-7087-350-1 93330

- 이 책은 저작권법에 따라 보호받는 저작물이므로 무단 전재와 무단 복제를 금합니다.
- 이 책의 전부 또는 일부를 이용하려면 반드시 저자와 (주)휴머니스트출판그룹의 동의를 받아야 합니다.

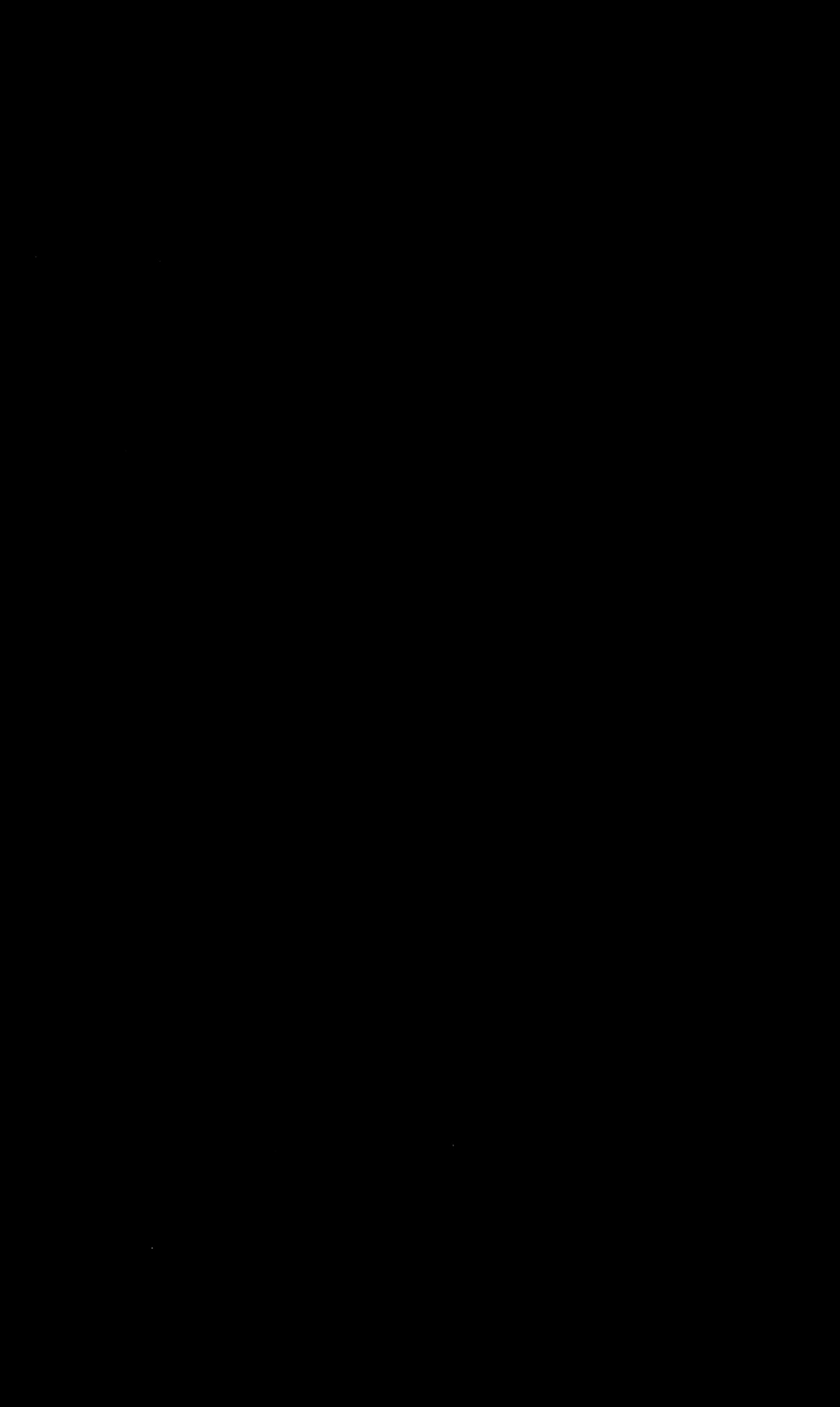

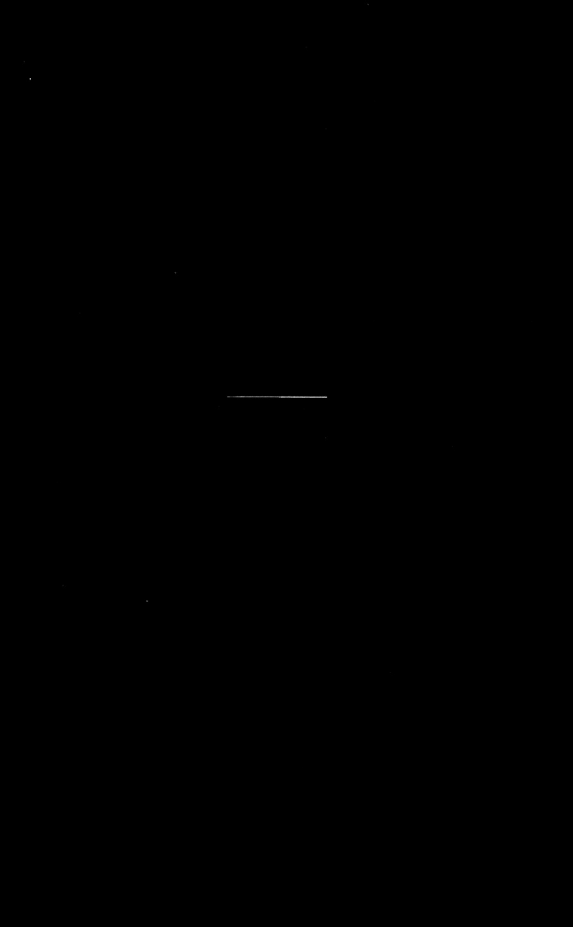